蒂迈欧篇

[古希腊] 柏拉图 著

宋继杰 译

Timaeus

Plato

云南出版集团
云南人民出版社

Plato
Timaeus
Burnet, J.1900-7, Platonis Opera(Vol.IV.), Oxford: Clarendon Press
根据克拉伦登出版社 1900—1907，伯奈特编辑
《柏拉图全集》第 4 卷中《蒂迈欧篇》的希腊原文译出

果麦文化 出品

目录

Introduction

导读

译者引言

一篇《蒂迈欧》，半部思想史。

让我们从两种世界图景的对立说起。

17世纪的欧洲思想迎来了两种世界图景的长达数个世纪的新旧转换。按照“旧的世界图景”，地球居于宇宙的中心，日月星辰围绕地球旋转；宇宙是有限的、唯一的，被最外层的天球所包围；上帝在某一时刻决定并创造了这个宇宙秩序，也创造了现存的所有有生命的物种，并将它们安排在一个由逐级递降的复杂性构成的等级体系之中；人类是上帝按照自己形象创造的，是作为宇宙中心的地球生物中最好的，因此处于最高等级。按照“新的世界图景”，地球只不过是一颗围绕另一颗相当小的恒星太阳运行的行星，而太阳本身又是众多星系中的一个星系的成员；地球不是永恒的，而是有始有终，且经历了漫长的演化过程；而在其中，首先是矿物质，然后是包括人类在内的各种复杂的有生命物种，在很长的时间里通过突变、自然选择和遗传过程逐步演化出我们今天所看到的这个色彩斑斓的世界。

“旧的世界图景”是由亚里士多德和犹太基督宗教共同缔造，并主宰了西方心灵将近1500年之久；“新的世界图景”则从哥白尼的日心说开端，中经达尔文生物进化论，直到20世纪80年代的新科学宇宙学，即所谓的宇宙起源的大爆炸理论，对整个人类生活产生了深刻的影响。因为科学思想史家柯瓦雷的卓越刻画，这两种世界图景现在分别以“封闭世界”与“无限宇宙”之名而为众所周知。[1]不过，在古典学家眼里，这两种世界图景的对立在古代就已经被确立并得到充分展开：原子论者从前苏格拉底诸家的暧昧不清的“从无限宇宙中生成封闭世界”的宇宙起源模式中挣脱出来，造就了类似“新的世界图景”的纯粹物理主义雏形；柏拉图则利用“技艺”类比，综合早期希腊自然哲学的各种要素，形成一个为亚里士多德带着微辞所继承，却与基督教更为接近的神创论（creationism）的“封闭世界”理论。然而，历史的吊诡在于，“无限宇宙”这幅曾经驱逐了竞争对手的图景被搁置了这么多世纪，取而代之的是另一幅，原因在于，“亚里士多德——对于中世纪世界来说‘唯一的哲学家（the Philosopher）’——统治了自然哲学领域好几个世纪；其结果是，无限宇宙的另类宇宙体系的倡导者，特别是德谟克利特和伊壁鸠鲁，遭到了鄙视、忽略和迷失。”[2]当然，还有一个并非不重要的原因是，关于封闭世界体系的证据，柏拉图和亚里士多德的著作，几乎都保留下来了，而德谟克利特和伊壁鸠鲁的主要作品却未能传世，仅在他人的评注中残存。

借用柯瓦雷的“封闭世界”和“无限宇宙”的区分为其枢

轴，古典学家福雷（David Furley）概括了一系列能够刻画古代这两种理论的基本特征的对立面。首先是“进化（evolution）”和“恒定（permanence）”的对立。在“无限宇宙”中，诸世界生长和衰微，这一过程包括从巨大的世界物团（土、水、气和天空中的火体）的最初形成，到包括人类在内的复杂生命形式或自然物种的起源，以及随后世界回到宇宙前的状态等几个阶段；每个世界及其包含的不同物种都是从简单元素生长或进化的结果。相反，“封闭世界”不会进化；在世界中被实现的各种形式或自然物种都是恒定的。例如柏拉图会认为世界是匠神以无生无死的永恒理念为模型创造的，这些理念构成了自然物种的恒定形式；亚里士多德则主张作为一个整体的宇宙的形式和现存的矿物质、蔬菜和动物的种类都是永恒不变的；斯多亚学派声称每一自然物种的种子理式（seed formula）都经由周期性的元火得以保存，以使每一个新世界都沿着与旧世界完全相同的道路开始。[3]

其次是“机械论”[4]与“目的论”[5]的对立。德谟克利特和伊壁鸠鲁试图通过将自然中发生的一切还原为运动中的物质而机械地解释万事万物。他们认为，除了位移，物质中没有任何根本的变化；除了碰撞，物质之间没有任何相互作用。每一种变化——甚至生命和思想——都会被还原为物质粒子在空间中由相互碰撞引起的运动的变化。据此，古代“无限宇宙”的观念是以“机械论的微粒理论”[6]为基础的，巴门尼德之后、苏格拉底之前的自然哲学家概莫能外。相反，柏拉图、亚里士多德和斯多亚学派却认为真正令人满意的解释还应该包括对目的或目标的陈述，尽管这种解释主要体现在我们对人类行为的讨论中，但我们经常将同样的解释延伸到动物甚至植物上；如是，柏拉图的宇宙是按照活的生物模型制造的生物，亚里士多德主义者将自然界视为一个有机体，而德谟克利特则使用无生命物质的模型。福雷认为，自然的方向性——使目的论解释显得恰当的特征——可以用两种方式来处理，这两种方式都可以在古典时期的“封闭世界”理论中找到。一种是自然对象或过程的目标得不到进一步解释的内在的自然目的论，这是亚里士多德喜欢的目的论类型；另一种则将自然的方向性本身解释为是由一个设计的心灵所决定的，也就是把从目的论上解释的世界的每一个特征都视为是由神或神意所选择的；这种外在的神创目的论，柏拉图是先兆，并得到斯多亚学派和基督教徒的全面发展。当然，这两者都被无限宇宙的倡导者所拒绝：尤其是神意神恩的概念，是卢克莱修最喜欢的攻击目标。[7]

第三，物质的性质是两种宇宙论相互对立的另一个主题。原子论者德谟克利特和伊壁鸠鲁及其追随者认为宇宙的物质是由不可见的微粒组成的，每个微粒都不可分割（希腊语中的 *a-tomos*），是谓原子，不可毁灭，完全不受除位移之外的任何变化的影响；原子在一个没有任何中心和边界的虚空中存在和运动。相反，柏拉图、亚里士多德和斯多亚学派都否认虚空的可能性；世界（*cosmos*）是一个不间断的物质连续统，呈球形，充满整个宇宙（universe）。[8]

第四，原子与连续统的差异导致运动理论的对立。对于原子论者，原子自由运动，除了相互碰撞没有任何阻碍或压力；对亚里士多德主义者来说，所有的运动，除了天球外围恒星的运动外，都具有游过介质的性质；介质可能或多或少是厚的，因此运动可能或多或少受到阻碍，但介质的干扰永远不会达到零。通常，连续的运动总是需要在这个系统中得到一个解释，而原子论者只需解释运动中的变化。在最深层次上，“无限宇宙”可以完全免除神，而“封闭世界”则需要一个神来使它保持运动。这是这两种世界图景最具历史意义的特征。另外，同样重要的是，对于地球表面附近物体的自然运动（如落石或升起的火焰）与太阳、月亮和行星的圆周运动之间的表观差异，两者也有完全不同的解释。亚里士多德将这种差异视为宇宙不变结构的一部分，是事物本质的一个必要特征，他假设一个在诸天和位于诸天内的宇宙球体区域之间的根本分裂。诸天是由一种特殊的、具有自然的运动能力的物质构成的，相反，靠近中心的一切，都是由本性上倾向于朝着中心或远离中心做直线运动的物质组成的；而这个地球上的物质则卷入土、水、气、火的持续交换过程。与之相反，原子论者在天体的圆周运动和地球元素的直线运动之间没有进行基本的二分法，而是提出了一种单一的理论，即涡旋模型，来解释两者。他们观察了漩涡和旋风的影响将直线运动（如风的正常运动或水流的正常运动）转化为圆周模式的自然例子，并将其用做模型来解释天体的旋转如何由在虚空中直线运动的原子产生的。因为他们相信整个世界本身无非是一个可消逝的复合物，所以他们不像亚里士多德那样面对永恒不变的天体与地球上可朽存在物之间的对比。植物、人、月亮或太阳都有其适当的寿命，在寿命结束时，它们会碎裂成其组成原子。[9]

第五，作为自然哲学之延伸的死亡观念和道德学说的对立。原子论者，因为他们坚持彻底的唯物主义，应该认为人死后没有生命：人类灵魂是原子的临时集合，在死亡时会分散，不留下任何人格性继续存在。基督教哲学家转向柏拉图寻求他们可接受的人类灵魂不朽的理论。亚里士多德在这个问题上较为模棱两可，但至少他拒绝了原子论的唯物主义，允许灵魂的理性功能独立于身体而存在。基督徒发现希腊原子论者的享乐主义和他们的灵魂观一样令人反感，他们非常喜欢柏拉图、亚里士多德和斯多亚学派的道德学说。“封闭世界”的理论在自然界中发现了一种永恒的有机结构，在这种结构中，人类在生命形式的最高层次上有着特别光荣的地位。将宇宙视为有机体的观点表明，每个生命形式在系统中都必须有一个功能，就像每个器官在生物中所起的作用一样。器官的功能必须通过观察它独特的功能，或者说它最好的功能来发现。如果我们从这个角度来看人类在世界上的地位，那么人类的理性能力似乎是其独特的特征。因此，似乎理性的运用必须是人类的道德目标；柏拉图、亚里士多德和斯多亚学派都采用了这种人类道德观，但在细节上有所不同。然而，原子论者认为世上没有这样永恒的结构。人类在等级秩序中的角色的性质没有赋予任何先验的东西。每件事都是通过经验来发现的。快乐和痛苦是不可避免的经验，自然地表现为主要的推动作用；它们不需要争论，也不需要形而上学的立场来证明自己的要求，只需要人类对自己感觉的反应的一种重新调整。[10]

以上关于两种世界图景的对比可以为我们恰当理解和评价柏拉图及其《蒂迈欧篇》提供背景。如果说柏拉图的《斐多篇》是关于两种世界图景之间猛烈碰撞的现存最早记录，[11]那么《蒂迈欧篇》就是“封闭世界”的第一个完美蓝图，是“目的论的第一份宣言”[12]，是“欧洲文学中宇宙情感的主要来源”，[13]甚至是西方文化的“ICON（圣像）”。[14]诚然，拉斐尔的名画《雅典学园》中的柏拉图矗立中央，左手拿着《蒂迈欧篇》，右手指向天穹，就是这篇对话崇高地位的象征。

柏拉图整个哲学生涯有两个高点，一个是中期对话《理想国》，另一个就是《蒂迈欧篇》，因其在柏拉图后期写就，所以是更成熟、更具总结性和更能代表柏拉图思想的“晚年定论”，甫一问世就得到尚在学园求学的亚里士多德的高度重视，它是被亚里士多德提到次数最多的柏拉图对话，也是被亚里士多德批评得最激烈（例如其中的创世说）、转化取用得最广泛的对话。柏拉图去世后学园的领袖斯彪西波（Speusippus）、克塞诺克拉底（Xenocrates）和克兰托（Crantor）也把这篇对话的解释作为主要的事业来做，以回应亚里士多德的批评。《蒂迈欧篇》无论对于学园派还是逍遥派都是促使其思想增长的核心文本。再往后，所谓的“中期柏拉图主义”的《蒂迈欧篇》解读对于斯多亚学派的某些核心概念的发展具有巨大影响，反过来，斯多亚学派也有助于为随后的柏拉图主义者讨论《蒂迈欧篇》设定议程；其中罗马哲学家西塞罗的《蒂迈欧篇》(27d-47b）拉丁文译本表现出重返超越性的努力，以反对希腊化时期主要思想体系伊壁鸠鲁主义、斯多亚主义和怀疑主义对超越实在的遗弃。[15] 就其在古代晚期的角色而言,《蒂迈欧篇》是柏拉图主义从“悬疑的(*aporetic*)”阶段转向更富学说教义性质的阶段(公元前 1 世纪左右)这一发展的核心;另外,柏拉图主义与斯多亚主义在解读《蒂迈欧篇》上的融合最终构成异教传统与追寻超越性与内在性之区分的犹太 - 基督教传统之间的主要概念桥梁之一。[16] 可能早在公元前 2 世纪亚历山大里亚的犹太释经师亚里士多布鲁斯(Aristobulus)的著作中,就已经把《蒂迈欧篇》与另一部关于宇宙生成的宏大叙事《创世记》相提并论了,对这两本经典的解释之间的纠缠经由亚历山大里亚的犹太哲学家斐洛的著作在犹太 - 基督教传统中牢牢扎根,他将《蒂迈欧篇》用于其释经目的,影响了早期基督教作家。公元 4—5 世纪卡尔基迪乌斯(Calcidius)用拉丁文翻译和注释的《蒂迈欧篇》(17a-53c)对于《蒂迈欧篇》在后来基督教传统中的重要性有巨大贡献,被誉为柏拉图对话走向西方中世纪的“通道”。

因为《蒂迈欧篇》被基督教视为柏拉图超越哲学的顶峰和基督教创世神学的哲学确证,并且作为唯一被译成拉丁文的柏拉图著作,所以在整个中世纪都被研究和引用,甚至没有哪个中世纪图书馆不收藏卡尔基迪乌斯的这个拉丁文译本。[17] 通过这个拉丁文译本及其注释,对宇宙的一种更为理性的解释的欲望在调和柏拉图与摩西的叙述的努力中、在借助希腊科学范畴和概念解释《创世记》的尝试中找到了其表达,并成为西方思想的重要组成部分。这种倾向在 12 世纪的沙特尔学派(the School of

Chartres）达到顶峰。[18]

作为柏拉图传统连续性的惊人例子，沙特尔学派的影响在两个世纪后的库萨的尼古拉（Nicholas of Cusa, 1401—1464）的学说中复活，对于近代宇宙论的形成，他的贡献比任何其他思想家都大。经由库萨的尼古拉，他们的某些学说为哥白尼所了解，于是，“新科学”的倡导者们，在反对亚里士多德主义中选择柏拉图作为指引，接续在拉丁世界中从未完全遗失的柏拉图传统的脉络。《蒂迈欧篇》在对可见世界的鄙视态度占主流的数个世纪里，保留了希腊人对于宇宙理性之美的赞赏的记忆；理性的 - 数学的和美学的 - 宗教的元素在宇宙沉思中的融合，对文艺复兴时期的哲学家极有吸引力，深刻影响了他们的宇宙观。[19]对此，必须提到那个时代另一个重要人物，新柏拉图主义者费西诺（Marsilio Ficino, 1433—1499）。他在佛罗伦萨建立了“柏拉图学园”，贡献了第一部完整的《蒂迈欧篇》拉丁文翻译和注释，以其对完整希腊原文和新柏拉图主义者普洛克鲁斯（Proclus）注释的把握，超越了卡尔基迪乌斯对这篇对话的本质上是中期柏拉图主义的解释，他把数学和音乐的和谐理论应用于社会与历史预测，他是以“三角形为基础的物理学”的拥护者，强调欧几里得和毕达哥拉斯几何学作为化学与物理分析的工具的重要性，这种观念也被应用于心理学，灵魂可以像正三角形那样来对待，人类与天使的神奇沟通随着光学的加入也获得了数学和几何学的基础。费西诺对《蒂迈欧篇》的新柏拉图主义解释在近代科学的诞生中扮演了一种非常复杂的角色；可以说，文艺复兴时期的科学预示了所谓的“哥白尼革命”。[20]

再往后，16—17 世纪科学革命的关键人物，以行星运动三定律而闻名的伟大天文学家，开普勒（Johannes Kepler, 1571—1630），既是一位热忱的柏拉图主义者，也是《蒂迈欧篇》的狂热读者，同时信诺柏拉图的形而上学和“拯救现象”，他对《蒂迈欧篇》的兴趣集中在它为他的更为严格和精确的行星运动分析提供的工具上。开普勒将柏拉图的立体用于他的宇宙巢状立体理论以解释行星的数与距离。他需要《蒂迈欧篇》作为先驱来为他自己将数学和物理学融合辩护，以反击亚里士多德主义者追求事物的本质并把数学属性隔绝在事物本质之外的主张，这在他的时代是激进的；对他来说，比可理知领域本身或存在的范式更为重要的是植根于物质实在本身，从而标志着事物本质的数学 - 几何学模型，这是造物主的自我表达和神圣者的物质实现。[21]

科学家对于《蒂迈欧篇》的兴趣并没有因为“无限宇宙”替代“封闭世界”的科学革命的完成而消失，我们注意到，直到 20 世纪，这篇对话仍能够吸引他们的注意力。例如德国物理学家、量子力学的创始人海森堡（Werner Karl Heisenberg, 1901—1976），18 岁休学服兵役时读的《蒂迈欧篇》的希腊文版，他回忆说它给他留下了深刻印象，特别被其中“最小物质粒子还原为某种数学形式的观念”所着迷，这位以“测不准原理”名世的科学家自称与柏拉图主义有亲和性，并且与日俱增，直到生前发表最后一篇文章题为“基本粒子的性质”(《今日物理学》29,

1976），《蒂迈欧篇》令他魂牵梦绕可见一斑。[22]

由以上概述可见，《蒂迈欧篇》从问世起历经后柏拉图的希腊罗马哲学、中世纪犹太-基督宗教和近代科学的诞生，在每个阶段、每个方面都扮演了重要角色，构成欧洲思想史和文化史上一条绵绵不绝的核心线索，所以我们篇首所谓“一篇《蒂迈欧》，半部思想史”绝非虚言。

此外，关于《蒂迈欧篇》对欧洲现代哲学的影响，我们也可举出几例。首先是康德。有研究者认为他在批判时期初（1769—1770）的观念变化显示的是古代哲学特别是柏拉图而非休谟或莱布尼茨的影响；他关于柏拉图哲学的知识主要来自同时代哲学史家布鲁克（Jakob Brucker）的《批判的哲学史（*Historia Critica Philosophiae*）》（1766—1767），他对柏拉图著作有过直接把握的可能只有《理想国》和《蒂迈欧篇》了；布鲁克特别欣赏柏拉图在《蒂迈欧篇》里跟随毕达哥拉斯将数学-几何学与形而上学相混合的做法，这足以让康德重视《蒂迈欧篇》；《纯粹理性批判》中的直观的概念、数学知识的先天性与直观之间的关联、时空直观形式的观念以及《判断力批判》中的目的性概念，在很大程度上都来自对柏拉图的阅读。[23] 其次是谢林。这位哲学“神童”19岁在图宾根做神学研究的第三年撰写了长达58页的《论〈蒂迈欧篇〉》；从他自己的哲学视角，他把这部作品看作是柏拉图试图去捕捉大全、世界、它的内部复杂性的本源、它的实存、它的运动和概念性秩序的现实化。谢林最初对《蒂迈欧篇》心血来潮，是为了给可见世界、宇宙和自然界提供理论性的解释，这在后来的著作中得到了扩充和发展，自然哲学问题正是他思想的核心。[24] 在《先验唯心论体系》(1800)中，由自然哲学所引发的问题被系于谢林先验意识历史的发展。一方面，一种“体系”内发展起来的先验哲学必定在自然哲学中作为研究对象。另一方面，对于谢林来说，只有将先验哲学与自然哲学结合起来才能充分体现“自然与可理知者的平行性”，并把“自我”提升“到对最高力的意识”。[25] 有趣的是，因为信诺《蒂迈欧篇》中的自然之为生命有机体的概念而诟病其中的物质概念，当《蒂迈欧篇》的德文版译者温迪施曼将它题献给“谢林教授，古代真正的物理学的重建者，我尊敬的朋友”时，谢林拒绝承认柏拉图是《蒂迈欧篇》的作者，以“保护”他作为“真正哲学之父”的地位，使之避免了谢林在哲学的考察中将其置入不堪之地。[26] 相反，与温迪施曼较为亲近的歌德则从对柏拉图自然观的同情的角度，“重读”了温迪施曼版的《蒂迈欧篇》。1804年11月23日，他在给温迪施曼的信中写道：“我翘首以盼的物理学思想（Ideen zur Physik）终于问世了，对此我表示衷心的感谢。我现在盼着能够在几晚宁静的冬夜中熟悉一下这部作品的内容。我已重读了我先前熟悉的《蒂迈欧篇》译本及其增补内容，因此对它的思维模式有了更深入、更准确的领会。我是多么的欣喜，长期以来我基于个人的考虑所持有的、怀疑的和期望的东西都成了真的，如今它们在常规的考虑中也持有了效力。”[27]

而在欧洲大陆的对面，英国哲学家怀特海（Whitehead）曾发过“2000多年的西方哲学无非是柏拉图哲学的注脚”的感慨，其过程哲学巨著《过程与实在》在很大程度上可视为《蒂迈欧篇》的现代翻版，他的感慨也很有可能就是针对《蒂迈欧篇》发的。受其影响，泰勒对《蒂迈欧篇》文本的精详注释[28]开启了20世纪英美《蒂迈欧篇》研究的先河，但他从一开始就假定对话的宇宙论、灵魂论和生理学不是柏拉图本人的，而是公元前5世纪毕达哥拉斯学派的数学与恩培多克勒的物理学的混合。9年后，康福德在他的译注[29]中有力地反驳了泰勒。他们的著作成为20世纪《蒂迈欧篇》研究的奠基之作，至今不可绕过。到了20世纪中叶，英语世界的哲学开始了逻辑实证主义的反形而上学转向，语言分析的方法占据主流，对《蒂迈欧篇》的兴趣也大幅下降。备受分析哲学家关注的是柏拉图后期的《巴门尼德篇（*Parmenides*）》《泰阿泰德篇（*Theaetetus*）》和《智者篇（*Sophist*）》，因为他们把柏拉图理念论视为语言混淆的结果，而这三篇对话被解读成哲学逻辑与语言哲学中的批判性论文，是柏拉图自己对早中期理念论的修正，是更成熟的柏拉图哲学。从这个角度来看，《蒂迈欧篇》的宇宙论不仅仍然依据理念论的形而上学，而且缺乏批判性对话的特征，因此被视为不具有任何重要的哲学意义，备受冷落。20世纪80年代以来，随着哲学家们对待形而上学和形而上学史的态度更为宽容，柏拉图的形而上学以及《蒂迈欧篇》研究的热度又开始上升，对其哲学意义的评价也越来越正面，这一趋势在21世纪头20年达到顶峰。[30]

对话梗概

《蒂迈欧篇》源于消失在海洋中的具有巨大财富和权力的古代帝国亚特兰蒂斯的传说，但它只是一个未完成的三联剧（《蒂迈欧篇》-《克里底亚篇（*Critias*）》-《赫莫克拉底篇》）之一，这个三联剧本该包括蒂迈欧讲述的宇宙论、克里底亚讲述的亚特兰蒂斯的兴衰和赫谟克拉底对一个未明主题的发言。这三者像一次盛宴的三道主菜一样被规划，但最终《克里底亚篇》只开了个头，而《赫谟克拉底篇》则杳无踪影。

对话开场白（17a1-27d4）介绍了剧中人物苏格拉底、蒂迈欧、克里底亚和赫莫克拉底，表示后三个人将对前一天苏格拉底的发言给予相同的言辞回报，于是首先回顾了这个关于一种理想的政治安排的发言，其内容涵盖了《理想国》的许多要点，似乎暗示两篇对话之间的隐秘的联系。苏格拉底要求他们展示这样组织起来的城邦的丰功伟绩、其独特的品质和美德。正是为了回应这一要求，克里底亚讲述了一个由他年老的祖父传给他的雅典抗击亚特兰蒂斯并取得胜利的故事。而蒂迈欧的回报（27d5-92c9）将从宇宙的制造开始到人类的制造，他在序言（27d5-29d6）中阐述了他的叙述所依据的形而上学原则，介绍了匠神的形象及其永恒模型，确定了宇宙的存在论地位和宇宙论的认识论地位。序言之后是正文，蒂迈欧的独白，被明确地区分为三个部分：（1）理性的技艺（29d7-47e2），（2）必然性的效应（47d3-69a5），和（3）理性与必然性如何在人类的心理物理的构造中合作（69a6-92c9）。

（1）蒂迈欧论述的第一部分从目的论上解释了宇宙的生成及其最一般的特征的来由。宇宙之所以被造并表现出美善，是因为它是至善而不嫉妒的匠神的杰作，他的善良意志要求将无序状态带入有序状态（*kosmos*）；它是有生命的东西或“生物”，因为完美的秩序要求有理性，理性又要求灵魂为其居所，具身的灵魂则尽善尽美；它是完满无缺的，因为它是包含一切生物的生物；它是唯一的，因为它的模型（宇宙之理念）是唯一的，同时唯一性也为完满性所要求。作为生成物的宇宙身体必须既可见又可触，因此火和土是制造宇宙身体的最初原料，但它们又需要气和水作为居间的纽带以一定的比例将它们结合成一个统一、和谐的整体。宇宙身体呈圆球状，最能体现宇宙生物之为自身同一、完满无缺、自给自足、不病不老的封闭世界的特征；宇宙灵魂是由可分和不可分的“是 / 恒在（being）”“同一”和“差异”的混合物的一系列部分组成的和谐比例的组合体，这些部分又被分成两个相交的圆圈（“同一的圆圈”和“差异的圆圈”），解释了灵魂的认知功能之为把握“恒在者（being）”与“生成变在者（becoming）”这两种不同类型的认知对象。这样构成的灵魂与身体的结合进一步解释了宏观宇宙的有序运动；天体是神圣的，它们在不同的轨道上移动以作为时间标记：行星、月亮和太阳分别成为日 / 夜、月和年的标记；“时间”本身随着这些天体运动、作为“永恒之影像”而生成。制造宇宙灵魂剩下的原料被用来制造个体灵魂；个体灵魂被植入身体中，由于灵魂受到身体内在过程的强烈干扰和外在物体通过感觉对其的影响，先前有规律的灵魂运动就陷入混乱。这些干扰严重损害了灵魂的认知功能；只有通过适当的培养和教育，才能重建其原始运动并恢复正常的认知功能。身体及其各部分的设计是为了支持这种功能，蒂迈欧将眼睛的设计和视觉机制作为一个重要的例子。这样，蒂迈欧就完成了第一部分的论述，但他认为这些只是宇宙生成的“主因”，完整的论述必须提供对实现理性目标所必需的各种物理结构的说明，后者就是“辅因”，其所具有的特性是由它们的构成作为“必然性”决定的，匠神不能强行改变或消除“必然性”，但可以“说服”（48a2-5）。蒂迈欧第二部分论述的对象就是这些以“必然性”为特征的辅因。

（2）蒂迈欧论述的第二部分是在“必然性的效应”的名义之下处理早期希腊自然哲学的理论遗产。他首先否定了火、气、水、土的“元素”地位，然后一方面将“接受器”作为第三个“种”引入其原先理念与现象、模型与仿本、恒在与变在的二元架构，接受器被描述为既像“质料”又似“空间”，是“前宇宙”（匠神整秩前的状态）条件下火、气、水、土的“迹象”无序运动的场所，另一方面从两种类型的直角三角形（半等边三角形和等腰三角形，真正意义上的“元素”）构造出四种规则立体作为火、气、水、土的初级微粒；火、气和水的微粒因为其三角形相似（半等边）而可以相互转化，唯独土的微粒是由等腰三角形组成的，因此被排除在这种转化之外；四种微粒的不同形体决定了其各自的性质，而这些性质又决定了微粒如何相互作用和反作用。不仅不同种类的微粒有不同的性质，同一种类的微粒还有大小的不同，这些“不等性”造成了作为运动之必要条件的“非均同齐一性”，因此，尽管这四种微粒因为“相似者相吸（like to like）”的“必然性”而都有向各自区域迁移的趋势，但各种微粒相互切割或挤压确保这些迁移永远不会完成，非均同齐一性始终被维持，四种原初物体的转化也就永无止境。蒂迈欧接着确认四种原初物体各自的各种变体，并描述它们及其混合物所表现出的各种可感性质（冷 / 热、软 / 硬、轻 / 重、滑 / 糙），而这又需要初步解释感觉，包括快乐和痛苦、味觉与口味、嗅觉与气味、听觉与声音、视觉与颜色。

（3）蒂迈欧论述的第三部分在“理性与必然性的合作”的名义下阐明了人类的心理 - 生理构造。虽然匠神亲自制造了个体灵魂，但他把人体的制造委托给了他所造的诸小神。如果说前两部分主要关注匠神造世的诸要素（模型、原料等）和灵魂在宏观宇宙层次上的具身过程，那么这部分的主题则是人类个体灵魂的具身过程。除了不死灵魂（理性），相应于有死的身体，有死的灵魂（激情与欲望）也被造出了。灵魂的这三个部分在身体中被分配了各自的位置：理性居于头部，激情居于胸部，欲望居于腹部。胸部和腹部又各造了肺、心和肝以支持激情和欲望尽可能地为理性所影响而非相反。接下来是大脑、骨髓、骨头、肌腱和肌肉以及嘴巴、皮肤和毛发的生成，以其服务于理性的功能为目的，选择特定的材料，并以特定的方式予以组合；材料的特性是必然性的结果，多数情况下，必然性能很好地服务于理性的目的，例如牙齿、舌头和嘴唇组成的嘴巴，能同时满足必然性（进食）和至善的目的（说话）；但也有例外，大脑周围需要又大又厚的覆盖物才能提供最大的保护，但这会使它愚钝、不敏感，所以必须在人的“长寿而低贱”和“高贵却短寿”这两种相互冲突的需求之间做出优先选择，于是稀薄的颅骨、头皮和毛发便应运而生。必然性偶尔会抵制理性的“说服”，这限制了受造世界可以达到的卓越程度。接着，蒂迈欧以相似的原理解释了血液循环系统、呼吸系统与消化系统及其运行机制，并对身体和灵魂的各种疾病做了分类和病因学分析；据此劝告适当锻炼灵魂和身体以恢复或保持身心和谐健康，并强调通过将灵魂的运动应合宇宙的运动，回复其原始的理性旋转，从而享受诸神为人类设定的最美好的生活。最后，蒂迈欧以简要提及女性的产生、人类繁殖的生理学和非人动物的生成而结束了其整个论述。

字面解释或隐喻解释？

《蒂迈欧篇》包含了一个自柏拉图去世以来争讼了 2000 多年而未果的悬案：匠神的造世或宇宙的生成的描述，是实有其事，还是仅仅是一种文学手法？或者说，我们究竟应该从字面上（literally）去理解这个故事以及造世过程的各个步骤——在时间的开端，匠神真的如此这般造过这个宇宙？还是应该仅仅作隐喻的解释（metaphorical interpretation），亦即把柏拉图眼里作为永恒存在的自然宇宙的那些根本原理描述为一个审慎的制造过程，只关心既存宇宙的根本原理而无视它是否永恒？

最早的柏拉图学者在此问题上分成了截然对立的两派。亚里士多德在其对柏拉图宇宙生成论的批判中自始至终从字面上看待《蒂迈欧篇》，并且认为世界在时间上的开端、宇宙灵魂和时间等等都是柏拉图本人的真实意谓；他的学生塞奥弗拉斯特（Theophrastus）、整个逍遥学派，以及柏拉图主义者中间的普鲁塔克（Plutarch）和阿提库斯（Atticus）都赞成这种“字面解释”。

“隐喻解释”自柏拉图生前学园以来即成一强大的传统，斯彪西波和克塞诺克拉底明确表示柏拉图本人从未有过所谓的“最初时刻”的想法，他之所以提及“时间”和“天宇”的“开端”，只是为了“便于教导”而已；克塞诺克拉底最杰出的学生、《蒂迈欧篇》最早的注释者克兰托也持同样的观点。实际上，迄至普罗提诺（Plotinus）时代的几乎所有柏拉图主义者都信奉这种解释。

20 世纪以来这一解释的冲突依然持续不断，它实际上成了任何准备面对《蒂迈欧篇》的人必须首先正视的问题，由此在现代学者中构成了两大阵营。[31]《蒂迈欧篇》最晚近的权威英译者泽尔（Zeyl）将双方的基本主张作了一一对应的分列式概括。他认为那些偏爱对造世论作隐喻解释的人主要是因为他们觉察到字面解释存在如下困难：

（1）柏拉图赋予他的故事某些修饰语，特别是说他的论述仅仅是“*eikos logos*/likely account/ 可能的论述”或

"*eikos Muthos*/likely myth/ 可能的神话"[32]（29d2），他告诉我们不要指望这些论述是"彻底自洽、完全准确的"（29c5-7）。这表明这个故事只是隐喻，不应该从字面上去理解。此外，柏拉图在整个对话中频繁警告不要过于严苛地对待他的造世故事。

（2）故事的某些要素显然是神话性的，如果作字面解读，必然产生荒谬的结果。例如，我们显然不该追问合成灵魂所用的大盆是由什么东西做成的（41d），或者，是 / 恒在、同一、差异的诸部分如何可能在那里、如何可能按比例被混合在一起又被分割（35a 以下）。另外，在应该作字面解释的文本和应该作隐喻解释的文本之间似乎没有任何清晰的界线。结果，匠神的形象在柏拉图的框架中最好被理解为象征而非旨在代表一个独立的实在；他可以被还原为柏拉图论述中的其他因素之一，诸如宇宙灵魂（或至少是宇宙灵魂的理性部分），某几个理念或某一个理念，如"善之理念"或"理性之理念"。

（3）柏拉图把匠神呈现为从先在的浑沌状态建构出一个宇宙。如果我们从字面上理解这一"前宇宙"状态，那么我们势必要承认时间先于宇宙的生成、先于时间本身的生成而存在，而这显然是荒谬的。

（4）在《蒂迈欧篇》中，柏拉图把宇宙灵魂和个体灵魂再现为制造出来的东西；但是在别处，比如《斐德罗篇》里，他主张灵魂是不被制造的。这是个不可容忍的矛盾；但通过隐喻地解读灵魂的“制造”就可以消解这一矛盾。

（5）在别处，例如《斐德罗篇》和《法律篇（*Laws*）》中，柏拉图主张灵魂是运动的本源；但在《蒂迈欧篇》中，有种运动不是由灵魂肇始的：接受器及其前宇宙内容的游移盲动。如果不从字面上去理解这一处境，那么这一矛盾也是可以消解的。

泽尔认为，执着于隐喻解释的学者们通常采用一种类似于“归谬”的方法，找寻文本中可能出现的诸如“时间前的时间”、动力因（宇宙灵魂）生成之前的“运动”等自相矛盾的说法，或者用其他对话的观点来论衡《蒂迈欧篇》某些描述的虚妄性，从而否定“字面的解释”的可能性；他们认为这些矛盾是作为思想家的柏拉图所不可能意识不到的，也不会容忍的。既然隐喻地解读《蒂迈欧篇》就会化解这些矛盾，那么我们就应该假定柏拉图希望以这种方式去解读《蒂迈欧篇》的造世论。对此，字面解释的倡导者们作了如下回应：

（1）柏拉图的修饰语，特别是他把蒂迈欧的论述称为“可能的（likely）”并不为消解神话提供许可证。相反，既然柏拉图强调这论述“比任何其他都更有可能”（29c7-8），那么就排除了任何其他更有可能的论述。但这论述的任何消解了神话的版本（神话“背后”的“真实”故事）肯定会比柏拉图实际所讲的故事更有可能。另外，整个对话中柏拉图明确指认论述的哪些部分不该寻求字面的准确性（例如34c2-4，61c4-d4）。这些标记意味着柏拉图想要整个对话被作字面解释。

（2）对话的许多神话要素能够被确认，但是《蒂迈欧篇》的故事与其他对话（《高尔吉亚篇（*Gorgias*）》《斐多篇》《理想国》《斐德罗篇》《政治家篇（*Politicus*）》）中的明显隐喻性的神话之间的差异是不容置疑的。匠神也不能被还原为宇宙灵魂、诸理念或某个特殊的理念。柏拉图在其他明显摆脱了神话的语境中也准备言及“宇宙的工匠”（《理想国》530a6）。匠神可能是理性（*nous*）的位格化，而 *nous* 在《斐利布斯篇（*Philebus*）》（23c-30e）里被描述为有限（*peras*）与无限（apeiron）的“混合的原因”。但是，把他从《蒂迈欧篇》还原出去或消解掉神话，就不可能不被歪曲。

（3）“时间之前的时间”的表面问题也能解决。“与宇宙一起到来的时间”不是绵延本身，而是可由围绕大地的日月星辰“按数运行”来度量的绵延。在这一可数、可分时间之前存在的是前宇宙的时间：未被度量的时间之流，仅仅具有相继之特征，有序时间之“迹象”。

（4）《蒂迈欧篇》的灵魂创造学说与《斐德罗篇》的灵魂不被造主张的确是冲突的。但是，如果真如大多数学者所相信的那样《斐德罗篇》先于《蒂迈欧篇》，那么我们在此可以说，柏拉图的想法变了。这一印象可以从作为柏拉图最后著作的《法律篇》中得到证实，在一个明显非神话的语境中灵魂被描述为“最先生成”（896a6，899c7）和“分有生成者中最古老的”（967d6-7）。显然，从《斐德罗篇》到《法律篇》，柏拉图改变了他的想法，而《蒂迈欧篇》完全可以被解读成是这一变化的记录。

（5）一般承认接受器及其内容的游移盲动不能归因于灵魂。没有任何文本证明宇宙灵魂的非理性部分激活前宇宙。前宇宙的运动非归因于灵魂的在场，而归因于灵魂的规范功能的不在场。这些运动内在于接受器和宇宙生成的“原材料”之中，并且，非均同齐一性（*anomalotes*，57e）持存，它就持存。灵魂是一切有目的的、有序的运动、可理知的、可预知的运动的本源。接受器及其内容的内在的冲动是反常的，因此是不可理知、不可预知的。《斐德罗篇》与《法律篇》段落所着眼的运动仅仅是可理知的运动。[33]

除了上述回应，字面解释的捍卫者相信，他们还有制胜法宝，那就是28b6-7蒂迈欧问：宇宙是永恒的还是生成的？他毫不犹豫地回答“它是生成的（*gegonen*/ it has-come-to-be）”。还有什么比这更明显的证据证明柏拉图相信宇宙的时间开端？我们还可以提出很多类似的论证，应该说这些足以证明“一个超越的匠神在某一时刻创造了宇宙”对于《蒂迈欧篇》来说会有一系列不可解的矛盾而难以成立；然而，吊诡的是，建立在对文本“归谬”的基础之上的隐喻解释如何能够充分抵消直接来自文本的字面解释的问题始终存在着。[34]

中期对话或晚期对话？

关于《蒂迈欧篇》在柏拉图对话中的年代排序问题引发了20世纪中叶以来柏拉图学界最为激烈的争论。传统上《蒂迈欧篇》被视为柏拉图晚年撰写的成熟作品。19世纪六七十年代开始的对于柏拉图文体风格变化的所谓“风格统计学”研究确认了这一传统定位。但是，欧文（Owen）于1953年发表论文对此正统观点提出了强有力的挑战。

所谓“风格统计学”研究，是通过检查和分析柏拉图写作生涯的风格变化的多样性，来为其著作的年代排序寻找一个固定的、客观的基础。有理由认为，那些具有某些特定风格特征的对话可以在年代上归为一组，即使这些对话之间的相对排序仍然难以确定或不可能确定。他们把最晚的《法律篇》作为基准，那些在风格特征上与《法律篇》最为相似的对话就属于柏拉图哲学生涯的最后时期的作品，而与这一组在风格上截然不同的对话则属于较早时期。“风格统计学”认为柏拉图风格的五个特征曾经历了突变或渐变：a. 术语的使用；b. 偏爱同义词中的这一个而非那一个；c. 对话上下文中答复语式的选择；d. 有意缩略的“词尾”；e. 他对音韵，特别是句中最后四个或五个音节的选择。对这些特征的研究所暴露的柏拉图风格的变化有两类：较早的一类，包含a、b、c，变化是渐进的，可能是无意识的；较晚的一类，包含d、e，变化是突发的、有意的。风格统计学研究把《蒂迈欧篇》以及《克里底亚篇》置于《智者篇》《政治家篇》

《斐利布斯篇》《法律篇》这一组中间，亦即在《巴门尼德篇》《泰阿泰德篇》之后。

欧文以多种方式挑战这一证据。原则上，他指责风格统计学的方法与假设是不可靠的，《蒂迈欧篇》的独一无二的主题和术语的丰富性排除了与其他对话的可比性，其不间断的独白解释了其词尾缩略（d）的高度偶然性；柏拉图本可以在《蒂迈欧篇》的正式发言中实验词尾缩略，仅去掉后面对话（包括《巴门尼德篇》《泰阿泰德篇》）中的习惯，然后为剩下的作品（《智者篇》《政治家篇》《斐利布斯篇》《法律篇》）重新接受这个习惯。另一方面，欧文声称在柏拉图句子音韵（e）的较早研究中找到了支持其较早排序的证据。

欧文认为，风格统计学研究以及正统观点的这一排序将两个不可容忍的悖论输入了对柏拉图的哲学发展的解释当中。首先，《巴门尼德篇》攻击了作为前批判对话的本质特征的理念“模型论（*paradeigmatism*）”：感性殊相在那些对话里一般被视为它们所分有的理念的仿本。按照《巴门尼德篇》的第二个逆推论证（132d-133a），仿本与原型必然彼此相似，而如果两个东西彼此相似，那么它们是借助于其上的理念而相似的，这就削弱了这一概念的融贯性。如果一个给定的感性殊相在“是F”上相似于一个理念，那么必有第二个在其上的理念。欧文认为，在《巴门尼德篇》中柏拉图逐渐意识到将感性殊相设想为理念的仿本是一个错误。然而在《蒂迈欧篇》中感性殊相恰恰是以这种方式被设想的。其次，《理想国》以来为人熟知的“恒在/是（being）”与

“变在 / 生成（becoming）”的区分在《蒂迈欧篇》中作为相互排斥的而重现了：“恒在 / 是”者绝不“变在 / 生成”，变在者绝不恒在（27d6-28a2）。但是按照欧文，早在《泰阿泰德篇》中这种设想这一区分的方式已经遭到抨击，柏拉图论证说，任何只“变在 / 生成”而不“恒在 / 是”某物的东西不可能被言及或描述，亦即根本不可能被谈论（182c-183b），从而某种只“变在 / 生成”而不“恒在 / 是”（某物）的东西的观念是不一致的。在后期对话《智者篇》（248a-249b）、《斐利布斯篇》（26d8, 27b8-9, 54a-d）里，“恒在 / 是”与“变在 / 生成”仍有区分，但这种区分不再是相互排斥的，甚至《巴门尼德篇》（163d1-2）也一样。欧文还论证（1）欧多克斯（Eudoxus）的行星理论在柏拉图撰写《蒂迈欧篇》时并不为其所知，但到他写《法律篇》时就知道了；（2）《蒂迈欧篇》35a 的灵魂理论并不预设对《智者篇》的预先把握；《蒂迈欧篇》17c-19a 的政治结构（重述《理想国》）与《政治家篇》的方案并不一致，而传统上将后者视为早于《蒂迈欧篇》。

欧文将《蒂迈欧篇》置于《理想国》之后、《巴门尼德篇》与《泰阿泰德篇》这样的批判期的对话之前。但是，欧文的论证至多表明《蒂迈欧篇》在《智者篇》和《政治家篇》之前，却不能表明它是在《巴门尼德篇》和《泰阿泰德篇》之前的中期对话。欧文的观点首先遭到了彻尔尼斯（Cherniss）三个方面的强有力的反驳：（1）欧文对风格统计学证据的处理；（2）他对柏拉图模型论和《巴门尼德篇》无穷后退的解释；（3）他对后期对话中 Being/Becoming 区分的论述。[35] 诚然，欧文对传统排序的挑战一开始激动人心，但逐渐丧失了说服力。首先，欧文的核心的风格统计学论证已遭有效逆转。《蒂迈欧篇》与四个后期对话高度相似的词尾缩略已经作为铁证重新确认它是后期对话，而欧文所依赖的句子音韵标准可能有理由把《蒂迈欧篇》放在《智者篇》和《政治家篇》之前，但不足以将它放在《巴门尼德篇》和《泰阿泰德篇》之前。其次，关于柏拉图形而上学的发展的最新研究重估了《巴门尼德篇》和《泰阿泰德篇》的论证，并不像欧文所声称的那样与《蒂迈欧篇》的形而上学冲突，而且，就这一形而上学本身而言，尽管有时分歧严重，这些研究表明这些对话的相关论证不需要、也不应该如欧文那样去解释。[36] 时至今日，在《蒂迈欧篇》的年代排序问题上，欧文已经罕有追随者了，但这是在更高层次上回归正统观点。本书所遵循的柏拉图对话的年代排序如下：

I. （1）《申辩篇（*Apology*）》《克里同篇（*Crito*）》
（2）《伊翁篇（*Ion*）》《小希匹亚斯篇（*Hippias Minor*）》
（3）《高尔吉亚篇》《梅尼克塞努斯篇（*Menexenus*）》
（4）《拉刻斯篇（*Laches*）》《卡密德斯篇（*Charmides*）》
《游叙弗伦篇（*Euthyphro*）》《普罗泰戈拉篇（*Protagoras*）》
（5）《美诺篇（*Meno*）》《吕西斯篇（*Lysis*）》《游绪德姆篇（*Euthydemus*）》
（6）《会饮篇（*Symposium*）》《斐多篇（*Phaedo*）》《克拉

底鲁篇（*Cratylus*）》

II. 《理想国》《斐德罗篇》《巴门尼德篇》《泰阿泰德篇》

III. 《智者篇》《政治家篇》《斐利布斯篇》《蒂迈欧篇》《克里底亚篇》《法律篇》[37]

宇宙论的地位

蒂迈欧在其长篇独白的序言中对宇宙论的地位做了慎重的界定，将其称为 *eikos muthos* 或 *eikos logos*（29d），后面还反复提醒这一点[38]；他的理由是，论述的认识论地位和其对象的存在论地位具有同类近缘的关系（*syngene*）；而既然他的论述对象是 *eikon*（likeness/ 仿本 / 影像），那么他的论述的认识论地位就是 *eikos*（likely），从而宇宙论是一种 *eikos muthos* 或 *eikos logos*。首先需要澄清的是"*eikos*/likely"的意思，其次是他交替互换着使用 *eikos muthos* 和 *eikos logos* 是否别有深意。这里涉及柏拉图对待自然哲学或自然科学的一般态度问题，因此备受学者重视，争议也大，我们先处理前者。

eikos（likely）本身包含歧义，既有负面的"plausible（貌似有理、貌似可信的）"和"specious（似是而非的）"的意思，也有正面的"similar（相似的）""fitting（契合的）""appropriate（适当的）"和"reasonable（合理的）"的意思。*eikos* 的英译 likely 看似保留了 *eikos* 与 *eikon*（likeness/ 仿本 / 影像）之间的词源和意义关联，[39] 但 *eikon* 的地位也是不确定的，既可以否定

性地侧重其与模型的“差异”关系，也可以肯定性地强调与其模型的“同一”关系。柏拉图本人的描述也颇为暧昧，一方面，他消极地说他的论述“最终并非在所有方面彻底自洽、完全准确”(29c7)，因此仅是可能的、或然的；另一方面，他又积极地说“这些论述如任何论述所可能的那般无可争议和不可反驳”(29c1)并且其可能性不比任何其他人的论述少(29c8)，虽非真理，但仍值得相信。对于*eikos*意义的解释和对柏拉图宇宙论的认识论地位的评价，现代以来的解释经历了一个从消极的、负面的向积极的、正面的转变过程。

前面提到泽尔罗列“隐喻解释”所批“字面解释”的五个困难中的第一个是：柏拉图指出他的宇宙生成论述仅仅是一种“*eikos logos*”或“*eikos muthos*”，不要指望它“彻底自洽和完全准确”(29c5-7)，这表明这故事是一个隐喻，不能从字面上去理解。显然，在对《蒂迈欧篇》的隐喻解释和对“*eikos*”的负面解释之间有一种紧密的关联。作为现代“隐喻解释”最大代表的英国学者康福德同时也是“*eikos*”的负面解释的最大代表。

康福德承认“*genesis/gignesthai/becoming*”这个词的歧义造成了“字面解释”与“隐喻解释”的争论。一方面，它指的是一物在某个时间生成了、被造出来了(come into existence)，或者是突然地，或者是在一个发展过程或制造过程的最终时刻。这个意思相应于作为产生了子女的父亲的原因观念，或作为用原材料制造其产品的制造者(工匠)的原因观念。另一方面，也是康福德所认可的意义，它指的是变在或在变化过程之中(to be in process of change），这个过程本身可被设想为恒久持续、无始无终。对于这种恒久的生成变化来说，所需要的原因不是一个在某个时刻开启这个过程，又在另一个时刻完成这过程的原因，而是一个能维持这过程、使之无穷进行下去的原因。对于这样一个原因，“父亲”与“制造者 / 工匠”的形象显然不恰当。因此，匠神的形象不能从字面去理解；至于行维持的原因究竟是什么，柏拉图没有告诉我们，而且不走出他的神话框架也就不可能告诉我们。[40]

康福德进一步认为，尽管柏拉图以模型（*paradeigma*/model）与仿本（*eikon*/image/copy）来描述宇宙理念与宇宙的关系，但 being（恒在）与 becoming（变在或变化过程）的对比居于压倒性的地位，从根本上消解了模型与仿本的对比，“世界是 image 或 likeness 的陈述独立于匠神根据模型制造其作品的象征形式。”[41] 康福德站在柏拉图中期形而上学的立场上指出，*eikon*/image 多种多样，在柏拉图的使用中，除了工匠制造的 image/copy/ 仿制品 / 仿本，尚有梦中幻象、水中倒影或镜中镜像甚至阴影，而且后一类是主要的：对此，所需的一切只是被反映的东西、倒影和承接倒影的媒介；如果世界是那种影像，那么我们就可以打发掉任何字面意义上的匠神了。[42]

蒂迈欧说宇宙论与宇宙具有“同类关系”。但这在康福德看来就是，宇宙论的“似是而非”或“likely”性质是由它的对象即宇宙的存在论地位之为变在或变化过程（becoming）决定的，后者的本性就在于“不严格和不一贯”。他认为：在柏拉图那里，being（恒在）是存有论上的较高等级，为柏拉图的理念所拥有的不变与永恒存有的世界，这包含通过诸如数学与辩证法那样的理性理解的对象，数学与辩证法产生了对真理与实在的严格有据的把握。Becoming（变在或变化过程）则属于较低等级，变化又消逝，绝不具有真实的存在；这是我们感官知觉到的世界，知觉判断只能陈述当下的事实，但时过境迁，对象变化，就可能不再是一个事实，不确定性伴随着这种非心灵推论的判断，因此不可能存在任何关于自然事物的严格科学或知识。既然感性世界只是理性世界的仿本（likeness），那么关于它的任何论述都只能是一种可能的故事（likely story）。这意味着不可能有任何严格甚或自洽的自然科学，我们关于自然事物的论述不能指望接近任何严格的真理。[43] 因此，《蒂迈欧篇》的宇宙论话语不在任何字面意义上为真，而仅仅在隐喻的意义上为真。至于《蒂迈欧篇》的宇宙论采取了宇宙起源论（cosmogony）或匠神造世的形式，是为了区别于早期希腊演化类型的宇宙论，但是其对象的常变本性，使它决不可能被修正成为严格的真理。[44]20 世纪的大多数学者都跟随康福德，对 *eikos* 持一种比较负面的解释，尽管批评者也不在少数。[45]

伯恩耶特（Burnyeat）本世纪初的论文打破了这一惯例。首先，他认为现代将 *eikos* 英译为“likely”或“probable”与西塞罗用拉丁词 *probabilis* 翻译 *eikos muthos* 有很大关系，却是对西塞罗译法的误读；西塞罗不仅用 *probabilis* 来对译希腊词 *eikos*，也用它来对译斯多亚学派的 *eulogos*（the “reasonable”）和 *pithanon* (the "convincing" 或 "persuasive") 甚至亚里士多德的 *endoxon*(有声望的意见、通常的信念),来自不同哲学传统的不同希腊概念被他装进了同一个单词 *probabilis* 里,因为这几个希腊词概念化了某种能被行动者肯定(*probare*)为决定和行动之基础的东西。这种"实践取向"和现代语境中使用这个词的经验科学的"理论取向"大相径庭;希腊词 *eikos* 与现代术语 likely、probable 的使用范围有重叠,也有分歧。*eikos* 与动词 *eoika*(to be like)有词源关联,这也是它与 *eikon*(a likeness, 29c2)关联的基础;柏拉图时代已经确定,当某物像(like)某个公认为真的东西时,就能被称为 *eikos*;在这类语境中,likely 或 probable 的翻译完全契合。但是,*eikos* 的语义远比这宽泛,某物是 *eikos*,不仅当它是像真的东西(like what is true),而且如果它像应该是的东西(like what ought to be)或者它像你或处境所需要和要求的东西,这就用到诸如"appropriate""fitting""fair""natural""reasonable"等译法。尽管《蒂迈欧篇》囊括了所有这些意义,但是伯恩耶特认为对话把 *eikos* 主要定位于"appropriate""fitting""fair""natural""reasonable"等评价性语词而非"probable(可能的,大概的)"。[46]

接着,伯恩耶特通过逐句分析蒂迈欧"序言"(29b1-d3)来进一步阐发他的观点。他首先强调宇宙作为仿本(likeness),是按照不变模型被制造出来这一事实;他特别注意到"论述与它们所传释(*exegeteai*)的那些东西是同类近缘的"这句话中的"*exegetai*"表明关于宇宙的论述不是关于物理学的任何陈述或论证，而是非常特别的、人格化为解经者（exegete）的论述，是对源于神或与神相关的宇宙奥秘的传释，所以既远离现代经验主义科学哲学，也远离《理想国》核心卷中对感性世界的贬低；人之出生，不只是成为一个观察者，而且要成为神及其作品的 exegete（传释者 / 解经者），仿佛宇宙是部“圣经”，宇宙论是这部“圣经”的“传释者（interpreter）”。[47] 显然，他对宇宙的定位远非康福德所谓的变化不定的影像所可比拟。其次，他认为，恰如稳定性和不可反驳不是论述一种稳定不变的主题（模型）的自动后果，而是希望论述所要满足的标准，同样，*eikos* 不是传释仿本的自动后果，也不是关于自然世界的言说的令人沮丧的后果，而是蒂迈欧的论述渴望达到的标准；尽管蒂迈欧的论述缺乏数学证明或巴门尼德逻辑的严格性，但其中推论也具有其自身的标准，据以判断它是成功的还是失败的。[48]*eikos* 并非如“负面解释”所说的那样表现宇宙论的局限性，而是宇宙论应该指向的一个标准：蒂迈欧是在为那些试图描述宇宙的人设定他应该遵循的标准而非诊断这类理论的缺陷与不足。宇宙论的对象是生成的领域，甚至不是单纯的仿本（likeness），而是作为永恒稳定的、只对理性显明的东西的仿本，永恒的理性的秩序的仿本，而蒂迈欧所要提供的解释恰恰是一种对于由匠神体现在他所造的宇宙中的合理性之解释、阐明或启示。蒂迈欧将尽其所能去解释宇宙所有方面的合理性，而阐明合理性的东西的理论也应该是合理性的，恰如阐明不变的东西的理论也应该是不变的。当宇宙论恰当地表达了其对象的“合理性（reasonableness）”时，宇宙论就会获得

“合理性（reasonableness）”；宇宙论的合理性就在于它所证明的匠神有意创造的理性秩序的程度。[49]

如果我们把伯恩耶特至此关于*eikos*的正面意义之为“合理性”给出的阐明称为“存在论阐明”的话，那么他进一步给出了一种“生成论阐明”，其核心是“技艺类比”在论述匠神造世活动时的运用。匠神的选择不仅有目的论的理由，他的根本目标是将理性置诸必然性之上、将合理秩序导入无序的混沌之中；蒂迈欧成功地揭示了匠神如此这般制造宇宙的各种理由，他追溯处于造世行为背后的推理活动。《蒂迈欧篇》中的造世不是无中生有的创造，相反，恰如在任何技艺制造中，将放在匠神面前的原料带入好的合理的秩序中；但原料会抵制，制造者必须调整方案，他并不具有完全自由的选择，他只能实施原料所允许的几种选项中间最好的和最恰当的方案；而且在每一阶段，他将受制于先前选择的后果，这又要消除先前允许的某些选项。这种推理，像任何工匠的推理，是实践推理而非理论推理；匠神不是要揭示真理，而是要尽其所能使得最好的秩序成真；不是要揭示自然世界的真理，而是要揭示为什么这是原材料允许匠神制造的所有可能世界中最好的。实践智慧不能指望如理论智慧所具有的同一严格性标准；如果我们想要学习成为实践智慧的产品的鉴赏者，我们只能要求我们的老师蒂迈欧成为事物的合理秩序的合理传释者。[50]

据此，按照伯恩耶特，*eikos*之为“合理的”，不仅是因为宇宙论的对象、作为仿本的宇宙从其模型获得了相同的合理性，而且也因为宇宙生成的每一个环节都包含了匠神的实践智慧的合理性。从此，关于宇宙论的 *eikos* 性质，康福德从宇宙之为变化过程（becoming）出发的负面解释基本被抛弃。现在，宇宙之为其模型的仿本而被匠神所造，这一点得到了强化，那么仿本与模型的关系就成了正面解释所围绕的中心。那么，匠神造世又是何种活动呢？首先不是无中生有的“创造（*creatio ex nihilo*）”；其次也不是“复制（replication）”，因为，如果一个仿本具有和其原型所具有的完全相同的诸属性，那么我们不会说它是那个东西的仿本，而会说它就是那个东西。因此，匠神的活动只能是“仿造”，宇宙是“仿制品”而非“复制品”。

康福德认为 *eikos* 之所以表达真理性与确定性的缺乏，是因为 *eikon*（仿本）是其模型的有缺陷的版本，他基于隐喻解释消解了仿造活动而单从 being-becoming 的对立来看仿本与模型的关系，从而忽略了仿造活动中的相仿（likeness）关系中的正面特征：尽管仿本必定不同于其模型，但是仿本总还是像（like）它的模型；“likeness（相仿 / 相似 / 像）”是一种“差异中的同一”，“仿造”是在“差异”中“再现”“同一”。一方面，仿本与模型——感性世界与理念世界或宇宙与宇宙之理念——处于两个不同的存在论层次上，具有“存在论差异”，“被仿造”意味着仿本是某种生成（come into being）的东西，属于生成变在（coming-into-being）范畴而非恒在（being）范畴；柏拉图提出恒在（being）与生成（coming-into-being）、真理与信念之间的对比是要阐明仿本相对于原型的地位。但是，另一方面，仿本必然是模型的仿本，并且仅仅作为模型之仿本才可设想；就仿本必然相关于其模型而言，它也必然地为其模型所影响，亦即，因为模型有这样那样的属性，所以宇宙也有这样那样的属性，它们在共有这些属性的意义上是“同一”的。当且仅当仿本相仿于其模型甚或在不同的存在论模式下“同一”于其模型时，它才是一个成功的仿本，“仿造”其实是在与模型不同的存在论模式下“再现”其模型；通过不同于 Y 而又表现 Y 的性质，X 再现 Y。[51] 这是一种肯定关系：当某人着手制造一个仿本时，他的目标是相似性（“同一性中的差异性”或“差异性中的同一性”）而非单纯差异性；同样，匠神在制造感性世界时想要制造的乃是某种相似于其理智模型的东西，他的动机和意向是肯定的、积极的：他着手制造一个作为理念之成功仿本的宇宙，他以理念为模型，想要它尽可能地像他自己（29e1-2）。他无意制造一个有缺陷的世界，而旨在一个尽可能地像模型一般完美的世界。尽管制造仿本决定了他不可能达到这种完美性，但无论如何他不可能有意去制造一个有缺陷的宇宙。[52]

宇宙是永恒模型在生成世界中的一个仿本。换言之，宇宙这个仿本是在一种不同于其原型的基质中被制造出来的。当一个画家准备“临摹”一幅名画时他可以具有和原画完全相同的原材料：画布和颜料。但匠神却是要在一个变动不居的基质中再造一个永恒不变的模型的各种属性，因此他不能无视基质的原有性质，而必须考虑生成世界所呈现的各种可能性与限制，以便制造出恒在模型的一个变在仿本。约翰森（Johansen）认为，《蒂迈欧篇》中“球体”宇宙和“时间”的制造对于模型的“完满”与“永恒”

特性的再现，可谓“仿造”和“仿制品”的相似性之为“差异中的同一”或不同存在论模式下的“再现”的最好例示。[53]

在论述宇宙形状的生成时，柏拉图先表示：宇宙的模型“包含所有可理知的生物于自身之内”，同样，宇宙本身“包含我们以及所有其他可见的生物”（30d1），因此在这一点上宇宙必然与其模型相仿。但是，为了显示出宇宙相仿于其模型而又不同于其模型的这种“完满性”，匠神赋予宇宙之体以“球形”，因为“球”能够包含所有其他形状从而也能够将所有不同种类的生物涵括其中。球状的宇宙之体就代表了“完满性”之应用于可感知宇宙与“完满性”之应用于可理知模型的完全不同的方式；宇宙的“完满（*teleos*）”是空间性的，具有几何学的规定性。又，宇宙模型是永恒的，那么，如果匠神想要在这方面让宇宙也像其模型，宇宙应该是永恒的，但任何生成的事物都不能以这种方式永恒。因此匠神在变化的世界中设计了一个永恒的仿本：时间。“时间”仿本有部分，即过去、现在和未来，而“永恒”模型则没有。我们将“was”“is”和“will be”应用于被造物，而对模型只能说“it is”。模型永恒存在，而时间与宇宙一起生成。事实上，时间的数、日、月、年等等，都通过行星的运动得以区分和“维护”（38b6-c7）。时间是移动着的宇宙的一部分。因此，可以说宇宙与其模型都是“永恒”的，但方式却截然不同：宇宙是“永恒的”，因为它一直按照数运动，是“留止于一的永恒”之“依数运行的永久仿本”（37d6-7）。这里的对比是“留止于一的永恒”和一个“依数运行的永恒”；天体是“永恒”的，因为它们作为有序的多——

日月年等——持续运行，而永恒的存在者始终与未分化的统一体保持一致，没有时间性的区分。[54]

这样，柏拉图就“完满性”和“永恒性”这两个重要方面论述了作为仿本的宇宙和作为模型的理念之间的在“是 / 同一”与“不是 / 差异”之间的微妙关系。“像”之为“像”关键在于“时间”和“空间”。更重要的是，自柏拉图这里的“仿造”起，封闭的球形空间与循环的计量时间构成了现实宇宙的两个基本要素，或至少是——如康德——我们认识现实宇宙的两个形式要素。纯就柏拉图的理念论而言，“时间”与“空间”是毫无位置的，而原子论的世界也不需要具有数学 - 几何学规定的“时间”与“空间”。所以，《蒂迈欧篇》不仅仅是用“时间”和“空间”解释了现实宇宙作为仿本的存在论地位，而且以此方式为“时间”和“空间”本身提供了最早的哲学解释。

事实上，有了这两个要素，无论作为仿本的宇宙本身还是宇宙论论述，都不是毫无确定性的“混沌”或关于这“混沌”的“神话（*muthos*）”：它是仿本（不是模型），因为它有时间和空间的限制（而模型则无此限制），但也正因为作为限制性的时间和空间又具有数学 - 几何学规定性，所以它像模型。造成差异者也正是造成同一者：如是，宇宙有某种程度的恒在（being），尽管它根本上属于变在（becoming）；宇宙论话语有某种程度的真理（*aleitheia*/truth），尽管它根本上属于信念（*pistis*）。又因为时间和空间，现实宇宙的生成变化是有数学 - 几何学的规定性的，因此是有“度”的——这让我们联想到“*eikos logos*”。

而 *eikos* 的正面的、积极的意义还表现在，当蒂迈欧用 *eikos* 修饰 *logos* 和 *muthos* 时，使用 *logos* 的次数明显多于 *muthos*，这应该不是偶然的。现在我们转向 *muthos* 和 *logos* 的意义及其相互关系的讨论。

早期希腊思想通常被刻画为从“神话（*muthos*）”到“理性（*logos*）”的演进过程，所以当蒂迈欧同时使用 *eikos muthos* 和 *eikos logos* 时，难免让人吃惊。对此，弗拉斯托斯认为，*logos* 与 *muthos* 的对立被 *eikos* 中立化了，也就是说通过强调 *eikos* 蒂迈欧弱化了 *logos* 与 *muthos* 的对立，“神话是故事；故事是神话还是自然史却取决于它是何种故事……典型的 *muthos* 是神话性的。但是，《蒂迈欧篇》没有任何这样的暧昧，因为那里只允许有 *eikos*。而 *eikos* 在此语境中的意义是有明确界定的：永恒理念与其消逝着的仿本的形而上对立决定了确定性与可能性的认识论对立。”[55] 或者又如摩根所言，柏拉图并没有系统区分“逻各斯（*logos*）”与“秘所思（*muthos*）”，因为人类知识与语言的诸多局限使得一切哲学论述或话语在某种意义上都是 *muthoi*：宇宙论是对宇宙的创造与宇宙中运作的力量的一种或然的论述。对于它，唯一能够宣称的就是或然性，既是因为语言本身的限制，也是因为主题的性质。论述的有问题的或然的地位是通过用秘所思来指称它而得到标识的，但是在这个术语与逻各斯之间有相当的吻合。鉴于后期对话中秘所思被用于描述哲学理论的其他例子，这就毫不奇怪了。[56] 这类将“秘所思”与“逻各斯”同化的解释落实到《蒂迈欧篇》，势必将对话中的神话因素彻底消解，从而走向了纯粹的科学，宇宙的神圣性是由它的科学性来保证的，而非相反。

还有学者在*logos*上做文章。例如约翰森，就认为*logos*在这里既用于“属”意义上的“论述”，也用于特定“种”意义上的论述；作为“属”意义上的“论述（logoi）”，它包含*logos*和*muthos*这两种论述为其“种”，两个“种”的差异在于，被称为*logos*的论述比被称为*muthos*的论述更有可能性与合理性。约翰森认为蒂迈欧在或明或暗地比较可为人类得到的论述和可为神所得到的论述：*eikos muthos*是那种作为人类所能得到的最可能的而被我们所接受的论述，但是与神能得到的最可能的论述相比，又较少可能的（或较不合理的），表现了认知上的谦卑。*eikos muthos*的仅有的三次使用中的两次（29c8-d3, 68c7-d7）明确提醒人性的限制，另一次（59c5-d3）也暗含了人性的角度。[57]蒂迈欧的论述是“秘所思”，部分因为他所论述的事情在世界被造时可能发生过，但你我是人不是神，不知道这是不是就是实际所发生的。但这并不意味着造世并非如蒂迈欧所叙述的那样发生；它很可能就是以这种方式发生的，蒂迈欧的论述越有“可能性/合理性/相似性（likelihood）”就越有说服力。但所谓的“可能性/合理性/相似性”不能用我们所不具备的匠神造世的事实知识来衡量，而只能考虑这一论述在何种程度上代表了匠神如果着手造世所可能采取的方式。既然神要把世界造得尽善尽美且尽可能与模型相似，那么问题仅在于世界如何才能与其模型至为相似。也就是说，关于这一论述的历史的或事实的“可能性/合理性/相似性”的问题现在变成了有关一个被造的世界与一个永恒模型之间的最大相似性的哲学问题了。“秘所思”的使用就是要提醒我们关注这个哲学问题而不要把他的宇宙论视为历史性叙述。[58]

不过，在 *logos* 与 *muthos* 的关系问题上，启发性最大的还属布列松（Brisson）的解释。他借用波普尔科学哲学的术语，认为两者最根本的对立在于，“秘所思”作为一种不可证伪的话语（nonfalsifiable discourse）与“逻各斯”作为一种可证伪的话语（falsifiable discourse）之间的对立，“秘所思”作为叙述性故事与“逻各斯”作为论证性话语的对立。

前一对立尤为重要，它肇始于布列松对柏拉图《智者篇》259d-264b 的分析和解释。[59] 柏拉图在那里对“话语或逻各斯”作了明确的规定：（1）一个陈述句是名词与动词的联系；（2）它总关乎某事物；（3）所以它必是真的或假的。从此开始，“逻各斯”不仅仅是话语，而且是可证伪的话语或可宣称为真的或假的话语。而“逻各斯”之所以是可证伪的话语，关键在于它能够指称超语言的实在或所指，这样就有可能证实或证伪它所构造的语言符号是否相应于或符合于它申言指称的所指：如果回答是肯定的，那么这个话语是真的；如果回答是否定的，那么这个话语是假的。但是，为了使得这样一种证伪或证实成为可能，所指必须是可以通达的。而在柏拉图的学说框架内，有两类所指符合这一要求，即可理知的理念和可感知的现象事物。

现在，我们按照柏拉图对于话语的严格规定来考量“秘所思”：（1）神话的话语类型中出现的是何种主词与动词？（2）其所指是什么？（3）能赋予其何种真值？那么，首先，从《理想国》第2-3卷我们知道神话话语的主体或主语有诸神、灵异、英雄、冥界居民和古人。和遥远的过去或未来一样，我们可以认为所有这一切必定存在，但是很显然，神话的这些所指要么定位于理性或感性都不可通达的实在层次之中，要么定位于话语作者毫无经验的遥远的过去，它们不是“话语或逻各斯”的有效的所指，也不可能证实或证伪神话话语和其所指之间是否有符合关系；神话超出了真与假，也就无所谓真与假。[60]

与此相关，后一对立是说，“秘所思”作为故事是如陈述者所以为的那样陈述事件，却不给出任何解释；因此，其各部分的联系是偶然的，其唯一的目标是实现故事中的英雄与其听众的情感融合。相反，“逻各斯”作为论证性话语遵循一种理性秩序，其各部分的次序是按照逻辑规则建构的，其目标是使其结论成为必然的，从而赢得对此结论的合理认同。[61]

布列松把他的区分应用于《蒂迈欧篇》，得出的结论是，作为可理知理念的仿本的感性事物，只有现在状态易于为感官所知觉，可由表达式 *eikos logos* 所指称的可证伪的话语所描述。而在匠神造世之前和造世过程之中的感性事物却逃避了任何直接甚或间接的感知，因此没有任何可证伪的话语可以论述它，而只能通过一种呈现其有效性不能被证伪的话语予以说明，这就是柏拉图所谓的 *eikos muthos*。[62] 与此类似，有学者基于仿本问题给予 *eikos muthos* 和 *eikos logos* 的区分以新的含义。他认为仿本的理论可从两个角度切入，首先是仿本与模型的结构关系，亦即仿本与模型具有相似（likeness）与不同一（non-identity）这双重特征；其次是仿本被制造的特征，涉及原因和起源的问题。和“原因”不同，模仿的“结构”方面是不涉及时间和起源的问题的。于是，*eikos logos* 描述数学式地处理“结构”的问题，建立仿本如何能够既相似又不同于其模型；*eikos muthos* 凸显仿本制造的时间性原因。[63] 我们可以说，仿本或模仿活动的“结构”方面作为一种“现成存在”——无论理性的现成存在者（理念）还是感性的现成存在者，适合“逻各斯”之为可证伪的论证性话语，而其时间性的起源和制造过程方面则适合“秘所思”之为不可证伪的叙述性话语，这两方面的结合就构成了蒂迈欧宇宙论的完整话语体系。

再进一步讲，我们肯定“秘所思”是不可证伪的叙述性话语，但是，不可证伪，不仅不是“无意义的”，而且不能仅仅具有“教导”与“劝服”的“手段”的意义；我们必须在“秘所思”与“逻各斯”的既区分又统一的意义上将它理解为柏拉图的“神学”。不确立“柏拉图的神学”，对《蒂迈欧篇》的所谓的“字面解释”将是不可能的。[64] 实际上，“*theologia*（神学 / theology）”一词最早出现在《理想国》(379a5）中，很有可能就是柏拉图的发明，而且就是作为对“*muthos*（神话）”的反思的“*muthologein*（神话学）”的后果。我们应该注意到，柏拉图是在批判和转化希腊传统公民神学和神话神学的基础上建立自己的自然神学或哲学神学的。而且，和几乎所有公认的“神学”

一样，“造世说”乃是“柏拉图神学”的核心。站在字面解释的立场上，匠神造世绝非一个虚构的神话，否则难以解释柏拉图何以终身执守这一论述。既然从未有人把《圣经》“创世记”称为“神话”，那么我们有什么理由仅仅因其是不可证伪的叙述就不在神学的意义上去理解《蒂迈欧篇》呢？解释的困难其实不在于“隐喻的”还是“字面的”分歧，而在于“神话”“科学”以及“哲学”和“神学”在柏拉图思想体系中的关系问题。

目的论

在《斐多篇》中，柏拉图批评前苏格拉底自然哲学家们普遍混淆了自然现象发生的真正“原因”和“原因所附带的必要条件”，肯定“*nous*（理性）”才是整秩万物的“原因”。现在，在《蒂迈欧篇》中，柏拉图以“主因（*aitia*）”和“辅因（*sunaitia*）”的方式明确区分这两者，并称前者是“理性（*nous*）”，后者为“必然性（*ananche*）”，理性通过“说服”必然性将秩序带入前宇宙的混沌。

蒂迈欧指出，在理性这一边，就是宇宙生成的主因——匠神和他赖以造世的宇宙模型（亦即宇宙之理念）；匠神是善的，不嫉妒，从而有让他的造物尽善尽美、尽可能像他自己的良好意愿，所以他依照同样永恒、完美的理念模型，使宇宙成为一个唯一、有生无死、完满无缺、自足美好的智能生物。于是，当我们试图解释宇宙生成的方式时，需要把握这个善良的制造者使它尽可能美好之方式，而事物要参考一种目的而被解释的观念就是“目的论”。《蒂迈欧篇》的宇宙论是目的论的，因为它试图解释宇宙如何为了一个目的而被匠神所建构从而使它尽可能美好。而作为辅因的必然性，指的是理性得以运作的物质条件，包括自然哲学所公认的元素之间“相似者相吸（like to like）”的机械运动原理和某些东西跟随另外某些东西自发生成的方式，与“自发性”“偶然性”“巧合”“运气”等相关联，而与“目的”或设计对立。例如火必然好动，因为它由精微的三角锥微粒组成，土必然稳定，因为它由粗大的正方体微粒组成，因为同样的构造上的原因，火、气、水可以相互转化，而土则不能。物质属性的这类必然的“因果”结合是赤裸裸的自然自发的事实，匠神也不能干预，但是各种物理事件的各自独立的因果相继却能够通过理性的作用为了总体的善而和谐共生；所谓匠神“说服”必然性，就是理性协调必然性从而辅助其达到目的。例如他能制造覆盖较少肌肉的人头，以便最大化我们的敏感性，而敏感性又有利于理性灵魂的旋转，增进个人的美好生活。当必然性以这种方式运作以促进善时，我们就可以称之为“辅因”，因为它对“主因”理性或匠神的目的论活动有贡献。但是，匠神并不能改变必然性自身运作的方式，必然性构成一种不能被还原为目的论的独特的因果原理；宇宙作为一个整体，是理性说服必然性最大限度地为至善而运作，但仅是最大限度，始终有未被说服的必然性的因素不为善而运作。所以，作为辅因，必然性又对理性的运作构成限制甚至抵制，使得匠神达不到他所能预想却永不可及的完满性。因此，匠神是全善的，但不是全能的，这个世界也不是绝对完善的，而只是最好可能的世界。

然而，很久以来，目的论的使用是柏拉图哲学备受诟病之所在，《蒂迈欧篇》也曾被描述为“目的论者的宣言”而臭名昭著；科学史的标准观点是，只有在笛卡儿和伽桑迪等17世纪思想家复兴古代原子论者的观点之后，科学才摆脱柏拉图（和亚里士多德）的目的论的约束，从那时起，科学依靠一种目的论毫无位置的机械论的世界概念而迅速发展。[65]

有两个问题待解，一个是，为什么柏拉图会觉得他需要这种目的论呢？另一个是，柏拉图何以能够获得这种目的论呢？

对于前一个问题，有多个答案。首先是，柏拉图要以目的论的宇宙论或自然哲学为伦理学和政治哲学奠基。作为柏拉图早期最重要的伦理学对话的《高尔吉亚篇》，同时也是最早将道德概念置于宇宙论语境之中的文本，它所要针对的是在公元前5世纪希腊“*Nomos*（习俗律法）-*Phusis*（自然）之辩”中作为*Nomos*的反对者和*Phusis*的维护者的卡利克勒斯的那种基于“自然主义”的非道德主义主张。对话中的苏格拉底没有挑战卡利克勒斯从“to be（人的自然本性、自然状态、人性事实）”引申出“ought to be（应当如何行动）”，而是反击了他的自然秩序观念，他说：“卡利克勒斯啊，有智慧的人说，无论天、地、神、人，都由团结、友爱、秩序、节制和正义而共在；这也就是他们称此世界整体（*to holon*）为‘秩序/宇宙（*kosmon*）’而非无序（*akosmian*）或涣散（*akolasian*）的原因。”（507e7-508a5）自然宇宙（*kosmos*）是一个有序的整体，这表明正义和比例的均等（*isotes*）比不义和贪婪（*pleonexia*）更为强大、更美好；所以人们应该践行正义而非行不义。柏拉图认为，卡利克勒斯式的“自然主义者”其实没有看透自然秩序本身真正的运作方式，否则他就会相信“自然（*Phusis*）”支持苏格拉底所倡导的道德生活。毋庸置疑，将伦理学置于宇宙论的背景中，或者为诸美德提供一个目的论的宇宙论的基础，表明规范性和人类道德生活如何扎根于自然的运作之中，乃是柏拉图哲学生涯之初即面临的不可回避的使命。但是，这一课题被柏拉图在《斐多篇》(96a-99d）中有意地“耽搁”了。

按照苏格拉底在其中的自述，他曾对自然哲学家们所探索的问题颇有兴趣，但对自然哲学家们的回答大失所望。他认为自然哲学家们对 *Nous*（理性）作为一种原因关注得太少，也没有尝试通过表明如此这般对于事物是最好的来解释事物的如此这般。因此，他们没有也无能为人类行动者的理智的、有目的取向的行为提供一种可行的解释。反之，如果我们把 *Nous* 视为一种原因，那么我们将通过表明 *Nous* 如何为事物设计其最好的结果来解释事物，同样，如果我们把人类行为解释为以最好的结果为目标，那么我们也必须试图把作为一个整体的世界以及其中的不同事件与过程解释为以至善为目标的 *Nous* 的产物。此时此刻的苏格拉底待在监狱里的真实理由在于，雅典人认为处死苏格拉底是最好的，而苏格拉底认为服从判决、待在监狱里是最好的。这意味着，对于苏格拉底的道德行为应该有一种不同于自然哲学家的宇宙论解释，一种更具解释力、更具普遍有效性的自然哲学。

接着，《理想国》面临新的问题。它关于正义及其好处的引介本身可能还不足以让我们相信有美德的公民和城邦能够赢得战争。换言之，在面对外在的挑战和威胁时，被理解为灵魂或城邦的正当秩序的正义又该如何维护其自身？正义乃是在个人灵魂和个体城邦内部建立和谐秩序的最好策略，但这也意味着正义乃是与其他并不正义的城邦和个人打交道的最好的甚或可行的策略吗？修息底德的《伯罗奔尼撒战争史》已经从相反的方向表明，人性妨碍美德在战争中扮演任何重要角色。战争表明人性趋向于自利而非正义与美善，且获益更为丰厚。因此，除非正义也被表明是一种能够战胜不义力量的力量，否则在这个世界上获得和保有正义只是一种良好愿望而已。因此，《理想国》留下的最深层的课题是：苏格拉底所推荐的正义的生活是否深植于自然之中而具有充足的力量不为战争所颠覆？[66]

于是，到了《蒂迈欧篇》，尽管并非每个人都能够在把握可见宇宙之上的理念的意义上占有哲学，但是他们能够通过研究可见宇宙本身，获得对于自然秩序本身的初步把握。换言之，通过研究宇宙，每个人都能够获得幸福，不必认识理念或依赖于某个认识理念的人；另一方面，更直接地，着眼于伦理观点而被造的人之自然本性（human nature）具有来自宇宙自然（Nature）的内在稳定的向善的和获得幸福的要素与机制。他将用他的宇宙论话语证明，宇宙为人类的伦理提供了最宏大的模型，为人类的行为提供了最深远的意义；因为两者的关系既是一种作为“模型”

的宇宙或自然的运作与作为“模仿者”的人类活动之间的关系，又是一种作为“整体”的宇宙或自然（Nature）与作为其“部分”的人类本然状态或人性（human nature）之间的关系，“伦理学的宇宙论基础”正是这两种关系的内在要求和具体展现。

其次，有学者[67]认为，柏拉图从目的论的自然解释中获得了一个重要的决策-抉择标准。每当有多种可能性的地方，匠神就会选择最好的。匠神面临他应该选择哪些三角形作为几何原子论的基本元素的问题。有很多三角形可供选择。匠神在选出两种最好的三角形类型的基础上，他能够做出理性选择。如果我们肯定匠神在任何时候都做出了最好的选择，那么我们就能够对匠神必须选择什么给出解释。这被认为开启了科学哲学中的一个重要传统。在现代科学哲学中，有一个被称为“不完全确定性（underdetermination）”的问题，它描述了这样一种情况，即数据（无论多么好）不足以让我们确定采用哪种理论来解释它们，并且必须采用非经验标准。总是有可能为一组数据生成多种理论，所有这些理论都将解释该数据。我们如何在这些经验上都是充分的理论中做出理性的选择？柏拉图提出了一种涉及目的论的解决方案，但它与现代实在论者试图通过应用美、简单性和统一性等标准来解决不完全确定性问题的尝试包含某些重要的亲和性。如果匠神根据美、简单性和统一性的原则建构宇宙，并使用数学和几何学来做到这一点，那么我们可以通过应用相同的原则来理解宇宙。这对于理解《蒂迈欧篇》中柏拉图如何着手解决天文学和宇宙论中的某些问题非常重要，尤其是那些他主张从无限的可能性领域寻求单一解决方案的问题。[68]

此外，柏拉图用目的论来解决一个认识论问题。在《泰阿泰德篇》苏格拉底述梦的段落中，他认为复合体可以被分析成它们的部分，因此我们可以对它们进行说明。然而，非复合的东西不能被给予同样的分析或解释，按照这种知识概念上，非复合的东西是不可知的。柏拉图使用他最喜欢的一个类比，认为我们能对音节有一个说明（根据构成它们的字母），但没有关于字母的说明。这里自然哲学的一个问题是，我们对物理世界的终极部分能够具有何种解释。我们无法解释它们或根据进一步的物理部分来分析它们。对此，在《蒂迈欧篇》中，我们得到了一种几何原子论，也是用字母和音节来表达的。在土、水、气和火的微粒被分析为平面，然后分析为元素三角形之后，我们对元素三角形的性质有了进一步的目的论解释。这并不是说转向目的论是对苏格拉底在《泰阿泰德篇》述梦段落提出的所有哲学问题的一般回答。然而，重要的是，蒂迈欧确实在他的自然哲学中对非复合物体进行了目的论解释。[69]

最后，柏拉图的目的论还有宇宙论的理由。宇宙论的核心问题是，世界为什么展现出如此多的秩序。只有一个封闭的有序世界的观念在宇宙论史上是十分罕见的，在早期希腊思想中甚至几乎不存在。在他之前的恩培多克勒和原子论者用多种偶然事件的结果来解释复杂的宇宙和生物。例如留基波和德谟克利特会说，存在无限的虚空，其中有无限数量的各种形状和大小的原子，当它们偶然形成一个漩涡时，宇宙的形成过程就开始了；通过一种

“相似者相吸（like to like）”的分类原则产生天地；而且有许多这样的世界生成，彼此不同，我们的世界只是其中之一；它不是以任何方式被设计出来的，而是全然随机产生的（by chance），但由于它是无数偶然世界中的一个，这就成为貌似合理的了。对于恩培多克勒来说，我们现在熟悉的生物种类是它们各部分偶然相遇的结果。他以一种有点噩梦般的方式设想了人体的各部分四处游荡并偶然结合在一起；各部分的许多偶然相遇产生了无法生存或无法繁殖并迅速灭绝的生物；最终，能够繁殖的生物纯粹是偶然出现的。因此，生物也可以被视为多重意外的结果。

柏拉图明确否认元素的偶然相聚能够产生宇宙，在匠神的任何整秩排序不存在而相似者相吸的原则存在的情况下，只会将元素分类为土、水、气和火的各自区域而非一个整全宇宙的出现，《蒂迈欧篇》通过对前宇宙的接受器中的原初物质的运动的描述（53a）就是对原子论的不点名的批判；相反，有且只有一个宇宙，是被设计出来的；我们可以用目的论来解释这个宇宙的各种复杂特征及其包含的恒定的物种。而且，柏拉图没有像留基波和德谟克利特所相信的那样，有无限数量的各种形状和大小的原子作为物理世界的基本组成部分，而是选择了两种几何上明确界定的元素三角形，它们作为对于其目的来说是最好的而由匠神特别选择的。同样，针对恩培多克勒需要身体的各个部位四处游荡并意外地相互结合来解释他的动物起源论，柏拉图却认为是诸神不想让头部在地面上打滚而没有能力爬过各种高地和低谷，就赋予它身体作为载体和运输工具（44c）；这意味着，如果头部以及许多其他身体部位会像恩培多克勒所设想的那样陷入沟沟坎坎之中，那么这种解释就没什么意义或不那么可信了。[70]

当然，如何设身处地地对比柏拉图的“封闭世界”观和“目的论”与恩培多克勒、留基波和德谟克利特的“无限宇宙”观和“机械论”的优劣，是个极具争议的话题。格里高利提供了一种更同情柏拉图的看法。他认为我们不应该因为恩培多克勒和原子论的解释与现代物质和力学解释有亲和性，就高估其理论的合理性；实际上，他们缺乏使现代理论能够被接受的许多工具和发现。首先，对于公元前 4 世纪的希腊人来说，宇宙或生物只由机遇就能产生的观念似乎根本不可信；再加上柏拉图的批评，相似者相吸的原则本身不能产生必要的秩序，物体各部分本身将是不动的，那么这些理论看起来就更不可能了。反之，柏拉图的目的论纲领尽管尚未经过任何测试，但柏拉图能够用它对物理现象进行全面的解释，该解释至少与它的竞争对手一样合理。规则的圆周运动的组合理论产生了比以前更好的太阳、月亮和行星运动模型，并且可以说产生了古代最重要和最先进的研究课题之一，因此在公元前 4 世纪的希腊语境中，柏拉图的目的论方法是一种可行的方案。[71] 其次，在动物起源论领域，虽然“多重偶然观”以进化论的形式后来获胜了，但是，这要到 19 世纪和 20 世纪随着达尔文理论的提出和 DNA 的发现才发生，在此之前，每当新现象被发现而机械论进路难以解释时，各种类型的设计理论就蓬勃发展。[72] 第三，更有争议的是，在现代原子论中，我们的思考基于少数数学上明确界定的终极粒子，而非无限多样的形状和大小；同样，我们相信这些粒子以各种特定的方式形成明确界定的结构，而非以一种偶然的方式聚集在一起；尽管我们不能把终极粒子视为经过设计的，但在某些方面，它们与柏拉图的原子论的共同点，多于与留基波和德谟克利特的原子论的共同点。格里高利认为，将17世纪视为只是在复兴原子论而排除柏拉图的几何原子论是错误的。虽然德谟克利特、留基波、伊壁鸠鲁和卢克莱修的原子论的伟大之处在于它激发了这种复兴，这对于反对统治了中世纪、作为基督教与亚里士多德思想之结合的经院主义是很重要的，但实际上17世纪的思想家们也觉得有必要治疗无神论的原子论，这不仅是宗教上的偏爱，也有柏拉图的馈赠。对于原子论的为什么原子应该具有特定的形状并以特定的方式结合的问题，柏拉图用目的论和匠神来解决，现在由基督教上帝来解决。[73]第四，在主张宇宙由粒子实满（*plenum*）组成的人和支持原子和虚空的人之间也存在相当大的争论。值得注意的是，诸如笛卡儿等支持实满、拒绝超距作用观念的人，在引力和磁力的尴尬情形中采用了与柏拉图类似的解决方案。柏拉图认为静电和磁力的吸引力不是由于任何超距作用，而是可以通过没有虚空、原子相互推挤并移动到它们自己的区域这一事实来解释（《蒂迈欧篇》80c），同样，笛卡儿在使用涡旋来解释引力效应时，也没有虚空，而是用螺旋形粒子在较小粒子之间移动来解释磁性。[74]最后，在宇宙起源学上，关于我们是否应该将我们的宇宙视为众多偶然宇宙中的一个，仍然存在着激烈的争论。现代问题与古代问题略有不同，因为它询问为什么某些基本常数的值（例如光速或引力常数的值）设置在允许行星和生命产生的极其严格的范围内。对此的一种回答继承古代原子论者观点，认为宇宙的数量是无限的，基本常数在其他宇宙中具有不同的值；我们的宇宙是无限阵列中的一个，这就是我们解释宇宙中基本常数的值（显然是偶然的）所需要的全部。另一种回答则衍生自柏拉图：只有一个宇宙，基本常数的值是这宇宙的设计的一部分。[75]

现在，我们考虑另一个问题，即目的论作为一种全新的自然解释模式何以能够进入柏拉图及其宇宙论的？柏拉图自己的回答是：

> 显然，他们这样说，一切最伟大、最美好的事物都是自然和机遇（*phusin kai tuchen*）的产物，技艺（*technen*）仅仅是较不重要的。技艺从自然手中接管那些已经成型了的伟大原作，因此原型与模式也是较不重要的，而这就是我们全都称它们为技艺的产物的理由……让我说得再明白一点。火与水、土与气——他们这样说——全都由于自然和机遇而存在（*phusei panta einai kai tuche*），它们中无一归因于技艺；并且，那些随后到来的全然无灵魂的事物（*pantelos onton apsychon*）——地球、太阳、月亮和星星等——也是由于这两者而生成了。所有这些元素，每一个都借助于其各自的性好，随机地（*tuche*）漂流。当它们以某种适切的、方便的配置结合在一起——热与冷，干与湿，软与硬，等等——以这种方式并且就是这样，它们生成了全部天宇以及它们所包含的万

物，而且，一旦一年四季由那同一些原因而产生，那么它们也生成了所有的动物与植物——不是由于理性（*ou dia noun*），他们这样说，不是由于任何神，也不是由于技艺（*oude dia tina theon oude dia technen*），而是，如我告诉你的，由于自然和机遇。(《法律篇》889a5-c6）

不难看出，柏拉图的整个哲学理论建构（包括宇宙论）在很大程度上依赖于对有关于“*techne*（技艺）”的活动和观念的反思、消化和吸纳，这同时包括在他之前的和与他同时代的希腊人对技艺的理解。具体地说，目的论能够进入柏拉图的哲学体系，关键在于柏拉图自觉地且成功地将技艺哲学化了，这是其宇宙生成论能够以造世论的形式出现的根源。[76]

在《申辩篇》《拉刻斯篇》《卡密德斯篇》《游叙弗伦篇》《理想国》第一卷、《伊翁篇》《小希匹阿斯篇》《普罗泰戈拉篇》和《高尔吉亚篇》这些所谓的柏拉图早期对话里，苏格拉底的确不厌其烦地谈论鞋匠、铁匠、厨师和医生等据说拥有一门技艺的“技师”，以此类比美德的实践者。柏拉图相信，美德这种知识相似于一种明晰的、可靠的、专门化的和权威性的知识，即技艺；他希望技艺所具有的一切属性同样能够为道德的知识所拥有：合理的程序，相当稀有，可靠。而如果美德变成技师的职权，那么可靠的、合理的程序就可以用来决定一种卓越的生活如何能够被达到。据此，既然美德和一般的技艺一样确然可教，那么人类生活也就会变得稳定和容易驾驭。

在其中期代表作《理想国》的存在论、认识论和政治学中，在后期对话《蒂迈欧篇》《政治家篇》《斐利布斯篇》的宇宙论中，我们也发现了技艺类比这一理论模型。柏拉图哲学的最重要的标志无疑是“*eidos*（理念）”。柏拉图不仅把“理念”作为现象之逻辑-形而上学上的先验的“原因（*aitia*）”，而且将它们描述为“*paradeigmata*（模型，原型，范型）”，其用意显然是为了强调它的设计性、结构性和建构性，“*eidos*”是一个设计的“*paradeigmata*”。按照这些“*paradeigmata*”，“制作”出许多具体的东西来，由这些东西“组合”“构造”而成的大千世界都是根据这些原始模型“制作”出来的。从“理念论”的这样一个基本思路里，我们已经能够看出，柏拉图实质上是以“*techne*（技艺）”所蕴含的思维模式去取代“*phusis*（自然、生长）”所蕴含的思维模式。应该看到，柏拉图的理念论与技艺的关系是双向的：一方面，柏拉图从理论的高度总结、消化和提升实践性、经验性的技艺，从而把技艺所蕴含的技术性的思维模式哲学化、理论化；另一方面，技艺赋予静观性、理论性的语词概念以能动的、实践的、目的论的意义，从而使“理念”同时包含抽象的理论性概念和具体的技术性概念，而正是这样一种“理念”的出现标志着哲学思想本身的深入和进步。

我们知道，早期希腊思想基本上以宇宙论为其理论旨趣，然而，到柏拉图的时代，似乎已经没有一个学派明确地坚守这个传统阵地，什么是探究宇宙论的适当程序也不甚明晰。“*techne*（技艺）”的发展吸引了绝大多数人的绝大部分兴趣，毕达哥拉斯学派谋求音乐理论的发展，希波克拉底学派专注于医学的发展，智者们执着于修辞术的发展，这些古典时期的“显学”对于柏拉图的影响较之早期自然哲学无疑要深刻得多，更何况柏拉图早年热衷于政治活动。因此技艺对于柏拉图思想的形成具有早期自然哲学或宇宙论所无可比拟的积极意义，我们看到，从其哲学大厦的基石——“理念”，到其哲学大厦的顶峰——由“善的理念”统辖的形而上学，无不打着技艺的深刻烙印。但是，柏拉图并没有在形而上学里驻足，后期对话显示出他有一种强烈的欲望，要从这种由技艺形塑的形而上学出发重新审视他本人早年乐此不疲的政治 - 法律问题和他的前人孜孜以求的自然 - 宇宙问题。

在后期的宇宙论主要文本《蒂迈欧篇》《政治家篇》《斐利布斯篇》和《法律篇》里，我们看到，宇宙的生成基本上是以造世论的形式来叙述的，正是技艺而不是别的什么使得柏拉图的宇宙完全不同于其前人的宇宙。从总体上讲，如果说“宇宙之为活的机体（*a living organism*）”是前柏拉图的早期宇宙观的根本特征，那么“宇宙之为制造品（*an artefact*）”则是柏拉图宇宙观的根本特征，尽管也是活的；“制造品”必有“制造者”——在《蒂迈欧篇》里是被称为“*demiourgos*”的“神”或“*Nous*”；“制造品”又得有“模型”——在《蒂迈欧篇》里“生物的理念”就是“制造者”所依据的“*paradeigma*”；“制造品”还需要“原料”——在《蒂迈欧篇》里由是物非物的“空间”来表征的。这些意象让我们回想起木匠建造房屋、铁匠打制铁器、造船师建造船只等等所谓的“典型的”“*techne*（技艺）”。现在，在柏拉图这里，“*kosmos*”回到了它的本源意义：一个由匠神的“技艺”而生成的安定的、增进美感的秩序——一个目的论的宇宙。因此，从“技艺类比”中生成的目的论不仅是柏拉图早期道德理论和中期形而上学的核心，也是其后期自然哲学-宇宙论的核心。[77]如果我们这里的理解不假，那么，尽管《蒂迈欧篇》通常被分为“理性”“必然性”和“理性与必然性的协作”三个部分，但实际上可以重构为“神工要素论”和“神工造物论”的双重结构，前者包括对作为宇宙制造者的“匠神”、作为制造模型的“宇宙（生物）之理念”和作为制造原料的“接受器（或空间）”的论述，后者则主要包括对“宇宙灵魂及其具身”和“人类灵魂及其具身”的详细描述。

匠神

在《理想国》中，柏拉图称天宇和感觉的制造者为“*demiourgos*”[78]，而在《蒂迈欧篇》中，他又极为明确、频繁地将“*demiourgos*”等同于最高的“*Nous*（理性）”或“神”[79]，由此有了众所周知的“匠神（Demiurge[80]）”。按照蒂迈欧，作为宇宙生成主因的匠神是全善的，并且有意愿模仿永恒模型制造一个尽善尽美的宇宙。这是《蒂迈欧篇》目的论宇宙论的核心要义。那么，匠神是何种理性或祂是谁，从而使祂的意愿能够实现宇宙的善？祂不仅是具有使宇宙尽可能美好的意愿的制造者，而且他是理性的运作者，从而具有理性智能。作为理性智能，匠神对于宇宙模型之为恒在（Being）有知识性、真理性的把握，并且知道在生成变在（Becoming）的世界中将模型现实化的最好方式；作为理性智能，他又有理性意愿，从而愿意制造这样一个世界。对于柏拉图来说，理性的东西本身就具有向善的意愿，理性与意愿是一个原则，所以，作为理性的匠神也能推动世界。[81]

显然，匠神对于我们理解世界如何生成是本质性的，但是，《蒂迈欧篇》解释史上一直有两种试图消解匠神之为超越的神圣造世者的地位的倾向。一种倾向是把匠神等同于宇宙灵魂，或者全部等同，[82]或者部分等同。[83]柏拉图强调灵魂同时是有序运动和认识的源泉，这和匠神之为理性智能在功能上有相当的重合，所以这种解释的好处是，它阐明了匠神如何控制世界：他是内在于世界的，是世界的一部分；也避免了重复设置匠神与宇宙灵魂作为理性原则同时控制宇宙运动。但它的问题在于，蒂迈欧明确表示匠神与宇宙灵魂分属不同的存在论范畴，匠神是无生无死的恒在者，宇宙灵魂是有生无死的变在者，因此两者不可能被同化。

另一种倾向是把匠神等同于宇宙之理念，亦即现实宇宙所模仿的永恒模型。理由是，蒂迈欧为其宇宙论设定了三种因素：生成、生成的处所和生成所模仿的理念，并且把后者喻为“父亲”（50c），而在《蒂迈欧篇》的序言里，匠神已经被称为“父亲”（28c）；所以，似乎应该把理念作为宇宙的制造者来设想。但是，反对者认为，这两者出现的语境完全不同，在前者中，那三种东西是匠神完成其造世工作所必需的要素，而后者是列举作为宇宙论两大原理的理性与必然性，三种要素与两大原理，彼此独立，在宇宙论中扮演不同角色。[84]

更为重要的是，把匠神还原为理念的做法与对匠神造世的“隐喻解释”是一致的。匠神与理念的同一蕴含着宇宙也是永恒的，无生无死，因为那三种要素始终存在，而理念就是匠神，所以理念就始终在创造着世界，宇宙的生成也就是一个永恒进行、无始亦无终的变化过程。对于这一永恒的生成，所需要的“原因”就不是一个在某一时刻开始这一过程、在另一时刻又结束这一过程的原因，而是一个能够维持这一过程并使它永远继续下去的原因。对于这样的“原因”，“父亲”或“工匠”的形象显然都不恰当，因此所谓“造世”只是个隐喻，“造世”的主体“匠神”也只能是个隐喻。

但是，这种将匠神与理念同化的解读根本上削弱了我们前面所述柏拉图目的论宇宙论所使用的因果模型——技艺。在被柏拉图一贯视为典范的生产制造性技艺中，工匠在工作时首先观看一个形式模型，然后选择他的原料，并以最好可能的方式用它们仿造出产品，于是乎，原本不存在的东西生成了。显然，工匠是不同于他所观看的理念的另一个解释要素：工匠不是产品的理念。他不仅是目的因，也是动力因，而理念只是形式因，相互不可还原。另外，形式模型也不足以解释工匠制造其产品的具体方式，因为他对于形式模型如何最好地被植入原料，需要基于原料的性质等其他信息做大范围的创造性选择，而这类决定恰恰是实践推理的结果，使用了超出形式模型所传递的信息。既然只有匠神才能做这类实践推理，那么他的活动就不能基于理念得到彻底的解释，从而不可能被同化为理念。[85]

鉴于“匠神（Demiurge）”对于西方思想史的笼罩性意义，我们有必要比较一下他与希腊传统神话和宗教中的诸神和基督教的“上帝”的区别。

蒂迈欧从一开始就强调神是善的，不嫉妒，不吝啬。无论是不是柏拉图最先将“匠神”的形象引入了哲学[86]，至少它与当时流行的诸神形象截然不同是显而易见的。克塞诺芬、智者和苏格拉底等人对传统宗教“神人同形同性论（anthropomorphism）”的批判的积极后果在于，对于神必须是什么逐渐有了一个确定的前提：不具有人的形象，无生无灭，完满自足。这个前提对于柏拉图同样适用。在他看来，宇宙和人类的“制造者”绝不可能如诗人们所说的奥林匹亚诸神那样因为嫉妒而惩罚对人类行善的普罗米修斯，因为诸神不愿意人类像他们那样完满幸福，人也不会因为怀有对有死的人类来说太高的欲望而招致复仇女神的报复。不仅如此，这一崭新的有关神的概念最终与柏拉图的宇宙论甚至伦理学的核心观念融合到了一起：人的理性是神圣的，他的使命就是通过在其本性中再造宇宙中所显露的美与和谐而变得像神一般（godlike），[87]而宇宙本身也是一个神，一个身体中有灵魂、灵魂中有理性的生物。“匠神”的全善性乃是宇宙神圣性和人类道德生活的基础。因此，匠神不再是膜拜的对象，而只是模仿的对象。

长久以来，人们惯于用犹太－基督宗教里的上帝观念来看待柏拉图的匠神。例如泰勒指出，在这里，蒂迈欧想到的是希腊人的普通看法，即“神祇/the divine/*to theion*”在馈赠好东西时是吝啬的，然后又说："因此，正因为God是善的，祂并不将祂的福佑自私地保留给祂自己。祂试图让另一个东西尽量像祂自己那么善。它'满溢'善与爱的本性。这就是为什么有一个世界、为什么有那么多缺点但它仍是'非常好的'。"[88] 康福德则认为泰勒以大写的"God"来暗示柏拉图是一神论者，这毫无道理："无论《蒂迈欧篇》还是任何其他地方都没有说，Demiurge应该是一个崇拜的对象：祂不是宗教性的有位格的形象。因此，必不能将祂等同于《圣经》的God/上帝，那个从虚无中创造了世界并且还是至上的崇拜对象的上帝。另外，在基督教产生前数个世纪的希腊思想中，没有丝毫的证据表明有所谓'满溢着的爱'或任何种类的爱推动一个神去创造一个世界。将基督教奠基者的最根本的启示归于一个异教多神论者，无论对于柏拉图还是基督教都是不公平的。"[89] 康福德让我们注意柏拉图的"匠神"与基督教的"上帝"之间的距离是正确的，但祂因此消解柏拉图的匠神，将祂等同于宇宙灵魂，从而为其"隐喻解释"提供佐证，却又走到了另一个极端。

此外，与基督教的上帝不同，柏拉图的神虽然是全善的，但他并不是全能的，因为祂不能做物理上或逻辑上不可能的事情，反之，祂和一般的工匠毫无两样。《蒂迈欧篇》反复强调匠神造世时所面临的双重限制，一方面，祂必须看着宇宙模型来仿造，理念体系作为可理知的恒在决定了祂的工作必须是理性的，也决定了祂的作品的最终样态，祂不能为所欲为；另一方面，祂所操作其上的原料不是祂所能创造的，而且，这原料的内在固有的性质为祂完善其作品设置了一种限制。当然，尽管这原料被描述为一种无序的混沌（*chaos*），但祂不必对之负责，祂只需尽可能地导入理性的秩序，使之“尽可能善尽可能美”就可以了。匠神并非唯一的、绝对的控制者还表现在，宇宙的生成除了理性作为主因外，还有“必然性（*ananke*）”作为“辅因（*synaitia*）”。“必然性”是无规律、无秩序的，无关乎理性目的的设计筹划，但也不是由机械自然律完全决定了的，它能够向理性的劝导开放。可见，匠神之“造世”既非任意的——祂必须以理念作为原型，亦非全能的——“必然性”与“混沌”至少代表着两种与之相对抗的因素，从而祂所设计制造的世界只是一个“尽可能善尽可能美”的世界。可是，人们并不总是很在乎柏拉图本人的意思，而赋予“匠神（Demiurge）”以犹太 - 基督教神学中全能的“造世主”上帝的地位。无疑，将匠神与理念相同一，将“必然性”与“混沌”作为神话加以消解，就是这种“全能”的“造世主”概念在柏拉图宇宙论解释中的两个致命后果。简言之，是“仿造”还是“创造（*creation ex nihilo*）”是柏拉图的匠神与基督教的上帝（God）之间的根本差异。

最后，值得在柏拉图和亚里士多德之间做个比较。对于柏拉图来说，秩序是强加给宇宙的，而非其内在固有的，这个强加者就是匠神，自然秩序是神工的产物；因此柏拉图是有神论或外在的有神目的论[90]，所以根本上是一种“不自然的目的论”。[91] 作为柏拉图晚年的学生，亚里士多德异常重视《蒂迈欧篇》，甚至可能就是所谓的“字面解释”的始作俑者，他相信对话中所描述的匠神造世过程不是神话、不是隐喻，但他强烈反对老师的世界有一个开端、匠神在某个时刻为世界带来秩序的主张。按照他自己的主张，宇宙一直存在，无始无终，无生无死；尽管他也把宇宙视为一种有单一目标指向的秩序，其中包含了那些容许目的论解释的有机体，但他没有追问为什么会这样，也拒绝柏拉图式的推论，他似乎把这一切看作是一个不可进一步解释的终极事实。所以，他的目的论是真正内在的“自然的目的论”，肯定目的因内在于自然事物自身之中，导致它们如此这般的是它们自己内在的自然本性。亚里士多德认为，自然作为自然秩序的内在的目的因，就仿佛是给自己治病的医生，属于技艺活动范畴，但其中的因和果是同一的，自然秩序的原因就是自然本身。如果是这样，那么匠神就是多余的，至少没有理由和必要去假设这么一位超自然的神祇及其造世活动。

然而，不容易理解的是，内在的自然目的论并没有导致亚里士多德走向其老师所痛恨的无神论。他的有神论的理由是：对运动的解释要求我们承认一个第一推动者。这个第一推动者自身不能被别的东西推动（因为这会把我们引向无穷倒退），但必定引起所有其他被推动的东西运动。既然这个第一推动者不需要任何进一步的东西来将其引起运动的能力变成现实，那么它永远处于现实中；既然潜能属于质料，现实属于形式，那么这个神圣的第一推动者也是纯粹形式，因此是最完满的实体。在亚里士多德看来，神圣实体之为第一因的角色并不蕴含柏拉图关于设计的主张的真理性；柏拉图相信造世应从匠神的全善获得预期，但亚里士多德却认为造世与神的完满性不可相容，因为神是完全幸福的，从而是不被打扰的、自足的和不被推动的。[92]

《蒂迈欧篇》仁慈的匠神造世的观念在古代晚期引发了对两个相关的神学问题的大量讨论。首先，是神恩（divine providence）的问题：如果神尽可能地创造了一个美好的世界，并继续关心那个世界，那究竟是如何运作的？我们如何把世界的本质理解为神恩的产物？我们如何相关于神恩来理解自己的行为、目标和命运？其次，还有恶的问题：如果神是全善的，为什么人类会做坏事，而世界上有恶的存在？[93]

接受器、数学结构与现象世界的存在论

"接受器（receptacle）"的引入是"《蒂迈欧篇》最根本的创新"，[94] 也是"《蒂迈欧篇》中最困难和最具哲学挑战性的概念"；[95] 它的"新"和"难"不只是就《蒂迈欧篇》本身来说的，也是就柏拉图思想的整个发展来说的；它的"哲学挑战性"堪比2000多年后的现代哲学宗师海德格尔的"Sein/Being"[96] 和后现代哲学大家德里达的"延异（différence）"。[97]

接受器被称为理念和理念的影像或仿本之外的"第三个种"（48e4）。引入接受器，首先是为了回答这样一个问题：火、气、水、土这四个元素在宇宙被造前的本性或自然状态是什么？因为现在蒂迈欧又引入了理性之外的另一个原则——必然性，附着于四元素本身的性质，而与理性的原因无关，因此，为了理解必然

性，就需要了解这些原初物体的本性，不考虑它们为匠神造世所做的辅助工作，只考虑它们在宇宙被整秩前的原初状态，而这在很大程度上就取决于接受器。这就涉及文本所提出的第二个问题：什么是变化中不变的东西以及关于流变中的现象的“指称”与“描述”的问题。因为火、气、水、土始终处于相互转化的过程之中，我们看到火，它曾变成气，然后又会变成水……以此循环往复，没有任何可见的殊相以“这个（this）”或“那个（that）”（例如“水”或“火”）持续存在；那么，在这样一种流变过程中，有没有什么东西保持不变？也许有某个基底似的东西，是可感变化的基础，但它本身始终保持不变。这同时意味着，我们是否应该给变化的事物起一个暗示稳定性的名字？或许我们根本不应该将可感的火称为“火”（或“这个”），而应称其为反映其瞬态性质的其他名称（“这样 /such”）；只有不变的东西才能具有暗示稳定性的名称，配称“这个（this）”或“那个（that）”。

这个东西就是接受器：一个无生无死的持久的基质，本身是中性的，没有任何特征，但暂时地接受各种特征，可感殊相（particular）只是如此这般被刻画特征的那个接受器的诸部分（51b4-6）。蒂迈欧感慨这样一种东西实在难以把握。因为按照经典理念论，理念与感性事物分属两个存在论领域，从而有伴随理性的知识与伴随感觉的信念这两种认识方式，而现在，这第三个种，既不可知，也不可感，只能依靠一种粗鄙混杂的推论，“仿佛在梦中看见它”（52b）。

蒂迈欧只能以类比和隐喻的方式阐述四元素与接受器的关

系，由此产生了关于接受器的两种不同解释。一方面，它被不同程度地比喻为金子（50a4-b5）、母亲（50d2- 4, 51a4-5）、可塑的原材料（50c2-6, e7-51a1），以及香油底料（50e5-8）；接受器也是部分被点燃和液化（51b; cf. 52 d）以产生现象的火和水的东西，接受器作为一个以各种方式获得特征的基质；因此似乎是一种“质料”，尽管蒂迈欧没有使用任何可以恰当地翻译为“质料”或“物质”的描述性语词。另一方面，接受器被具体或隐含地称为“空间（*chôra*）”（52b, 52d, 53a；参见 58a）和“位置（*hedra*, 52b1）”或“处所（*topos*）”（52b1, 53a）以及事物在其中发生的那个“在其中”（49e, 50d, 50e, 52a, 52b），表明它的作用是为进入和消失的事物提供空间位置；它也被称为“簸箕”（52e; cf.57c, 88d-e），它的运动对其所包含的粒子进行分类；这是一个特别强烈的空间隐喻，因为它表明粒子独立于簸箕，但被包含在簸箕中。

这两种解释的实质区别在于接受器是否进入物体的构造之中：按“质料”观，它是，按“空间”观，它不是，例如一条狗，它占据的空间不是这条狗的一部分，但它的肌肉骨头等质料成分却是这条狗的一部分。因为柏拉图的描述似乎并不完全一致，所以留下很大的争论余地。接受器之为质料的理由是，被理解为几何立体的物体多少应由某种质料的东西构成，否则，仅凭无基质或内容的纯几何形状如何构成实实在在的物体？接受器之为空间的理由似乎更为充分，因为蒂迈欧不仅反复明言接受器是空间和现象“在其中”出现和消失的东西，而且，他主要基于位移来设想物体的变化，那么如果没有空间，物体如何运动？[98]

于是，出现了第三种解释，认为接受器既是质料又是空间，但是不能基于牛顿或爱因斯坦的物理学来设想柏拉图的“*chôra*”概念，也就是说它不能是“真空（empty space）”，而是“room”或“plenum”或“filled space”（充实的空间）：作为空间，它的作用是为任何可感的特定殊相或个物在给定时间“在其中”存在提供三维广延和特定位置；作为那个空间的充实，它用作殊相或个物以某种方式具有特征时由以构成之中性的底层基质。因此，接受器既是构成可感殊相的质料，又是它们赖以持存的空间场域或媒介。这两个角色是相互必需的。[99]

与关于接受器的性质的分歧对应的是关于进出接受器的现象性殊相的性质的分歧。上述第一种认为接受器是质料的学者，倾向于认为，尽管殊相不是独立自存的实体（例如亚里士多德《范畴篇》中的作为第一实体的具体个体），但它们是接受器的诸部分，后者通过它所接受的形塑而将它们呈现为现象；既然接受器接受形塑的迅速相继，那么一个殊相将在时间中迅速变化，却不必然不再是同一个殊相；因为它始终是接受器（其中性的、自存的基质）的同一部分，其历时的同一性就得以保持。总之，它还是具有实体性的“物（things）”，只不过其实体性的基础在于接受器之为质料。第三种解释与之类似，认为一个可感的殊相就是一个广延的、可方位化的质料，可以在不同的时间和不同的地方以不同的方式具有特征。

据此，《蒂迈欧篇》形而上学的三重架构——（1）永恒不变的理念或“模型”或“父亲”(2)该模型的仿本或父母亲的“后代”(可感殊相)和(3)接受器或“母亲”——乃是柏拉图的分析组件，不是三个不同的本体论成分。接受器之被引入，不是作为新附加于殊相和理念的一种独立的实体，而是作为在分析何为时空殊相中的一个新的和本质的成分。

相反，认为接受器是空间的学者，却认为殊相根本不是这个或那个“物(things)”，而是这类或那类东西(“such”-things，即理念的仿本或持久同一的稳定的特征)进出接受器的产物，它们在接受器上投射的表面特性(properties)，就像在镜子中所产生的影子或映像，毫无实体性可言。[100]

当然，无论哪种解释都还要考虑，蒂迈欧是在刻画现象事物造世前后都始终存在的方式或特征之为赫拉克利特式的极端流变，还是仅仅刻画匠神为四元素赋形之前现象的混沌状态。联系必然性的介入，答案可能是介于两者之间：蒂迈欧在刻画原初物体的存在方式，无关乎匠神的造世活动，这特别适用于前宇宙的四元素的状态，但也适用于它们被整秩后的状态，因为它描述的是元素本身仍然具有的倾向，亦即必然性所指称的东西。[101]

以上问题及其争论基本上涵括了接受器在柏拉图宇宙论中的功能，但无法证明它是“根本的创新”，这需要从柏拉图形而上学的发展中去透视它所扮演的角色和所解决的问题。

如果说以《理想国》为代表的中期理论在 being 与 becoming 的对立中着重于确立 being 或理念世界的存在论优先地位，并因而贬低 becoming 或现象世界，仅用“分有”或“模仿”来为现象世界的部分的实在性提供虚弱且误导的隐喻，那么后期对话回归自然哲学的主旨则要求他提升 becoming 的地位，将 being 与 becoming 相结合，从而最大限度地呈现现象世界的实在性。于是，在《斐利布斯篇》中我们看到了“becoming into being”和“being that has come to be”（26d8）的悖论式表述，它所追问的是感性的 becoming 中的各种东西（个别现象及其相应的种或自然物种）能获得何种 being，如何获得。当代古典学大师卡恩的回答是，becoming 所能获得的 being 是植根于现象变化的世界中有规则的本性或本质，一种不同于超越性理念之永恒本质但又依赖于理念的内在的、重现的结构。作为自然中的规则性的结构性基础，这一观念是亚里士多德“有质料的形式（enmattered form）”概念的鼻祖，但不同于亚里士多德，柏拉图的“内在形式”根本上是数学的，最初也是由《斐利布斯篇》中 *peras*（有限）与 *apeiria*（无限）的形式 - 质料混合来设想的，*peras* 的形式因仅基于数的比例被描述，而 *apeiria* 的被动的或质料的原则则是现象世界的动荡的实质内容的原因。这就为《蒂迈欧篇》匠神的工作指明方向，他将把数学结构置于接受器的无形式的质料之上。[102] becoming 的问题最终变成通过数学将理念论应用于自然世界，而其钥匙就是“接受器”。

《克拉底鲁篇》和《泰阿泰德篇》表明，将 becoming 或现象视为纯粹流变的极端赫拉克利特主义，不仅是错误的，而且是自相矛盾和不可理解的。这从相反的方向证明某种稳定性要素既为变化事物的存在所要求，也为对它们的认识和描述所要求，理念的存在论现在转而要为这三方面提供理论资源。对象中的某种稳定性首先要为成功的指称（言说或思想这个 /this/*touto*/*tode*）所要求，其次为成功的描述或谓述（言说或思想这样、这类 /such/*toiouto*）所要求。卡恩认为，在《蒂迈欧篇》的新的流变理论中，指称的基础是由接受器提供的，它是 becoming 领域中唯一完全稳定的对象，从而是“这个（this）”的唯一真实的所指。另一方面，描述（such 所代表的）则依赖于理念的双重角色之为对象结构的来源和描述性言说的基础。现象可以通过指涉“这个（this）”的诸“部分”——作为接受器中的处所——而被确认或识别出来。另一方面，现象将被结构化和描述为理念的仿本和同名异义者，在接受器的相应部分中出现又消逝的仿本，它们将跟名于它们所模仿的理念。生成的现象的存在全都依赖于它们在其中出现又消失的接受器的三维空间，而它们的本质与特性却依赖于它们的名称所系的理念。[103]

更重要的是，《蒂迈欧篇》为柏拉图中期对话悬而未决的分有问题提供了新的解决方案。匠神掌握了接受器的混乱状态，并开始强加一个模仿理念的结构的自然秩序系统。但是，感官知觉的变化现象怎么可能模仿理念的永恒实在呢？正是在造世的叙述中，柏拉图不得不面对分有的问题。蒂迈欧重申了理念的不变性和“分离性”：它不能出现在其分有者中，分有者也不能与理念接触，因为它不允许任何其他事物从其他地方进入自身，也不会将其自身带入到任何地方的任何别的东西（52a2）。这代表了对理念的内在性的明确否认。那么，多个不同的仿本（例如，我的人性和你的）如何相关于单一的、不变的模型（人本身）？显然，按照经典的柏拉图学说，可感的火与火的理念相似，那么，根本的问题是，这里的相似性意味着什么？卡恩认为，相似性的概念在这里必须指向某种形式关系，由此理念及其同名者将具有相同的结构；这样的结构可以提供一个中间项，即可理知的永恒理念和可感觉的可逝实例之间的纽带。为了将一个理念与它的许多同名者联系起来，在两者之间必须有某种既是一又是多的东西，它本身是可理知的，但又能够为可感觉的相关物提供结构。[104]

柏拉图现在基于数学结构（包括数的比例以及四元素的几何形式）所提供的正是理念和同名者之间缺失的纽带。第一个例子是蒂迈欧描述的用于构建元素之火的正四面体。正是通过实例化这种几何结构，壁炉上燃烧的火模仿火的理念；而且，正是由于相同的结构相似性，两个可感觉的火将彼此相似。两个火之间的可见的或触觉相似性——可感觉的相似性——就源自并依赖于这种更基本的相似性概念，它将每个可感觉的仿本与其可理知的模型联系起来。作为“分有”或“模仿”永恒理念的字面意义，我们现在在可见的正四面体和它们在欧几里得几何中的共同模型之间具有了这种相似关系。以纸上或沙子上画的两个等边三角形为例。它们彼此相似，因为它们都体现了平面几何中定义的等边三角形的形式，都满足欧几里得定义中指定的条件。这种可见的三角形的存在取决于它们在适当接受器中的位置——在纸中或在沙子中，但它们作为等边三角形的同一性或身份（identity）则取决于它们与欧几里得几何中所指定的等边三角形的理念的关系。[105] 以此类推，宇宙万物都将对应于等边三角形和其他更为复杂的数学结构（我们可以把DNA分子的数学公式想象成一种与此类似的东西）。正是以这样一种方式，在可理知者与可感觉者、恒在与变在之间的这种居间角色中，数学提供了使一变多的工具，因为不变的理念是在接受器的常规变更中反复实例化。

卡恩强调，蒂迈欧描述的数学-几何学的比例和结构代表的不是理念，而是理念的仿本。作为仿本，它们允许我们想象模型必须是什么样的，但同时它们所定义的不是理念，而是种属-类型（species-type, 例如人或牛）。这种柏拉图式的自然类型或物种形式概念预示了亚里士多德的"质料中的形式"概念。但是，它至少在两个方面与后者有根本的不同。首先，这一物种概念在结构上是纯数学的，正如伽利略所说，自然之书是用数学字母写成的。这就是为什么柏拉图的观点在几个世纪以来对数学家和物理学家如此有吸引力，从开普勒和莱布尼茨到怀特海和海森堡，概莫能外。其次，除了接受器作为一个整体之外，没有自然个体，亦即没有真正意义上的"这个（this）"，也就是说，接受器没有足够的内在结构来发挥"质料"对亚里士多德所发挥的个体化作用；《蒂迈欧篇》中的单个仿本只能通过它们在接受器中的位置或它们从一个地方到另一个地方移动的连续性来识别。[106]

现在，《蒂迈欧篇》实际上陈述了两种存在论：

（1）前宇宙现象的存在论：在匠神介入之前的阶段，前宇宙中存在着生成之质的多样性，它由冷热、干湿等元素的“力能”所代表；作为被动场或“母亲”，接受器本身只提供了这些力能出现和移动的空间；而这些前宇宙的现象性质，又都必须源自作为生成的“父亲”的理念；但在前宇宙的接受器中，它们仅仅是理念的“痕迹”，仅构成一种混乱而动荡的性质汤，这种“混沌（*chaos*）”或“无限（*apeiria*）”是质的多样性和物理运动的原始材料。尽管相似者趋向于相似者运动（like to like），但这里没有任何东西是确定的或足够稳定的以构成真正意义上的理念的仿本。

（2）宇宙现象的存在论：对理念的系统模仿始于匠神的造世活动。他的第一个任务是将原先这种质的混乱组织成特定种类的事物或现象类型，这些现象在接受器不同部分的出现、消失和再现将被视为不同的生成时刻。一方面，这些反复出现的东西仅作为接受器的局部变更存在：火的部分表现为火，水的部分表现为水。另一方面，这些相同的东西可以被识别为相应理念的仿本。这些现象类型构成了《斐利布斯篇》所谓的“becoming into being”和“being that has come to be”，在becoming与being的这种混合中，在becoming对being的“分有”中，重要的不再是“变在”之“变（becoming）”，而是“变在”之“在（being）”，而这种“变在”之“在（being）”就是由数学结构来显明的。概而言之，宇宙现象的存在论的要素，现在就包括（a）作为模型的理念，（b）接受器，（c）作为理念之仿本和同名者的“接受器中的数学结构”。这样一来，柏拉图就用匠神的基于“理念”“数学结构”和“接受器”的“造世活动”取代了中期对话中的感性事物对理念的“分有”，解决了此前悬而未决的现象存在上的“分有”难题。[107]

数学对于柏拉图的意义在存在论上构成现象世界的稳定结构的来源，这在宇宙论上就体现为，在宏观层面，宇宙灵魂的构造与运动的结构性要素，其结果就是一种独特的数理天文学，在微观层面，物质粒子是以几何学的方式构成的，其结果是一种独特的几何原子论。因此，宇宙从宏观到微观，从灵魂到身体，数学结构无所不在，匠神造世在这个意义上可以说是对前苏格拉底自然哲学中的混沌和无限宇宙的数学 - 几何学“格式化”，匠神的善意和目的不借助数学几何学，就不可能完成这一“从混沌到有序”的过程。在这个意义上，匠神可以被合理地称为“几何神”。[108]

宇宙灵魂与天体运行理论

宇宙是由灵魂和身体合成的智能生物，匠神首先制造宇宙灵魂的原料：他从“同一”“差异”和“存在（是 /being）”混合出灵魂的原料。对此，自古以来就存在“运动学解释”和“认识论解释”的分歧。其实这里并无分歧，宇宙灵魂原料之为“同一”“差异”和“存在（是）”的“混合”本身解释了宇宙灵魂做出不同种类的判断的能力；但如果考虑到灵魂原料进一步按照数学比例被划分成与音阶的间隔相应的诸部分，然后进行组合，那么其最终的和谐结构还要为有序的运动——特别是天体的规则运动——负责。显然，灵魂功能的运动学解释更能说明前面所述的以数学结构为核心的宇宙现象的存在论在宇宙论上的体现：天体运动的超常复杂性被还原为两个具有数学性质的元素：“中项（mean）”与“圆圈”。

匠神制造宇宙灵魂的步骤如下：

（1）**“原料混合体的制造”**：三种最初的混合体被创造。第一种是不可分的存在与可分的存在的混合体。第二种和第三种同样是可分的与不可分的同一和差异的混合体。这三种最初的混合体本身被混合，造出了最终的混合物。

最初的混合		最后的混合
不可分的存在 可分的存在	居间的存在	
不可分的同一 可分的同一	居间的同一	灵魂的原料
不可分的差异 可分的差异	居间的差异	

可以认为，不可分的“存在”“同一”与“差异”代表《智

者篇》中那三个最高的而又相互联结的理念，可分的“存在”“同一”与“差异”是其相应的现象性仿本，它们所混合而出的“居间者”则是其概念层次上的“中项”，最后混合而出的“灵魂”也是一种“居间的”实在，随后又会被表象为一系列重叠的“圆圈”。这一方面表明灵魂对于可理知的理念的存在论依赖，另一方面也表明其作为可理知的理念和可感觉的现象世界之间的居间实在的地位，从而成为可感世界中所有有序运动的源泉，天体循环运动的源泉，并由此派生月下世界的直线运动，以此维持可感世界中的某种秩序。

（2）**“原料混合体的划分”**：匠神将原料压扁切割成两条长带，以获得祂所谓的“同一”条带和“差异”条带；然后又把“差异”条带切割成7条，按照基于2和3的几何比例渐进：1，2，3，4 (2 × 2)，8 (2 × 2 × 2)，9 (3 × 3)，27 (3 × 3 × 3)。如图所示：

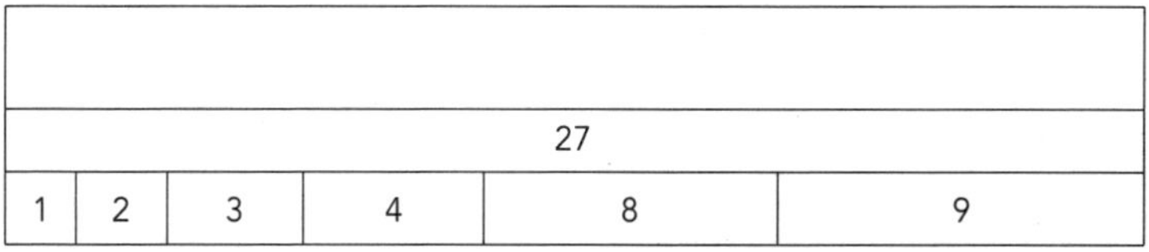

第一部分：1

第二部分：2

第三部分：3

第四部分：4

第五部分：9

第六部分：8

第七部分：27

（3）**“间隔的填充”**：上面第一、第二、第四以及第六部分的数值形成了一个系列，每个连续的部分都是前数的 2 倍。第一、第三、第五以及第七部分的数值形成了一个系列，每个连续的部分都是其前数的 3 倍。因此，第一系列连续部分之间的间隔被称作“二倍间隔”，那些在第二系列的连续部分之间的间隔被称作“三倍间隔”；其中包含“几何学中数”。在每种间隔之内，又存在两个“中数”。第一个是其数值为第一端数加第一端数的$\frac{1}{x}$，这等于第二端数减第二端数的$\frac{1}{x}$；这是“和声学的中数”。第二个中数是其数值在端数之间的中位；这是“算术的中数”。

在第一个系列的最初间隔之内插入两个中数，我们得到：

$1—\frac{4}{3}—\frac{3}{2}—2—\frac{8}{3}—3—4—\frac{16}{3}—6—8$；同样操作第二个系列，产生了：

$1—\frac{3}{2}—2—3—\frac{9}{2}—6—9—\frac{27}{2}—18—27$。

以上升的次序结合两个系列，并且取消重复数，我们获得了：

$1—\frac{4}{3}—\frac{3}{2}—2—\frac{8}{3}—3—4—\frac{9}{2}—\frac{16}{3}—6—8—9—\frac{27}{2}—18—27$。

在这个系列中，除了第一个数之外，每个数项要么是其前数的$\frac{4}{3}$，要么是其前数的$\frac{3}{2}$，要么是其前数的$\frac{9}{8}$。最后，$\frac{4}{3}$的间隔（亦即，在 1 和$\frac{4}{3}$之间，或在$\frac{3}{2}$和 2 之间，或在 3 和 4 之间）现在本身被$\frac{9}{8}$的间隔所填充。例如，在 1 和$\frac{4}{3}$的间隔中，我们能够插入新的间隔，每个数都是其前数的$\frac{9}{8}$倍，但我们能够这么做不超过两次（$1—\frac{9}{8}—\frac{81}{64}\cdots\frac{4}{3}$），因为第三次尝试（$\frac{729}{512}$）会超过$\frac{4}{3}$。$\frac{81}{64}$之间的间隔仅能够由一个“剩余物”来填充，一个由此数$\frac{81}{64}$能够乘以$\frac{4}{3}$的数。这个数就是$\frac{256}{243}$。[109]

这样，柏拉图就在宇宙灵魂的层次上带入了三种数学关系（几何学的、算术的与和声学的），以解释自古以来被观察到的天体运行的各种规则性，如下所示：[110]

几何学中项：$\frac{x}{a}=\frac{x}{b}$ 或 $x^2=ab$ 或 $x=\sqrt{ab}$

和声学中项：$\frac{(x-a)}{a}=\frac{(b-x)}{b}$ 或 $\frac{(x-a)}{(b-x)}=\frac{b}{a}$ 或 $x=\frac{2ab}{(a+b)}$

算术中项：$(x-a)=(b-x)$ 或 $x=\frac{(a+b)}{2}$

把产生音乐间隔的中数引入宇宙灵魂，乍看之下令人困惑，实际上属于类比推理，柏拉图似乎从音乐和声学的发现外推，从而使音乐和声学服务于天文学，如下所示：[111]

a	1	$\frac{9}{8}$	$\frac{81}{64}$	$\frac{4}{3}$	$\frac{3}{2}$	$\frac{27}{16}$	$\frac{243}{128}$	2
2a	2	$\frac{9}{4}$	$\frac{81}{32}$	$\frac{8}{3}$	3	$\frac{27}{8}$	$\frac{243}{64}$	4
4a	4	$\frac{9}{2}$	$\frac{81}{16}$	$\frac{16}{3}$	6	$\frac{27}{4}$	$\frac{243}{32}$	8
8a	8	9	$\frac{81}{8}$	$\frac{32}{3}$	12	$\frac{27}{2}$	$\frac{243}{16}$	16
16a	16	18	$\frac{81}{4}$	$\frac{64}{3}$	24	27		

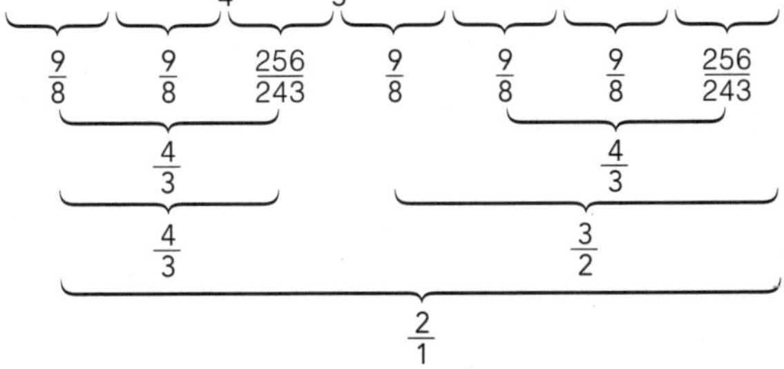

这种类比推理是：把相同的数学比例应用于物质对象，在不同长度的弦的情形中，人们能够产生出总是相同的声音，构成一

种与这物质（弦）无关的和谐性。也就是说，借助于完全属于理性的数学比例，人们不仅能够解释音乐的和谐声音，甚至能够在感性世界中造出它们。以此类推，天体运行的和谐性、规则性和恒久性都是匠神使用数学比例的结果。[112]

从现代观点来看，柏拉图把和声学应用于宇宙论是非常不可思议的事情：行星轨道的间距与音阶有关；音符可以表示为两个数之间的比例，行星轨道的大小也可以。格里高利对此的辩护是，用方程表达物理定律是17世纪以来的事情，在此之前，关于数学如何与世界联系起来的许多可能性是开放的。正如毕达哥拉斯所暗示的那样，这种关系可能是算术的，世界本身就是由数组成的；也可能基于和声，因为和声与数之间显然存在某种关系（乐器的弦长等）；或者这种关系可能是几何的，世界是由形状构成的，形状在世界的秩序中起着重要作用。物理定律应该用方程来表达的想法在直觉上并不明显，必须为之奋斗；事实上，即使在20世纪，随着概率论的引入，科学也改进了它对数学的使用。那么，柏拉图不将天体的运动表达为方程式的一个原因是，这并不是真正对他开放的资源。格里高利提到的另一个原因是柏拉图将法律概念延伸应用于指导天体的理性。因为那时这里不存在压力的问题，没有与该力的大小成比例的相应作用的问题，也没有任何能量或燃料消耗的问题；天体只是管理它们自己的运动。[113]

（4）“同一圆圈”和“差异圆圈”的创造：匠神现在把被纵向地切割出来的两个条带弯曲并交叉成X状，中心与中心系牢，每条的末端联结在一起。外面的条带是同一圆圈，里面的条带是差异圆圈。称之为“圆圈”而非球体，柏拉图似乎考虑到了浑天仪模型[114]，一个框架结构，通过将整个球体表象为条带，使得观看者能够检查外球内诸球体的轴线位置。外面的条带是为恒星持续每日自转——因此是“同一的运动”——负责的圆圈。运动弥漫了整个球体，从宇宙中心到宇宙的外部界限，即恒星的区域。这个天球“向右”运动，即绕地轴从东到西沿着赤道面运动。差异圆圈是随后被划分为7个更小条带（球体）的内侧条带，是7个“漫游”星体——月球、太阳、水星、金星、火星、木星和土星——的轨道。它赋予它们向左运动的原因，即大致上从西到东（允许倾斜的角度），这是与同一的运动（包含它们的球体的运动）相反的方向。

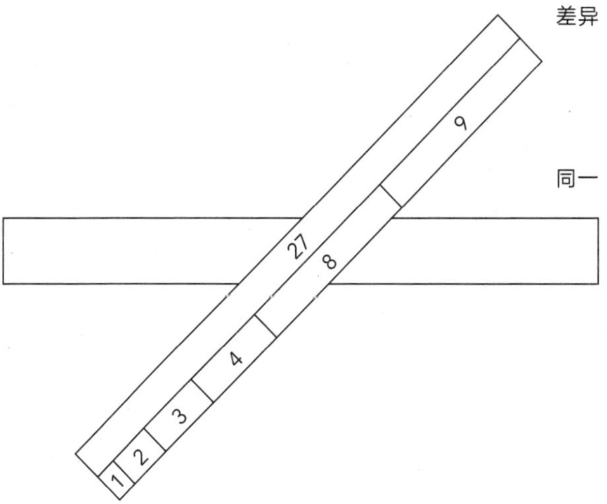

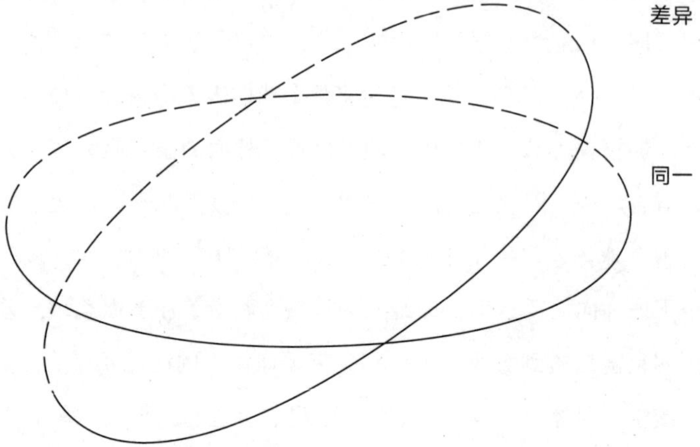
差异
同一

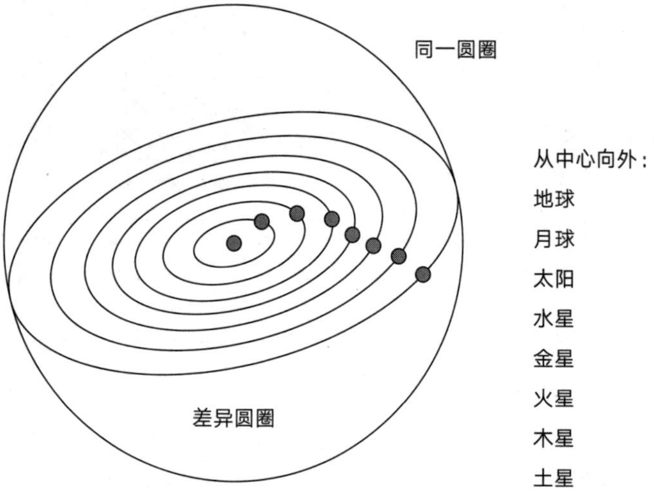
同一圆圈
差异圆圈
从中心向外：
地球
月球
太阳
水星
金星
火星
木星
土星

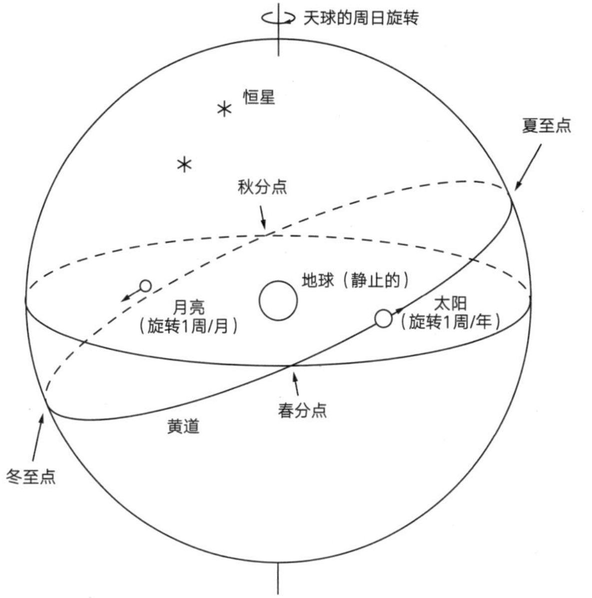

这里，“同一圆圈的运动”或“同一的运动”被柏拉图称为贯通整个宇宙的“支配性（*kratos*）”的运动：宇宙中的一切事物，从其外缘末端到地球的中心，都服从这一运动；“同一的运动”象征着作为整体的天球的运转，这个整体包括天宇中的所有星体和宇宙中的所有事物；尽管如此，柏拉图却认为只有恒星纯粹而无干扰地遵循这一原则作自东向西的周日旋转，它们是宇宙灵魂自我运动的最完美的体现。

相反，日、月和五星的“漫游（*planeton*）”却展示了一种恒星完全没有的长周期运动。就其作为“漫游者”而言，太阳和月亮与金木水火土星一起被称为七大“行星”(planet)。如果我们正对着恒星来测定这七者中任何一者在较长时期内的诸相继位置，就会发现它们不断地向东移动，以至最终它们将在天空中形成一个完整的循环圈。这种慢速的向东运行明显不同于在天空中占支配地位的周日的向西运行。主要的区别有三：(1)它们的周期全都很长，并且其中长短变化幅度很大：月亮要用一个月的时间返回其原始位置；太阳要一年，金星与水星同此(平均)；火星，一年零322天；木星，11年零315天；土星，29年零166天。(2)这些轨道在与恒星不同的平面上运行。这七颗星体的所有向东的轨道，不是平行于天球赤道面运行，而是在那些斜向地横断天球赤道面的平面上运行。如是，太阳在以23.5°角横断天球赤道面的黄道面上运行；月亮和五颗行星的运行也在不同的程度上接近于黄道，它们的轨道几乎全然落在“黄道带”上。(3)所有这些轨道都展示了一种在太阳的周期性活动中如此突出的现象，即，它们都有“回归点(*tropai*)”——最远离南和北的点，它们在那里折返并以相反的方向运行直到抵达相反的“回归点”(对太阳来说，就是冬至点和夏至点)。[115]

行星“漫游”的所有这些特征，是因为宇宙灵魂的“差异圆圈”被分成7个长度不等并且具有相应的不同周转速度的圆圈，这样，每个行星都具有一种双重的运动，即，它们与恒星共有的“同一的运动”和它们各自所特有的分散在这7个圆圈中间的“差异的运动”的混合，这就是它们各自在黄道面上(或接近于黄道面)而非在赤道面上运行的原因。

柏拉图继而认为，“宇宙灵魂”显现为一大群“永恒的诸神”：无数的恒星，其可见的运动仅仅展现了“同一的运动”；而日月五星，其可见的运动则还展现了“差异的运动”的多样化。因为其运动的不变的周期性，这些星星为我们提供了可见的时间量度：它们是“时间的工具（*organa chronon*）”或天体计时器。这里，太阳的贡献最突出：由其升降而产生的白天与黑夜的交替为我们提供了所有天体运动的“明晰的量度（*metron enarges*）”；不过月亮的向东运行以及太阳的年循环所提供的时间量度也是有益的。五颗行星的周期如果被确定，还会提供进一步的时间计量单位。尽管恒星的类似贡献没有被提及，但也没有被否认，因为柏拉图是说所有的星体而非仅仅“漫游”的七星都是“时间的工具”，并说“时间随天宇一起生成”（38b），而恒星构成了宇宙成员中的绝对的多数。

弗拉斯托斯认为，柏拉图有关天体运动的这些认识在很大程度上依赖于作为一门观察科学的希腊天文学所已经取得的进步。事实上，柏拉图在其撰写《蒂迈欧篇》之时对于这一进步了然于胸。

早在公元前5世纪30年代，也就是《蒂迈欧篇》撰写前$\frac{2}{3}$个世纪，两个雅典天文学家，欧科特蒙（Euctemon）与默冬（Meton）[116]，已经做了揭示天文学上周期不等性的各种观察。他们的计算结果如下：从夏至到秋分，90天；从秋分到冬至，90天；从冬至到春分，92天；从春分到夏至，93天。这些发现的关键不在于它们的准确性，与现代的计算相比较，其误差为1.23到2.01天，而一个世纪后的卡里普斯（Callipus）(92，89，

90，91 天）的误差仅为 0.08 到 0.44 天；这里最要紧的是，欧科特蒙和默冬允许观察取代两个对于当时的希腊天文学来说极为显然的前提：冬夏至间隔严格相等，春秋分正好落在它们的中点上。他们本可以不必再自找麻烦通过观察计算春秋分和冬夏至，他们可以计算相继的两个夏至之间的天数然后一分为四而达到这一切——而这正是公元前 4 世纪末巴比伦天文学家的做法。但他们还是选择了艰难的观察之路，并且，当不相等取代预期的相等时，他们坚持观察的结果，这是希腊天文学家开始信赖观察的最好证明。而且，从这样一种观察中，可以推测，他们似乎已经发现了纬度，从而预设了地球处于天球的中央。与此同时，黄道的倾斜性也为某些天文学家所了解。显然，他们对于宇宙至少有了这样一个总的概念框架：天球的赤道是一个与其南北轴成直角的巨大圆圈；南北回归线是天球上两个与赤道平行、等距的圆圈；黄道是天球上的另一个巨大的圆圈，它以锐角横断赤道面并且在南北两端上与南北回归线相接。[117]

然而，早期的宇宙模型，例如阿那克西曼德的宇宙模型，都没能在与恒星的对比中赋予行星以特殊的地位，甚至，就目前的资料来看，我们无法确定在巴门尼德（公元前 5 世纪前 30 年）之前有任何星体作为一颗行星在希腊被确认[118]。而巴门尼德可能是希腊天文学史上第一个辨别出五行星之一（金星）的希腊人。此后的进展就相当迅速了：其他四颗行星及其近乎准确的次序[119]经过两代学者的努力最终得以发现和确认。当然，这一进程也受到了那些持久沉溺于高度思辨的假说里的哲学家的负面影响。例如，阿那克萨戈拉和德谟克利特就认为行星的存在数不胜数，并宣称这类星体的会合正是彗星现象的起因；与德谟克利特同时代的毕达哥拉斯主义者斐罗劳斯（Philolaus）则把地球本身视为一颗围绕宇宙中心不可见的火旋转的星体，并且在这两者之间插入另一颗神秘的“与地球正相反对”的星体“对地”。[120]但是，与这些奇异的幻想一道，以观察为基础的理论正在迅速发展。斐罗劳斯和德谟克利特都可能已经知道上述五颗行星。无论如何，到柏拉图撰写《理想国》时（大约是公元前4世纪20年代末），关于五颗行星的认识肯定已经牢固地建立起来了，因为他把它们造入厄尔（Er）神话的宇宙模型中：在那里，地球位于宇宙的中心，恒星位于宇宙的外缘，而在这两个极端之间就是七颗行星，它们只能是月亮、太阳和五颗行星。尽管它们名字尚付阙如，但它们的颜色和准确次序已经被确认无疑（《理想国》616b-617d）。《蒂迈欧篇》则进一步证明了柏拉图广泛吸收了这门在其中理论思辨与经验观察成功互动的科学所取得的成就。实际上，前面我们已经看到，柏拉图从希腊天文学家那里所学到的远远不止这五颗行星的身份与次序，还包括它们的不同的运转方式。

不难看出，柏拉图的以数学结构（在这里是“圆圈”）为核心的宇宙现象的存在论，在延伸至或落实到宏观宇宙的运动时，不得不与观察天文学结合在了一起。然而，按照弗拉斯托斯的意见，柏拉图是完全站在思辨形而上学的角度吸收观察天文学的成果，而且他坚信，所有这些成果必须在他的思辨形而上学中有其根据。这一点可以通过以下命题之间的关系予以阐明[121]：

命题A：这些星辰都是神，它们的运动都是灵魂的运动。

命题B：诸星神的灵魂都是完全合乎理性的。

命题C：一切完全合乎理性的运动都是圆圈形的。

命题D：星辰的运动都是圆圈形的。

这是一个从神学和思辨形而上学前提A到自然科学结论D的逻辑推论：如果星辰的运动是由它们的灵魂导致的，如果它们的灵魂是理性的，并且如果理性的运动是圆圈形的，那么它们的所有运动必然都是圆圈形的。这无异于说，如果柏拉图的神学或思辨形而上学主张是正确的，那么命题D中所作的天文学主张必然也是正确的。显然，这对于天空中的每一颗恒星而言都是颠扑不破的真理，因此，作为思辨形而上学命题的A、B、C的天文学蕴含恰好与一个众所周知并广为接受的现象吻合。但在那些具有"漫游"运动的行星那里情况就不一样了。这些运动并不完全呈圆圈形，而这正是它们被认为是"漫游"者的原因。对此，柏拉图该怎么办？他意识到，在理论化过程中忽视或否认那些可由观察确立的事实是愚蠢的，他的使命就是要把"一切天体运动都是圆圈形的"这样一个"先天"的信念与行星"漫游"运动这个经验事实调和起来。在《蒂迈欧篇》中，他假定，太阳、月亮和五颗行星的运动在所有情形中都是两种在不同平面上、朝不同的方向、以不同的速度运行的圆圈形运动——亦即，天球赤道面上的向西的“同一的运动”与黄道面上（或接近于黄道面）的较慢的向东的“差异的运动”——的合成。

柏拉图是如何发现它的呢？弗拉斯托斯认为，从记载来看，他是通过其形而上学体系获得的：既然太阳是一个由其思想决定其运动的神，那么其灵魂必然完全合乎理性（命题 A 和 C）；并且既然理性的运动是圆圈形的（命题 D），那么太阳的运动必然也是圆圈形的（命题 B）。那么为什么太阳并没有展现恒星运动的单一的、一直向前的圆圈形呢？为什么它没有像恒星那样限于单一平面上的向西的圆圈运动呢？为什么它日复一日向东后滑？为什么这种滑动发生在一个斜向地横截恒星运动平面的平面上？难道它的灵魂不如它们的理性吗？柏拉图的假说回答了所有这些问题：假设在相交叉的平面上方向不同、速度各异的两种运动，那么每一种运动的单独运行都会在一个正圆形的轨道上带着太阳运动，而且我们能够推断，它们的同时运作将产生一条螺旋线，这就在满足命题 D 的要求的前提下解释了这种现象。[122]

至此，柏拉图不可能再往前走了。他遇到了和太阳不同的运动，对于这些运动，即使将其分析还原为“同一的运动”和“差异的运动”也不能予以解释。例如，月亮和五颗行星的“差异的运动”应该或者在黄道上（如太阳的情形中那样）或者在平行于黄道的固定平面上，那么，为什么会有纬度上的那样一些变化？为什么会有交替地趋近又偏离黄道的那样一些运动？柏拉图的“同一的运动”和“差异的运动”的假说完全没有解释这些侧向的运动，以及金星与水星所展示的相对于太阳的周转速度上的不同，甚至也不可能说明这五颗行星时不时地显露出来的更为一般的“逆行”现象。柏拉图的假说只提供给速度方向都恒定的运动，行星运动的那些间歇性、周期性都是他无法触及的不规则现象。对此，辛普里丘报告说：“柏拉图将圆周运动、规则运动和有序运动赋予了天体，并将这个问题提供给了数学家们：哪些关于规则的、圆周的和有序的运动的假设能够拯救行星的现象？欧多克斯首先提出了所谓的消转天球（unrolling spheres）的假设。”[123] 柏拉图认识到天上不存在不规则运动，并假设天体的所有运动要么是简单的规则圆周运动，要么是规则圆周运动的组合，他为科学史上最长和最富有成果的研究之一设定了参数。欧多克斯、卡利普斯和亚里士多德的同心球天文学都是由此发展而来的，托勒密（Ptolemy）及其追随者的行星天文学也是如此。甚至到了 1543 年，哥白尼虽然假设地球围绕太阳运动，但仍保持规则圆周运动的组合。直到 1609 年，开普勒才提出行星轨道是围绕太阳的简单椭圆；而一旦他发现行星轨道是椭圆的，他就需要解释为什么它们有特定的离心率以及为什么行星有它们的特定速度。可以将行星轨道的许多属性表示为比例，例如椭圆轴的长度比例或行星穿过轴时的速度比例。通过一些数学处理，开普勒可以产生行星所表达的和声。椭圆越明显（如水星），行星产生的音符越多；越接近圆形（如金星），它就越单调。[124] 这意味着，开普勒的工作方式仍然是柏拉图式的，文艺复兴时代仍在与数学和宇宙学的关系作斗争。

横向地比较，弗拉斯托斯认为，柏拉图的建立在其思辨形而上学体系之上的数理天文学理论无论哪一方面都比自然哲学家，尤其是德谟克利特的理论具有更大的科学价值。为了给天体运动寻找一个机械论的解释，德谟克利特不得不求助于早期自然哲学的陈腐的“旋涡”假说：星辰如此这般的运动是因为它们始终处于那种在遥远的过去曾导致我们这个宇宙的形成之“旋涡”运动的控制之下；而它们的周转速度的差异则归因于这样一个事实，即，当它接近中心时“旋涡”就变得“较为虚弱”，因此太阳就被恒星甩在了后头，月亮则落得更远。[125] 然而，这一假说的解释价值是虚假的，因为从中绝不可能引申出月亮、太阳和恒星之间的周转率的差异与它们各自和地球的距离的差异的可检证的关联。这一假说无力拯救现象，也无法为新的可能会肯定或修正这一假说的观察提供有益的指导。诚然，我们难以设想，以当时的技术资源所能建构起来的任何动力学理论，如何会有成功的好运。2000 年来，这始终超出了西方最伟大的天文学家的能力。也正因为这样，柏拉图的形而上学体系对于实践中的天文学家来说将是一笔宝贵的财富：它会使他们摆脱建构一个天体运动的动力学模型的必要性。他们会满足于一种纯粹运动学的模型，这种模型旨在表明，如果某些运动被假定，那么用数学演绎出来的结果会怎样拯救现象。而这正是后来欧多克斯、阿波罗尼奥斯（Apollonius）、希帕克斯（Hipparchus）和托勒密所走的道路。[126]

几何原子与物质构造理论

柏拉图的宇宙现象的存在论框架包括“超越的理念”“接受器与数学结构的结合”之为“理念的仿本”，如是，数理天文学代表了这一存在论模式在宇宙论的宏观的精神性现象事物上的应用，几何原子论则是这一存在论模式在微观的物质性现象事物的构造中的应用。

柏拉图的“几何原子”是四种他所谓的“最好的”规则的多面体：正四面体、八面体、二十面体和正方体，被称为“柏拉图立体”。其中，前三者以等边三角形为其表面，后者则以正方形为其表面；接着，柏拉图又以两种三角形来建构这些面，这两种三角形实际上都能对称地被分割。它们是（1）“半等边三角形”：从等边三角形的任何一个角画垂直线到对边就可以得到这种半等边三角形。这种“半等边三角形”的三边的长度比例为 $1:2:\sqrt{3}$；（2）半正方形：正方形的对角线所分割出来的直角等腰三角形，其三边的长度比例为 $1:1:\sqrt{2}$。这样，这种直角等腰三角形和半等边三角形就成了建构所有这四种正多面体的两种不可还原的“*stoicheia*（元素）”（53c-d）[127]。

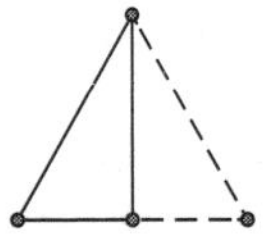

半等边三角形

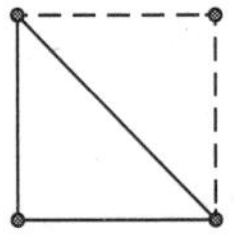

等腰直角三角形

在四种原初物体中，“土”最稳定又最具可塑性，其形体必然具有最稳定的底面；既然正方形比等边三角形更稳定，因此就将正方体归于“土”。而在其他三种原初物体中，稳定程度从大到小（或尖锐程度从小到大）依次为“水”-“气”-“火”，同样，在剩下的三种形体中，稳定程度从大到小（或尖锐程度从小到大）依次为“二十面体”-“八面体”-“四面体”，因此，“二十面体”就归于“水”，“八面体”归于“气”，“四面体”归于“火”（55d-56c）。

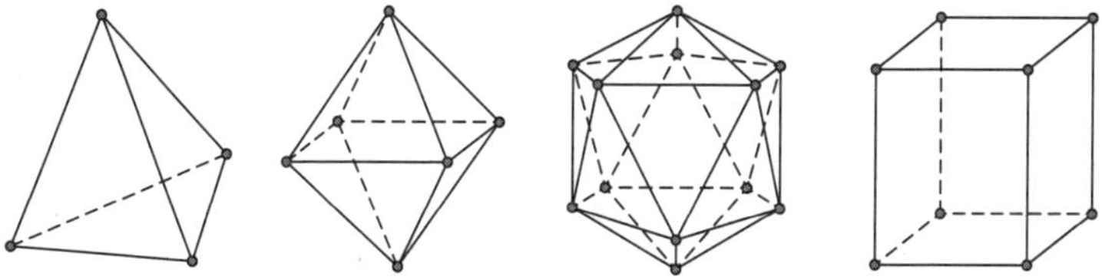

柏拉图认为四种原初物体可以发生两类根本的转化：（1）从一种原初物体到另一种原初物体的相互转化，例如从“火”到“气”或从“气”到“水”等等；（2）四种原初物体各自的变体之间的相互转化，例如“气”的两种变体“以太”和“烟雾”之间的相互转化。

作为第一类转化的前提，（a）这四种原初物体的粒子都能被拆解成其三角形或正方形平面，（b）这些平面又能继续被拆解成构成这些平面的元素三角形，（c）这些元素三角形能够继续存在，在空间中漂流，然后重新组合成相同或不同的形体，（d）唯一的限制是，构成“土”粒子的三角形具有与“火”“气”“水”不同的形状，所以只能重新组成“土”粒子，不能转化为其他三种原初物体的粒子。

弗拉斯托斯把柏拉图有关这类转化的叙述（56c-57c）加以公式化[128]：

我们以 W 代表“水”粒子（二十面体）

A 代表“气”粒子（八面体）

F 代表“火”粒子（四面体）

t 代表构成上述多面体每一表面的等边三角形，

那么

（a）1 W←→ 5 F

20 t =（5 × 4 t）

物理解释：一盏燃烧的油灯。构成油的“水”粒子的二十面体被拆解并重组成四面体。

（b）1 W ←→（3 F + 1 A）

20 t = [（3 × 4 t）+ 8 t]

物理解释：沸腾的水变成极热的火。每个二十面体都重组成三个四面体和一个八面体，构成一个极热的混合体，因为其中一个“气”粒子就有三个“火”粒子。

（c）1 W←→（1 F + 2 A）

20 t = [4 t +（2 × 8 t）]

物理解释：水被太阳晒热慢慢蒸发。每个二十面体都变成一个四面体和两个八面体，产生一个混合体，其中每两个“气”粒子就有一个“火”粒子，所以温而不热。

（d）2 W ←→ 5 A

（2 × 20 t）=（5 × 8 t）

物理解释：冷的气变成同样冷的水。每五个一组的八面体重组成一对八面体。

原初物体的这类转化还隐含了一个前提，那就是，这里所涉及的各种原初物体都是由同样大小的三角形合成的，所以它们能够不断地被重组在几种形体里。

然而，作为第二类转化的前提，（a）每一种原初物体都有一定数目的变体，（b）这些变体都有相应的不同大小的正四面体、八面体、二十面体和正方体，（c）这些正四面体、八面体、二十面体和正方体的不同大小的原因在于两种元素（半等边三角形与半正方形）的建构：在两种情况下建构所产生的三角形都不止有一种大小，而是有的较小，有的较大（57c-d）。

现在，既然每一种规则的原初物体都以一定数目的不同等级的大小而存在，那么就有（a）每一种原初物体的相应数目的等级，每一个等级都由大小统一的粒子组成，（b）每一种原初物体的不统一的变体，只包含一种原初物体的粒子但不只一个大小等级（类似于现代化学中的“同位素（isotopes）”），（c）一种以上的原初物体（例如“土”与“水”）的混合物，并且，既然所有原初物体的所有等级都能进入这类混合物，因此就有（d）

大量的可能混合物的变体。柏拉图相信，以上这些种类涵盖了自然界中存在和发生的所有可辨识的物体，其中，许多已经被命名，但还有一些尚无名称（58d）。

自然界中的客观事物的原始构成和相互关系即如是。至于这一切所从出的原理却不甚清楚，柏拉图自称不愿意在这里劳心去做一件如此巨大的工作（48c）。原初物体的不同种类、不同大小、其合成中的成分与大小的多样性解释了我们所知觉到的自然界中万事万物的巨大的多样性。原初物体（“火”“气”“水”“土”）本身的仅有的性质乃是大小和形状，其他的性质似乎都是派生的。那么，能否说这些原初物体更类似于几何立体而非物理性原子？答案是否定的。为了解释各种物理属性我们需要进一步假设这些几何立体乃是一种普遍的“接受器”的几何构型。“接受器”与其各部分一道构成了一种个体化原则。当这些几何实体置于“接受器”中时，它们就获得了场所，从而也就被个体化了。另外，从原初物体的转化过程来判断，这些原初物体的粒子或“几何原子”被认为是尖利的（61de）：这部分归因于它们的形状，部分归因于它们在“接受器”中的存在，因为几何立体本身无所谓尖利不尖利。硬，作为稠密的组织（62c2，金子是极小、同质的水原子，59b）或正方形底面（62b8）或坚实性（较大、同质的水原子,58e）的结果，既属于一组原子的属性又是单一的“土原子”的属性。至于运动所需要的“非均同齐一性（*anomalotes*）”（57e）也归因于大小和形状的不等性。例如四面体之趋向于四面体、八面体之趋向于八面体等无关乎其体积的相等与否，而只关乎其形状的同一与否。物理的重量，也随粒子的大小或即元素三角形的数目而变化。因此，“宇宙物质”的基本属性是几何的形状、大小和场所，至于尖利、硬、重和运动则是派生的。所以说，柏拉图的“原子”既非单纯的几何立体也非单纯的物质实体，而是一种居间性质的实体。

我们还必须指出，“接受器”始终是满的，每一个“原子”（“接受器”中的几何构型）都与周围的“原子”相互作用。柏拉图不相信任何虚空（*kenon*）或“真空”（52e，58a）。因此他的物质理论将原子论与连续统理论不可思议地结合在了一起。尽管微观粒子之间仍有缝隙（58b3），但由于他的“空间”在一定程度上可以等同于质料，所以这点不连续性从宏观上看是可以忽略的。

柏拉图的这样一种几何原子论在哲学史和科学史上都占据一个承前启后的关键地位。

首先，柏拉图的几何原子论云集了希腊早期几乎所有重要自然哲学家的思想，毕达哥拉斯、阿那克萨戈拉、恩培多克勒、留基波-德谟克利特等都占有突出的地位，无论其意义是积极的还是消极的，直接的还是间接的。对于阿那克萨戈拉，柏拉图曾将他自己的自然体系中的原初要素比之于前者的“种子”（56b）；他接受恩培多克勒的“四根说”，但又抱怨把“火”“气”“水”“土”作为自然宇宙的“元素”或“字母”，赋予它们绝对的、巴门尼德式的不变性，眼光过于肤浅，因为他相信宇宙是“理性”的作品，因此即使在构成它的终极要素中也必定能够发现以尺度和比例显示出来的合理性，而这四者比“音节”还复杂，不可能是宇宙的终极要素，要想发现构成宇宙的真正的“字母”必须作更深入的探究（48b-c）；他对原子论的暗示是如此突出和持久，以至于亚里士多德理所当然地认为柏拉图的理论是留基波 - 德谟克利特学说的一个变种[129]：他们都主张物质的终极要素是原子式的，并且都用“*stoicheia*”“字母”予以类比；但是德谟克利特的原子具有所有种类的不规则的形状与大小以适合于他的世界之为无目的的偶然性的产物的一般理论，因此坚信宇宙的终极结构也渗透着理性与目的的柏拉图就用毕达哥拉斯的规则的几何形体对每一原初要素予以构型，这就产生了他的独特的“几何原子”；并且，正如弗拉斯托斯所言，通过元素三角形，柏拉图让我们知道，他的前辈们试图做的工作现在已经正确地由他自己完成了：大自然撰写她的叙述所使用的字母而非仅仅音节终于被造出来了。[130]

不过，弗拉斯托斯认为，要理解柏拉图的意义，我们需要首先理解原子论者对于物质构造理论的贡献，这就是他所谓的“两个层次理论（two-level theory）”。用波普尔的话说，前苏格拉底自然哲学家们自觉地构造和发明了一种对于世界和世界知识的新的研究方法；这个研究方法把一种原始的神学观念，即用一种假设的无形世界来解释有形世界，改造为理论科学的一个基本工具。[131] 作为这一传统的高峰，原子论者认为，在我们的感知之外存在一个微观世界，虽然它支撑着我们的感官感知，但它的本质可能与宏观世界截然不同，这是科学史上向前迈出的极其重要的一步。原子论者对于物质终极构成的天才猜测，不仅在于他们设定了一种“*a-tom*（不可分者）”，而且在于他们在这种设定中洞见到了，我们假定用来解释可见者之性质的不可见者本身无须拥有那些性质。“可分性”就是最好的例子。我们可以有很好的理由将可分性归于我们感觉经验范围内的任何物质对象，那么，我们是否也必须将它归于构成我们可见可触的事物的那些不可见不可触的微观实体呢？从逻辑上讲，没有任何理由可以保证这种推理：“X 是由千万个 Y 组成的；X 是可分的，所以每个 Y 也都是可分的。”同理，我们凭什么认定，如果 X 是红色的，那么组成它的每个 Y 也必定是红色的，如果不是红色的，那就属于别的颜色？由此，原子论者找到了通向“元素（*stoicheia*）”的道路，它们完全不同于我们所熟悉的感官经验的对象，为了履行它们的解释功能，元素不能拥有除广延和硬度之外的任何性质。这种理论想象力上的解放乃是希腊原子论给予现代科学的最好遗产。柏拉图必定注意到了它的价值，因为他在同一条道路上走得更远。其物理学中的“不可分者”也远离感觉经验的各种有形物体甚至更远：它们甚至不是物体，而只是物体的界面；他的原子（元素三角形）是二维的。[132]

至此，柏拉图与德谟克利特的区别还不算太大。如果柏拉图在这里止步不前，那么他所给予我们的无非是一种重新配置了的微粒论（corpuscularism），也就是使德谟克利特的“原子”不再有无限多样的形式，而仅仅局限于上述四种正多面体。然而，柏拉图的目标不是要提升德谟克利特的“原子”，而是要扬弃它，他要打破被唯物论者冻结了的“原子”的不变的坚实性，为元素微粒的相互可转化性提供理论上的证明。按照德谟克利特，一个火原子，绝不可能以任何方式改变其形状和大小，因此也就绝不可能变成气原子或水原子，而这恰恰是柏拉图试图保证的那种变化，他想要一种易于发生两种根本转化的微粒。[133]应该说，原初物体的几何构型上的“必然性”就源于其相互可转化性。

正因为如此，格里高利主张，柏拉图的几何原子论在某些方面更像是现代原子论，而不是留基波和德谟克利特的原子论。柏拉图坚信存在少数类型的终极粒子，这些粒子在数学上是明确定义的，与原子论者的形状和大小不定针锋相对。柏拉图对几何原子论的讨论强调，物质在最终粒子形成结构的意义上具有深层结构，这些结构反过来又自身形成进一步的结构，等等。这是留基波和德谟克利特所没有的观念。尽管柏拉图没有具体说明粒子之间的键合是如何发生的，而且确实这是该方案中的主要理论缺陷，但他是正确的，这不是基于机械相互作用的偶然物质，而是以特定且明确定义的方式发生的。他的“同位素”理论也很有趣，它不是任何现代同位素观念的先驱，而是对亚原子水平结构复杂性的另一种强调。正如前面已经引征的，格里高利认为，将 17 世纪视为仅仅复兴了留基波和德谟克利特的原子论而排斥柏拉图的几何原子论是错误的。17 世纪认为有必要治愈无神论的原子论，这不仅仅是一种宗教偏好。对于希腊原子论的为什么原子应该具有某些形状并以某些方式结合的哲学问题，柏拉图用目的论和匠神来解决，现在则由基督教“上帝”来解决。所以波义耳（Boyle）会说：“有远见的匠神明智地使零件的结构适合它们的用途。”牛顿也说：“在我看来，上帝很可能在开始时将物质形成立体的、大块的、坚硬的、不可穿透的可移动粒子，具有如此这般的大小和形状，以及其他性质和空间比例，从而最有助于祂形成它们的目的。”[134] 此外，在那些主张粒子的充实的人和那些赞成原子和虚空的人之间也有相当大的争论。值得注意的是，笛卡儿等支持充实并拒绝超距作用观念的人采用了与柏拉图类似的解决方案来解决重力和磁力的尴尬情况。《蒂迈欧篇》认为，电和磁的“吸引力”不是由于任何超距作用，而是可以通过没有虚空、原子相互推挤并移动到其自身区域这一事实来解释（80c），笛卡儿虽然使用涡旋来解释引力效应，但没用虚空，并使用在较小粒子之间移动的螺旋形粒子来解释磁性。[135]

既然是几何原子论，必然涉及柏拉图与毕达哥拉斯学派的关系，按照波普尔，柏拉图对科学的主要贡献在于，他认识到无理数的问题并且为挽救科学的危机而对毕达哥拉斯主义和原子论所做的修正。[136] 毕达哥拉斯学派以算术方式处理几何，试图将几何问题视为自然数理论的一部分，即视为由不可分割的单元组成的数。因此，每个几何长度都应该可以表示为两个自然数之比。如果这些数代表一个长度，那么如果我们问某物有多长，我们就不是测量距离，而是计算所涉及的单位的长度的数。亚里士多德也报告说毕达哥拉斯学派将物理实体视为以某种方式从数构造出来的。这种做法的最大问题是发现了 2 的平方根的不合理性，因为在这里我们有一个数 / 长度不能表示为两个自然数的比例，也不能表示为一个单位长度的倍数。柏拉图不仅在长度、面积和体积上都意识到了这一点，而且视之为“可耻的”(《法律篇》819d-820d)。柏拉图强调无理数的发现是灾难性的，他在学园大门上写着“未经几何训练的人不得入内”，实际上意味着，几何被典型地用来处理不可通约的数或无理数，而与处理“奇数与偶数”(论述整数及其关系)的算术大相径庭，把数学从“算术”的可通约或有理数的假定中解放出来，几何原子论就是他对立体几何学的发展的重大贡献，这就是用体现了无理数 2 的平方根和 3 的平方根的三角形构造所谓的“柏拉图立体”。加上行星运动几何模型，波普尔认为，从属于柏拉图学派的欧几里得的几何学并非如现在所假定的作为一种纯粹几何学的运用，而是作为一种世界理论的研究原则，按照这种观点，《几何原本》就不是一部“几何学教科书”，而是试图系统地解决柏拉图宇宙论的主要问题。波普尔引用著名的柏拉图主义者，也是《蒂迈欧篇》的重要注释者普洛克鲁斯(Proclus)的话：“有些人认为欧几里得各种著作的主题是关于宇宙的，它们的主旨是帮助我们对宇宙的思考并建立宇宙理论”，尽管普洛克鲁斯没有提到无理数问题，但他正确地指出，《几何原本》以宇宙的构造或“柏拉图的”正多面体结束；自从柏拉图和欧几里得以后而非以前，几何而非算术才在物理理论和宇宙论中表现为一切物理解释和描述的基本工具。[137] 波普尔甚至宣称，宇宙几何理论乃是柏拉图最伟大的哲学成就。他举证文艺复兴时期的伟大物理学家哥白尼、伽利略、开普勒和吉尔伯特都离开亚里士多德而转向柏拉图，试图用宇宙论的几何方法来取代亚里士多德的质性实体或潜能；文艺复兴在科学上的意义就在于几何方法的复兴，它成为欧几里得、阿里斯塔克、阿基米德、哥白尼、开普勒、伽利略、笛卡儿、牛顿、麦克斯韦和爱因斯坦的工作的基础。[138]

就柏拉图自身而言，几何原子论是他的以数学结构为核心的现象存在论在物质构造理论上的应用，它用元素三角形为世界和我们对世界的参照提供了一个稳定的基础。它适用于各种各样的现象，从原初物体的现象性流动到宇宙身体或诸天的总体的质的稳定性，从而是宇宙运动的规律性和稳定性的另一种支撑。在《蒂迈欧篇》的最后一部分，与四种几何原子对应的四种原初物体（火、气、水、土）及其运动构成了柏拉图生物学、生理学和病理学解释的基础。

宇宙论与生物学

现代生物学以及“生物学”一词是19世纪初的发明，被定义为生命物体的科学，包括解剖学、生理学、胚胎学、细胞学、遗传学、分子生物学、进化论和生态学。这被视为与古代自然哲学传统分离的结果。从宇宙论上讲，赫西俄德使用的解释模型是系谱学的，其后是机械力学模型，如阿那克西曼德的受到建筑学模型影响的“漂浮”解释，后爱利亚学派的阿那克萨戈拉、恩培多克勒和原子论者所共有的“涡旋”模型；但这类模型把生命物体还原为无生命物体，无法解释生命现象和宇宙的规律性，因此生物学模型作为解释宇宙结构的第二种模型成为了古代宇宙论的最终发展方向，哲学家们曾把整个世界同化为一个由内在的神所统治的活的生命有机体，从泰勒斯的物活论或泛灵论，经由赫拉克利特的“永恒活火”、阿那克萨戈拉的“努斯”和“种子”、恩培多克勒的“爱”与“憎”，以及他们对医学模型（例如胚胎学）的借用，直到在柏拉图和斯多亚学派那里得到充分的表达。显然，现代生物学所摆脱的古代传统正是这后一种以生物学为解释模型的宇宙论传统。

在《蒂迈欧篇》中，匠神造世的理由是他想要制造另一个尽可能美好和像他自己的东西，而他本身是理性智能（*nous*）的化身，所以他首先赋予宇宙以理性智能，理性智能又必以灵魂为其载体，灵魂又以身体为其载体，宇宙因此是一个有灵魂的身体，一个生命体或生物（*zoon*）[139]。《蒂迈欧篇》实际上就是以描述宇宙层次的灵魂具身过程和人类层次的灵魂具身过程的方式，剖析了宇宙生命体和人类生命体的身心结构，因此，如果有人说“《蒂迈欧篇》的整个宇宙论事实上是生物学”[140]，我们也不会感到奇怪。

如果说宇宙灵魂的制造是宇宙生成中最基本的操作，那么宇宙灵魂的具身乃是匠神造世过程中最宏大的事件。恰如宇宙灵魂的产生是匠神实践推理或“先见”的结果（“善”→“秩序”→“理性智能”→“灵魂”），宇宙的物理性或身体性（corporeality）并不是柏拉图宇宙论的基本假设，而是从宇宙之为生成之物的存在论地位中推衍得来的；从其“身体性”又推出其“可见性”与“可触性”，由此推出“火”与“土”的必要性，这两者的黏合又需要“气”与“水”。于是，整个推理链条如下：宇宙的“生成性”→“身体性”→“可见-可触性”→“火”-“土”→“气”-“水”。尽管这里对于宇宙的物理性质的解释依然诉诸传统的作为终极构成要素的“四元素”，但这一解释是由系统的目的论所规定的，每个元素都是作为生成变在（becoming）的宇宙的一个环节而被要求。宇宙不再是早期希腊自然哲学中那些被独断假设的诸元素的“无限定”的聚集与消散，它是“至大无外”“独一无二”的生命“整体”或“统一体”。因此，当匠神用四元素制造宇宙身体时，四元素的结合需要“居间的纽带”，亦即按照比例来安排。[141] 宇宙身体的构成要素之间的比例则带来了“友爱”（*philian*），“友爱”带来了“团结”，保证了这是一个有始无终、永生不灭的神工造物。

宇宙的“至大无外”和“独一无二”对于宇宙身体的构造提出了特殊的要求：首先，作为原料的四元素要被耗尽，从而没有任何东西遗留在宇宙之外，使宇宙有遭受外来攻击而解体之虞，匠神把宇宙造成为由所有整体合成的单一整体，完满、不病、不老（33b）。其次，宇宙的“整全性”——“囊括所有生命体于其内部的生命体”——要求宇宙身体具有最大的“包容性”，这对于有形物体来说就是“包容所有形状于其自身的那种形状”，当然非“球体”莫属。第三，球体“在所有形状中是最完满、最相似于其自身的”，外表光滑，完满无缺，是一个纯然“自给自足”的封闭的生命体，从而无须任何感官和肢体，“完全通过自己且在自身之内经受主动和被动的作用”，匠神“赋予它最适合于其身体的运动，即七种运动中最合乎理性与理智的那种运动。所以，他依此使它在同处不停地绕己回转圆动……免于漫游飘荡。”这里呈现了宏观宇宙作为生命体与其他一般生命体或动物的本质的区别：因其是自足的，所以是一个“幸福之神”。

重要的是，这是一个为宇宙灵魂的理性智能生活所要求并与宇宙灵魂的运动与认识功能相匹配的宇宙身体。它们的结合是灵魂的最宏观意义上的“具身”，是一切生命体的最高典范。那么，它们是如何结合的呢？这实质上是“宇宙生物”的身心关系问题。首先，在谈到宇宙身体的“制造”时，柏拉图告诉我们，宇宙灵魂被安置在宇宙身体的中央，并且延展透过整个身体至身外以至将环包住整个身体（34b）；其次，在讨论宇宙灵魂的“制造”时，我们又被告知，整个宇宙身体是在宇宙灵魂之内被形塑的，“中心与中心相连密切融合”，“灵魂遍布整个宇宙，从中心到边缘无所不在并且由外环覆宇宙”，并且由于宇宙灵魂本身的自转，就为一切时间的不息而又理智的生活提供神圣的源泉（36e）。宇宙身体与宇宙灵魂的差别在于，“身体是可见的，而灵魂本身则不可见却分有着理性与和谐，由可思及的永恒之物中最好的事物生成为生成之物中最好的事物”（37a）；最后，在讨论了两者的结合之后，旋转运动被赋予了，然而柏拉图只提及一种旋转（34b），所以没有理由认为灵魂的旋转不同于身体的旋转，这意味着宇宙只存在一个旋转着的身体，并且身体在灵魂中，反之则不然。

关于宇宙灵魂与宇宙身体的关系问题，我们看到有两种解释颇值得玩味，一种与整个对话的“隐喻的解释”较为吻合，[142]一种则近乎“字面的解释”，[143]它们都否认笛卡儿式的身心二元论模式在此的有效性，都不同意把柏拉图的“宇宙灵魂”理解为笛卡儿的“心灵实体”。前者认为，宇宙灵魂就不是实体；它源于更为终极的实在成分（“不可分的”与“可分的”“存在”、“同一”与“差异”），并且因此而不能独立于“理念”和“空间”而存在。但宇宙灵魂又是一种与其身体相对的实体：它先在于其身体，是其身体所依赖者；“宇宙灵魂”是用来指涉宇宙中存在的任何有序结构和过程的名称。这样就没有理由将它与宇宙身体同等对待，从而也别指望在柏拉图这里发现笛卡儿式的身-心二元交互作用理论。在柏拉图的宇宙中，不可能存在任何诸如笛卡儿那样的实体的二元论，而可能只有类似于斯宾诺莎的属性的二元论（物质属性与精神属性），而后者又意味着一种泛神论。

在约翰森看来，笛卡儿心物之为思维实体与广延实体的二元论使我们对于柏拉图的宇宙灵魂与身体关系的文本的字面解释变得困难。宇宙灵魂的思维活动被赋予了圆圈运动的形式，但如果灵魂是非物质、非广延的，那么这种实质上的空间运动又如何可能呢？隐喻的解释随之而起也就不足为怪了；[144]但除非把灵魂的圆圈运动做字面的解释，否则无法解释宇宙灵魂与行星一道周转，行星的圆圈运动也就是思维着的宇宙灵魂的运动；而且当它们思想同一的东西时，星体绕其自身的轴自转（40a7-b2）；这里似乎只能在字面上把思维当作圆圈运动。但是，如果我们对灵魂圆圈做字面的解释，那么柏拉图也就不可能用空间广延来界定身体，从而与灵魂对立；如果灵魂在字面意义上以圆圈的方式周转，那么它也必有空间广延。这也意味着柏拉图的身心关系不是笛卡儿式的以思维与广延的二分来界定的关系。实际上，《蒂迈欧篇》关于宇宙灵魂和宇宙身体的区别仅仅从宇宙身体的“可感性”——可见与可触——着眼（36a5），由可触性又推出其立体性或“厚度”（53c4-6），那么，“厚度”是否足以区分身体与灵魂。诚然，柏拉图从未说过制造灵魂的原料有厚度或立体性，但他说过宇宙灵魂的圆圈条带从中心延展到外围、自外覆盖宇宙身体。约翰森认为宇宙灵魂的原料能够在球体宇宙内在、外在地延展而无须本身是“厚的”，这就好像无限薄的油漆涂层覆盖整个宇宙身体的表面和内在于它的各种物体，宇宙灵魂以这种方式贯穿整个宇宙身体却不给它增加体积，也不会占据本该为身体所占据的空间。重要的是，对于柏拉图来说，宇宙身体通过拥有“特殊的空间属性”（诸如厚度或立体性）而非通过拥有“空间属性本身”来区别于宇宙灵魂。[145] 约翰森相信，如果从字面上对待圆圈运动，就可以理解何以蒂迈欧看不出灵魂与身体的交互作用中有任何存在论问题。无论灵魂还是身体都是空间性地广延的并且在空间中运动；正因为灵魂和身体都在空间中运动，所以我们就能看到灵魂的运动如何影响身体的运动，反之亦然。尽管身体与灵魂可以有不同的空间属性，但这两者之间没有任何根本的存在论差异。身体与灵魂的运动都服从一种解释空间中广延形体运动的一般机制。灵魂在字面意义上按照与控制身体运动的同类规则而在空间中运动。[146] 显然，如果我们承认柏拉图在意的是作为身心统一体的宇宙生物的理性运动，而非身心本身的实体性，那么约翰森的解释是可以接受的。

以上是就其生物学特征考察《蒂迈欧篇》的宏观宇宙构造。但按照对《蒂迈欧篇》的“字面解释”，其宇宙论（cosmology）严格上说是一种宇宙起源论（cosmogony），因此也包含了对生物（特别是动物）起源和人类起源的论述，这使得它成为在“物种起源”方面和《创世记》、卢克莱修的《物性论》以及达尔文的《物种起源》并驾齐驱的四大最具影响力的作品之一。按照坎贝尔（Campbell）的观点，这四者之间的关系是非常复杂的，除了《创世记》之外，也许每本书都是在其他书的背景下写的：《蒂迈欧篇》可以被视为对《物性论》中所包含思想的回应，因为《蒂迈欧篇》在很大程度上针对更早的恩培多克勒和德谟克利特的学说，而卢克莱修则遵循源于德谟克利特的伊壁鸠鲁主义原子论传统，也受到恩培多克勒的强烈影响；同样，伊壁鸠鲁和卢克莱修不可能忽视柏拉图的《蒂迈欧篇》及其在希腊化时期的影响，因此《物性论》在一定程度上也是针对《蒂迈欧篇》的；尽管达尔文对古代进化思想的认识似乎并不深入，但《物种起源》可以被视为古代机械论科学传统的迟到的延续。[147] 这意味着，恩培多克勒或更早的自然哲学家、卢克莱修的动物起源论和达尔文（Charles Robert Darwin,1809—1882）及其前辈拉马克（Jean-Baptiste Lamarck,1744—1829）的进化论乃是我们正确评价柏拉图的物种起源论的必要背景。

带着“物种起源”的问题回到《蒂迈欧篇》，我们会看到，柏拉图的整个生物系统的产生，一方面是匠神和诸小神按照生物模型制造的结果，另一方面，非人动物的产生却是轮回转世的结果，“神创论（creationism）”和“转世论（eschatology）”在此奇怪而又完满地结合到了一起，如下图所示：

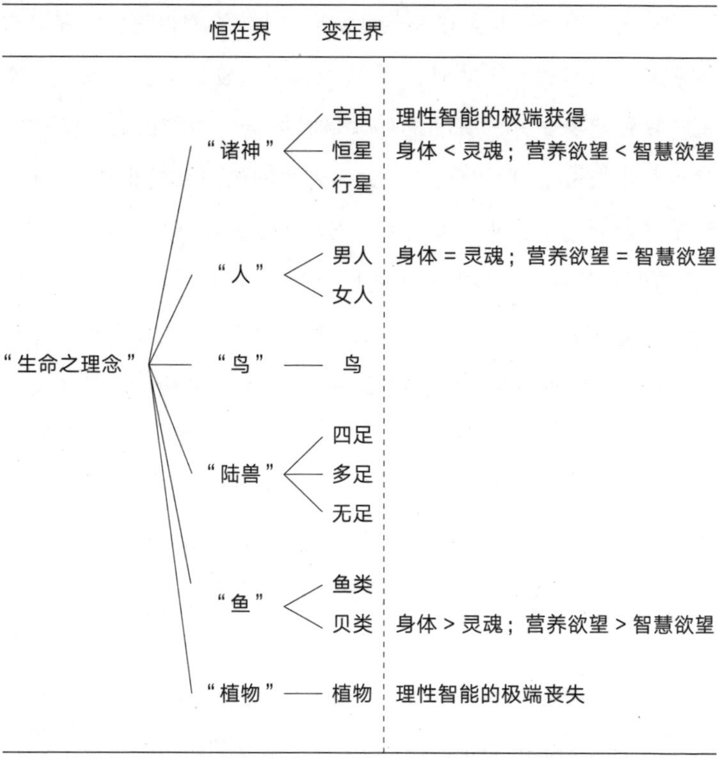

显然，这首先是一个以匠神造世的“模型”的名义呈现的生物分类系统，是柏拉图后期“综合”与“划分”的辩证法的实际应用，各种生物之间既相互关联又相互区别的方式肯定不是偶然的。当众多学者围绕这个系统里的“宇宙生物”与“宇宙生物所包含的生物”之间的“属 - 种”或“整体 - 部分”等逻辑关系问题争讼纷纭时，[148] 米勒（Miller,M.）却认为，蒂迈欧强调了一个“生物（ζῷον）”是通过分有“生命（τὸ ζῆν）”而具有其作为一个“生物”的地位；“生命之理念”一方面聚集各种生物于其自身之内，但另一方面又要求它们如它自身那样实例化。因此，这个理念就蕴含几个不同理念以构成一个连续统，不同的物种在其中选择相应的位置，宇宙本身就是这个连续统中的一个生物。[149] 那么，“生命（τὸ ζῆν）”之理念如何蕴涵这类结构？或者说，上表中诸生物之理念如何既互相区别又互相联系？对这个问题的回答将阐明决定生物物种分类学的存在论依据。米勒认为《蒂迈欧篇》给出了两条线索。首先，读者会注意到文本39e-40a，在那里，蒂迈欧模仿元素分类进行动物分类，通过把一种元素与一种动物相关联来确认其种类：火 - 星辰诸神，气 - 鸟，水 - 鱼，土 - 陆兽。但这一划分只关注组成其身体或其栖居地的物质，就使得它们的本性之为“生物”或“生命体”被遮蔽了。作为“生物（ζῷον）”，它们首先通过被赋予灵魂而超越物质存在，然后它们各种不同的灵魂又要求它们的组成物质采纳这样或那样的身体类型。但身体类型仅仅暗指羽翼或脚等等，没提及任何种类的灵魂。如果公正对待在其生物性中的生物的种类，就不应该强调组成其身体的元素，而应该强调决定其生活的生命种类的不同的灵魂 - 身体关系。[150]

这就不能忽略蒂迈欧给出的另一条更为重要的线索。上图所示的生物系统是一个从高到低的递降等级体系，其本质是一个由对立的灵魂本身和身体本身的相互关系所构成的诸可能性的连续统，如果我们用“>”和“<”代表“强于”和“弱于”的话，那么这就是一个从“灵魂 > 身体”中经“灵魂 = 身体”到“灵魂 < 身体”的递降等级体系。问题是，作为两种完全异质的东西，身体和灵魂是如何被理解为在一定比例范围内相互对立的呢?《蒂迈欧篇》88a8-b3 指出，“人有两类自然欲望——经由身体对于营养的欲望和经由我们中最神圣部分对于智慧的欲望——那么较强大部分的运动将实行统治并增强其自身的力量”。这就是说，在“人”这里，处于相互强弱关系中的并不就是身体和灵魂，而是身体对于营养的欲望和灵魂对于智慧的欲望；对人来说，美好生活的标志是通过智力和身体健康的双重培养，在这两种欲望之间保持平衡或相等。(87c4-d7)然而，人类只是所有这些生物中的一个种类，我们能把这种关系从人类的特殊性扩展到各种生物吗？答案是肯定的。因为人类的对于营养的欲望和对于智慧的欲望这两极正好对应于动物转世的条件：“无论过去还是现在，动物们彼此互换，转化取决于理性智能(*nous*)或愚蠢无知的丧失或获得。”(92c2-3)

显然，蒂迈欧关注的不是灵魂通过不同的具身而堕落，而是各种动物获得不同体型的根据。他将每种身体类型及其独特能力解释为人类灵魂在某种程度上未能过上美好生活的表现，并对各种动物进行了相应的排序，构建了一个从正常的人类走向其最大腐败的分级序列，亦即从过着美好生活的“男人”（90e7）到“最无智能的”、“极端无知（92b7）”的贝类。重要的是，这个序列不仅仅局限于人类和这四种动物，“理性智能的丧失或获得”的连续统的潜在范围实际上还要进一步上下延伸，其两个极端和居中者分别是：

(1) 在“理性智能的获得”的方向上，即使是最优秀的人所能过的最好的生活，也被**宇宙、恒星、行星**的生活所超越。蒂迈欧曾将原地持久旋转描述为“七种运动中与智能和智慧联系最为密切的一种”（34a2-3），因为他认为正是“通过”或“随着”这种运动“[运动者]总是就同一的事物作同一的思想”（40a8-b1）。唯独宇宙只有旋转运动；恒星，被放置在主导的同一圆圈的智慧中，也具有恒久的圆圈运动；而行星，还要服从差异圆圈的逆向运动，并被置于其中的同心圆中，以规则但相互变化和螺旋的路线运行。因此，我们必须认为宇宙的生活拥有最高程度的智能与智慧，从而是这个等级体系中最高等的生物，恒星次之，行星再次之。

(2) 在“理性智能的丧失”的方向上，即使在海底挖洞的贝类标志着人类灵魂可以沉沦的“无知”的极限，但智能的减缩本身却延伸得更远：连续统上的极端是以**植物**为标志的，因为植物只有“第三类型的灵魂”，完全缺乏理性智能（*nous*）（77b5）。植物不仅标志着对智能的最小拥有或极端丧失，而且标志着对追求食物的最大投入；无论它们的意识生活——“伴随欲望之愉快和痛苦的感觉”（77b5-6）——还是它们身体的形状（扎根固定如颠倒的人形），都反映了这种追求之为它们的决定性的关切。因此，植物标志着“经由身体对营养的欲望”的极端支配地位，是最低等的生物。

(3) 在宇宙和植物这两种极端生命形式之间占据中间位置的是**男人**。为了身体和灵魂都过上美好健康的生活，我们必须通过在哲学的探究和体操的练习之间分配能量来维持身体和灵魂之间的“相等”和“平衡”（88b7）。因此，我们既寻求满足在宇宙和星辰诸神的生活中以越来越高的程度占据主导地位的对智慧的欲望，也寻求满足对营养的欲望，这种欲望也以越来越高的程度占据主导地位，其物理表现是，在沿着连续统向植物递降的过程中，低等生物的身体的空间方向从直立到前倾，再到头向下进入大地。[151]

在对话接近尾声时，蒂迈欧以转世论（eschatology）的话语描述了男人以下四种“低等”动物的起源（90e1-92c3）：

(4) **女人**。根据他的转世理论，第一类男人，如果过着懦弱或不义的生活，来世就将作为女人重生。为了给他们提供女性身体形状，诸神“那时”必须为性交创造性欲和区分男性与女性的两种生殖器，而“男人的生殖器本性上是恣意的和难以自制的，就像一头不听从理性的动物，会因为其疯狂的占有欲而为所欲为”，第一类堕落作恶的男人就演变或退化为女人。[152]

(5) **鸟类**。第二类男人，尽管不作恶，但不能首先让理性说话，而依赖于他们的感官；这些就是天真的天文学家，他们相信自己的“视觉”能提供“最可靠的证明”，为了恰当地表达这一点，“轻浮的男人”长出羽毛而不是头发，从而成为鸟类，即栖息在空气中的动物。因此鸟类的形成是“相似者相吸（like to like）”的机械过程和智能退化的双重作用的结果。柏拉图以一种恶作剧的方式把前苏格拉底自然哲学家称为“轻浮的男人”。

(6) **陆生动物**：四足动物、多足动物和无足爬行动物。他们代表了“土”对“土”的相互吸引：即使只是依赖感官，像鸟一样的人至少也会研究天象；但第三类堕落的男人不运用任何形式的“哲学”，甚至不“仰望天空”；这些人“他们不再利用头颅中的旋转，而跟从居于胸腔的那两部分灵魂的引导”；与他们放弃理性智能而代之以激情和欲望相关，相似者相吸的机械论原则就起作用，由于与土的亲缘关系，他们被吸引到了大地上，他们被恰当地赋予了生活在野外的有脚的动物的体型，失去了直立的身材，手臂落地，头部降低并拉长。但是四足动物的形态只是这种形态变化的第一种，也是最不极端的可能性，因此，他们只与“理性智能的丧失”的最不极端的情形相关；男人还会“更愚蠢”(92a4)，还会得到“四个以上足”的支持，使其更接近地面。这种脚的倍增和腿的缩短的极限，也就是最愚蠢的陆地动物，他们根本没有四肢，因此变成蛇，这意味着土对土的吸引过程得以完成。

(7) **水生动物**：鱼类与贝类。尽管他们堕落了，但那些配得上蛇形的人并不是最坏的人。“理性智能的丧失”的仅次于植物的最极端情形是“最愚蠢最无知的人”，诸神“认为他们不配再呼吸纯净的气，因为他们拥有的灵魂被各种过错所玷污；因此，不让他们呼吸精细、纯净的气，他们将他们扔进水中浑浊深处去呼吸。这就是鱼类、贝类和所有水居动物的起源；对其极端愚蠢的正当惩罚就是获得极端的居所。”如果对于被惩罚的人来说，深水是比天空或陆地更遥远的居所，那么深水海床是最遥远的；不同种类的鱼居于不同的深度，贝类限于海床而标志人能堕落到的那几类动物的极限。这又是目的论和机械论的混合。一方面，鱼类和陆地动物一样，是通过进一步的进化而形成，亦即，由于缺乏使用，他们的理性官能萎缩，导致他们的身体进一步扁平和延长，四肢丧失。但另一方面，对柏拉图来说更为重要的是，他们是由诸神以一种有目的的方式改造的，以匹配他们的邪恶本性：亦即，因为他们的邪恶，他们不配呼吸纯净的空气，而被降到海里去呼吸更浑浊的水，他们还被赋予了地球上可能的最低地理位置，以匹配他们的最低智能水平。当然，生物向新物种的蜕变是目的论的，无论这个过程是机械论的还是功能主义的，因为所有物种的生成都是为了达到匠神的目的，完成这个世界与模型世界的尽可能的相似。[153]

以上关于物种起源的论述表明，尽管柏拉图的理论包含了前苏格拉底的“相似者相吸”的机械论原理，但主导的原则还是他自己的主智主义（intellectualism）的目的论；尽管它也呈现出动物相互“进化”的印象，但其“转世”话语表达的是动物通过“退化”而生成，根本上是不同于现代进化论的。在做进一步的比较和阐述之前，让我们先跟着坎贝尔看看作为《蒂迈欧篇》物种起源理论建构之背景的卢克莱修和恩培多克勒的动物起源论，以及作为我们解释《蒂迈欧篇》物种起源理论之背景的拉马克和达尔文的进化理论。

卢克莱修的《物性论》描述了世界的创造是大量原子在长时间内随机碰撞的结果；大地在同一时间创造了许多怪物和生命体；但她的创造没有遵循预先存在的生命模式，而是随机抛出一些没有性别的雌雄同体的生物，一些没有眼睛或嘴，一些没有手或脚，还有的四肢没有与身体适当分离，因此无法移动；这些生物会很快灭绝，一些会被其他生物吃掉，一些会饿死，所有这些生物都会因为缺乏适当的器官或在有机会之前就死亡而无法繁殖，因此无法奠定一个物种。这意味着第一代从大地上自发产生的生物中有一个个体灭绝的方案。这个灭绝方案解释了动物如何适应其环境，而无须外在力量来设计生物并将其划分为各个物种。所有可能的动物都是在宇宙开端时同时出现的，但只有其中一些能够存活，从而能够繁殖和延续；其他物种只是灭绝了，因此我们有一个反目的论的适应方案和物种起源。卢克莱修还描述了整个物种的灭绝，而不仅仅是单个生物的灭绝。我们必须假设这些生物本身是有生存能力的，它们能够找到食物并繁殖，但它们灭绝了，因为它们没有特定的生理或行为特征，无法在竞争中生存下来。我们被告知，狮子之所以存活，是因为它们的勇敢和力量；狐狸之所以存活，是因为它们的狡猾；鹿之所以存活，是因为它们的奔跑速度，这些品质使它们能够在适者生存中竞争和繁衍。卢克莱修的方案还包括通过合作生存。他例举了人与狗、马、羊之间互利共生的关系；狗、马、羊通过它们所提供的保护和食物避免了争夺生命的竞争。

这种通过灭绝的适应方案让人们以为卢克莱修提出了一种与达尔文类似的进化论的适应观。但两者之间有根本区别。最重要的是，卢克莱修坚持物种的固定性；所有为自然选择提供生物多样性并使动物形态和功能与环境紧密适应所需的“突变”在宇宙开端时爆发；一旦生物开始通过有性生殖，物种就变得固定，正是有性生殖确保物种保持永久固定、无法变异。以这种方式，卢克莱修的物种起源方案不仅是反目的论的，而且也是反进化论的。[154]

恩培多克勒的方案与卢克莱修非常相似。他有一个双重宇宙循环，“爱”和“憎”作为两种宇宙力量在其中具有创造和破坏作用，交替创造和破坏生命，因此我们有两种动物起源论，一种在“爱”下，还有一种在“憎”中。恩培多克勒也提出了生成和适应的方案，亦即生物不同部分以“爱”作为吸引力和凝聚力的偶然组合：正确部分的组合产生了一个可行的生物，而不正确的组装则确保了生物的立即毁灭，因此这里的“适应”和卢克莱修一样，是通过不适应的形式的灭绝，因此这两个方案基本上是相同的：动物各部分随机出现，没有先在的生命模式或任何关于如何将它们结合在一起的神学或生物学规则，而依赖于机遇和必然性的组合来产生物种，所以恩培多克勒和卢克莱修一样是反目的论的。此外，恩培多克勒与卢克莱修一样，似乎试图解释物种的规律性，而不是描述物种之间的突变；他的所有突变都发生在世界之初，除可生存的物种外，所有物种都会立即消亡。这确保了他的理论也不仅是反目的论的，而且是反进化论的。两者的主要区别则在于，恩培多克勒的生物是从现成的各部分随机组合而成的，而卢克莱修的生物是在原子水平上随机形成的。但无论如何，他们都是反目的论者，同属于希腊反目的论的机械论动物起源论传统，在这一传统中，生物是由机遇而生，然后，由必然性、以灭绝的形式适应。[155]

坎贝尔认为，前苏格拉底物种起源的标准机制类似于在恩培多克勒和卢克莱修中发现的那样，大地随机产生生物，后来因不良形式的灭绝而形成物种；另一方面，他们会认为，人类和动物的起源相同，人类被视为只是另一个动物物种，分化产生于人类比其他动物更大限度地拥有心灵，而这正是一种从对人和动物几乎没有区别的动物起源论中可以期待的反目的论的创造观和社会进化观。相反，人和动物的清晰划界往往与目的论的世界观及其包含的物种等级体系相关。

关于人类起源的反目的论解释，坎贝尔再以卢克莱修为例。卢克莱修把最早的人类描述为身体较强壮、较不容易受到冷热或疾病的影响、身体像野兽一样；生活得也像野兽一样，没有任何艺术或技术、合作、婚姻或社会，然后他们为自己生产房屋、皮肤和火，开始伴随婚姻、孩子和家庭生活过着安定的生活。这导致身体和心理的软化，使他们能够开始合作，发展出最早的社会和语言。重要的是，虽然卢克莱修的早期人类是随着环境的变化而进化的，但他们仍然无法跨越自然的原子定律所强加的物种障碍；他们进化但仍在自己的物种内。这解释了为什么完全现代的人类是从一个早期更“原始”的人类中出现的，而这个“人类”是在一个完全成形的基础上出现的，不是从动物进化而来的。由于火的影响，这个物种在身体上变得更加柔软；由于爱和儿童保育的影响，这个物种在心理上变得更加柔软，然后再假设这些后天获得的特征会传给生为完全现代人类的后代。[156]

坎贝尔认为这种进化机制更接近拉马克而不是达尔文。在拉马克系统中，生物通过将其一生中通过对环境变化的反应而获得的特征传递给后代而进化，例如，长颈鹿进化出了它的长颈，因为父代长颈鹿伸展身体来吃高叶子，从而稍微拉长了脖子，然后将获得的额外的脖子长度传给后代，后代的脖子比他们的父母略长，然后他们一代又一代地重复这个过程，直到得到今天的长颈鹿。拉马克说，“我可以证明，产生动物生活方式和习惯的，根本不是身体或身体各部分的形式，恰好相反，是习惯、生活方式和所有有影响的环境，随着时间的推移，建立了动物的身体及其各部分。伴随新的形式，新的官能就一点一点地被获得了，大自然达到了我们现在看到的状态。”关于人类进化，拉马克说：“如果人仅仅通过他的组织与动物区别开来，那么会很容易地证明，人们用来为一个具有多样性的人形成一个独特的家庭的组织特征，都是他已采取的、并为他的物种所特有的行为和习惯中的旧变化的产物。”[157]因此，拉马克与卢克莱修的相似之处在于：他的早期人类首先改变了他们的行为，然后由于他们的新环境导致生理上的改变；差异在于，拉马克以与达尔文相似的“种间进化”方式解释了物种的起源，亦即生命从较简单的生物进化为较复杂的生物，而卢克莱修的进化适应发生在严格的物种边界内，属于由原子论的自然规律来保证的“种内进化”。但拉马克的系统不像达尔文的系统那样依赖于适应性较差的物种的灭绝，尽管适应性突变很可能以牺牲其他物种为代价。在达尔文的理论中，非适应性突变的灭绝对于确保适应性基因的传递是必要的。自然选择必须起到过滤作用，去除非适应性突变。我们现在倾向于将物种灭绝的适应与进化联系起来，这是达尔文的创新，是达尔文将作为此前各种创造论之特征的灭绝与拉马克的进化理论结合起来、从而设计出一种看似合理的自然选择机制的结果。[158]

以上大致代表了透视柏拉图《蒂迈欧篇》的某些科学背景。很明显，公元前五世纪在动物起源论和物种起源论方面都取得了相当大的成就，一种反目的论的机械论思维模式可以追溯到前苏格拉底学派及其继任者的现存残篇，这些残篇涉及生命起源方式，即从加热的土和水的混合物自发生成，动物的随机构造，通过不适应的形式的灭绝而适应，人与动物之间的原初密切关系，以及现代人在进化过程中与原始野兽状态的分化；似乎没有任何明确的观点认为人类是从动物进化而来的，尽管进化突变是已知并被接受的，但没被用于解释物种本身的起源。同时，人类被清楚地视为具有特定特征的动物物种，有些是天生的，有些是后天获得的，使他们成为独特的“人”。这一基本立场直到19世纪初拉马克理论的出现才得以改观。

坎贝尔将《蒂迈欧篇》的动物起源论与上述前苏格拉底理论的差异概括为四个方面：首先，《蒂迈欧篇》的创造顺序的特殊之处在于，**人类在先**，非人动物在后；其次，动物种类是由物种相互变异的**种间进化**过程而生成的。第三，没有我们在恩培多克勒和卢克莱修中发现的**灭绝**；第四，没有像卢克莱修、恩培多克勒和其他前苏格拉底动物起源论中的生命从大地自发产生。[159]

坎贝尔认为，包括原子论者在内的前苏格拉底诸家对人类起源和动物起源几乎没有区别，事实上，动物起源只是宇宙起源的一个例行程序，而人类起源是动物起源的一个方面；但在《蒂迈欧篇》中，我们看到人类和动物之间有着强烈的区别，并且随着动物起源作为人类起源的一个程序，前苏格拉底传统的立场发生了逆转。柏拉图对传统的人与动物关系的颠覆，使人与动物之间的关系比前苏格拉底理论更符合以人类为中心的自然等级观；在前苏格拉底哲学家那里，人与动物起源于同一来源，或者同一时间，或者动物在先。但在《蒂迈欧篇》中，创造的顺序是颠倒的，人类首先被创造，然后动物种类，而且动物种类是通过从作为原始理想生物的人类的退化过程而形成的，因此，**动物是人**，这是前苏格拉底模式的反转，因为在前苏格拉底的模式中，**人是动物**。因此，在柏拉图这里，卢克莱修通过起初随机创造无模式生物来解释的自然界的多样性，是通过一个进化过程从原始的单一形式中衍生而来的，衍生或退化的根据则是理性智能的丧失的程度。这种突变和退化的过程一直持续到地球上居住着的所有动物种类，这些物种是必要的，以确保它作为仿本与宇宙模型（恒在界）相匹配。而这又意味着柏拉图仍然处于物种不变性的传统背景下，动物可以彼此变异，但每个物种的模式已经固定；这个过程不可以创造出宇宙模型（恒在界）中不存在的新物种，恰如在前苏格拉底诸家那里物种在世界之初即已固定。[160]

《蒂迈欧篇》中没有像恩培多克勒、卢克莱修和达尔文那样的不适应形式的灭绝。突变是由身心失衡、智能丧失和行为变化引起的，行为变化会导致物理变化：野蛮的行为会导致变形为具有这种野蛮性质的特定形式的动物。因此，坎贝尔认为，从功能先于形式的意义上来说，这个过程是拉马克式的，如果在柏拉图的语境中有点奇怪的话。功能主义的进化方案基本上与卢克莱修的进化方案相同，在那里现代人类在生理上进化是为了应对行为变化。然而蒂迈欧的方案与卢克莱修和拉马克的模式相反。拉马克设想了一种进化扶梯上更简单的生物不可避免地向更复杂的形式进化，所有最简单的生物不断自发生成，以填补进化和提升者留下的空白，而柏拉图给予的是从最复杂的到最不复杂的下降；卢克莱修则和前苏格拉底传统一致，有一个从野兽状态的“人”走向完全人类状态的运动，而柏拉图的人类则朝着野兽状态“进化”。[161]

最后，尽管其他前苏格拉底诸家并没有描述生物适应物种的机制，但他们似乎都提出了一种类似于阿那克西曼德的生命起源理论，即在存在热量的情况下，水和土的混合物自发生成生命。因此《蒂迈欧篇》从陆地动物中衍生鱼类表明柏拉图正在推翻阿那克西曼德的这一理论。坎贝尔认为，所有关于生命自发生成的理论在解释陆地和海洋生物这一点上因为坚持物种的固定性而都是脆弱的，柏拉图的陆地动物转变为海洋生物的进化理论是一个更为连贯的解释。从达尔文的观点来看，如果他不推翻阿那克西曼德的理论，而从海洋生物衍生陆地生物，是更可接受的。然而，在柏拉图的逆向和严格的等级存在链中，这意味着鱼类在等级上比陆地动物“更高”；这是一个不可接受的结论。[162]

通过坎贝尔的分析，我们可以发现，《蒂迈欧篇》的方案同时包含了传统物种的固定性和物种的进化起源（通过从一个物种到另一个物种的转化），从而形成了一个固定物种系统内的进化理论。在物种固定性方面，它和恩培多克勒 - 卢克莱修的理论相似，但是卢克莱修的包括人类在内的所有物种都是通过自发生成和不适应的灭绝而完全形成的；人类在身体和心理上都像野兽一样，经历了一种不跨越物种边界的“种内进化”，这些边界是由父代传递给子代的、确保物种持续完整性的固定原子遗传模式提供的，是机械论的或反目的论的；相反，柏拉图的动物起源论根本上是目的论的，因此，尽管柏拉图的物种边界也是固定的，但它们产生于匠神已经创造的动物模式，从而这个世界上的动物物种既潜在存在，又必然存在，以确保这个世界与匠神的模型完美匹配；因此，在匠神的创造中始终不存在的任何物种就不可能生成，也因为同样的原因不允许既存物种的灭绝；所以，尽管柏拉图在“种间进化”方面与拉马克 - 达尔文理论有相似之处，但在他那儿，动物彼此蜕变的时期严格限制在所有物种出现之前；在此之后，没有新的形式可以被创造出来，而且动物等级的下降和上升过程是通过毕达哥拉斯式的“轮回-转世”来实现“变形”[163]，也就没必要加入额外的物理变化。现在，“进化”一词既指（1）种间进化——达尔文的物种起源模型，随着时间的推移逐渐积累变异，导致新物种的形成，又指（2）种内进化——种内变异的积累不会跨越物种边界；并且，如果“进化论”特指“种间进化”，那么可以说以恩培多克勒-卢克莱修所代表的古代科学思想基本上是反进化论的，唯独《蒂迈欧篇》是例外，相反，“种内进化”是古代科学思想的标准。[164] 综上所述，如果撇开他的源于宗教神话和技艺制造的目的论不谈，柏拉图的科学的物种起源论其实离达尔文并不遥远：

> 恩培多克勒-卢克莱修：机械论或反目的论，**物种固定**，种内进化或反进化论；
>
> 柏拉图：目的论混合机械论，**物种固定**，**种间进化或进化论**；
>
> 拉马克-达尔文：机械论或反目的论，物种不固定，**种间进化或进化论**。

心理学与解剖学

上面把柏拉图的宇宙论称为“生物学”肯定会招来非议，但既然宇宙是一个生物，并且是其他生物的典范，那么这何尝不是一种原始的甚至是最高级别的生物学呢？同样，当我们给予柏拉图的理论以“心理学”“解剖学”“生理学”和“病理学”的标签时，绝不是要无视它们与现代科学的巨大差异，[165]而是想提示这些现代学科的可能的源头、它们的原初状态；其实质是人类层次上的灵魂具身（embodiment）过程，展示的是人的在其身心关联中的心理结构和身体结构。对于柏拉图来说，并不存在一种与生理学和解剖学毫不相干的心理学或灵魂理论，反之，生理学和解剖学也只是描述身体各个器官作为灵魂的器官是如何为灵魂服务的。因此，在“心理学与解剖学”的名义下，要叙述的是：（1）灵魂及其具身：人类灵魂与身体的原初关系。（2）不死灵魂“理性”及其具身：头颅、大脑、肢体和感官的理性功能。（3）有死灵魂“激情”及其器官：心、肺。（4）有死灵魂“欲望”及其器官：胃、肝、脾、肠。（5）不死灵魂、有死灵魂和身体的纽带：骨髓及其保护体（骨头、肌腱、肌肉、皮肤、毛发）等等。

蒂迈欧说，匠神亲自制造人类灵魂，而把制造人类身体并且将灵魂与身体结合成一个生命统一体的任务交给了诸小神，因此，人类的产生也就是人类灵魂具身的方式和过程，最终是由匠神的造物和助手完成的，较之由匠神亲自完成的宇宙灵魂的具身，是一种更为低等的具身方式。

匠神首先让人类灵魂与宇宙灵魂拥有相同的原料，并且以相同的方式混合，尽管纯度不如宇宙灵魂。这意味着，人类灵魂拥有和宇宙灵魂相同的运动，亦即“同一圆圈”和“差异圆圈”的运动。祂为每个这样的灵魂都配置宿星（home star），并把它们“撒播”进行星中。接着，诸小神按照匠神的命令为“有死生物的不死本原”即灵魂配置身体，其原料则是来自宇宙身体的火、土、水、气。人类灵魂的具身，造成了它与宇宙灵魂的差别：人类灵魂所经验的就不只是“同一”和“差异”的圆圈运动，还有六种直线运动：上、下、左、右、前、后。所以匠神让宇宙只拥有一种圆圈或自转的运动方式，而诸小神则使得人拥有 7 种运动方式，这是人类灵魂具身的必然的不幸后果：人类灵魂的同一的圆圈运动一开始完全被身体性的运动所阻断，既不能主宰也不能前进，而差异圆圈则因被震撼而改变其运动方向，从而扭曲其本有的和谐间隔，以致于圆圈与圆圈之间发生“偏离”；在六种直线运动的影响下，差异的圆圈运动“有时（前后）反向，有时（左右）偏斜，有时（上下）颠倒”，完全不合理性。正如约翰森所言，在这里，理性与非理性的相互作用是基于圆圈运动与直线运动的相互作用而被理解的；灵魂经由具身而变得非理性的程度，可由灵魂的运动从圆圈向直线变化的程度而被度量。[166]

人类灵魂的具身必然使灵魂受到构成身体的火、气、水、土四种物质元素的直线运动的影响，必然造成灵魂的圆圈运动的偏斜，从而必然产生感觉和快乐、痛苦、恐惧和愤怒等等情感。

灵魂具有开启有序运动和认识的双重功能，其实这里的物理运动和心理运动是同一种运动：同一圆圈的运动被阻断和差异圆圈的运动被直线运动冲散，造成的心理运动或认识活动上的后果就是“无理性”，这是人类身心关系的最初阶段或心理学上的灵魂的最坏的状态。

匠神为宇宙灵魂制造出一个圆满球体作为其身体，现在，诸神仿照他，也造出一个尽可能圆的身体安顿人类的不死灵魂（理性），就是“头颅”。如是，匠神实现了宇宙层次的按照圆圈运动的理性智能灵魂与球状身体的统一，诸神则实现了人类层次的同样按照圆圈运动的理性智能灵魂与球状身体（头颅）的统一，既然无论宇宙还是人类，灵魂的根源都是相同的，那么其具身的方式自然也相像，就是以一种能够使我们分有神圣思维的方式而被建构的。头颅是人类理性灵魂圆圈运动的物质保证，使得我们的因为具身而被打乱的灵魂圆圈运动能够通过头颅上的眼睛观察天体运动、获得数与时间的观念以及哲学，最终同化于神圣理性的完美的天体圆圈运动。

造出球状头颅，仅为不死灵魂的圆圈运动提供处所，但人类还拥有另外六种直线运动，为了不让我们这个球状的神圣理性的居所在地上上、下、前、后、左、右乱滚、受损而有违其尊严，诸神就为他配置四肢作为运载工具，方便行走。不过，如果出于为不死灵魂服务的目的，那么眼睛、耳朵与嘴巴似乎比四肢还重要，从而被称为“为灵魂设计的器官”。蒂迈欧强调，眼睛和视觉的物质构成（主要是“火”）和运作机制（类似于“镜像”）并不重要，它们至多是辅因，重要的是它们的“最有益的功能，正因为该功能，神将它们赋予了我们”（46e），也就是说，眼睛和视觉的仰观天象的功能之为“目的因”才是它们生成的“主因”；这种经过目的论解释的“视觉”在宇宙灵魂和人类灵魂、行星周转和理性思维之间架起了桥梁，柏拉图可谓“视觉中心主义”的始作俑者。

人类除了不死灵魂，还有因具身而获得的有死灵魂或灵魂的有死部分。灵魂的有死部分或有死灵魂不是可与不死灵魂分离的自主的实体，而是不死灵魂整体与它所推动的有死身体之间的一个交流网络的中心，这个中心在欲望的影响下，经由感觉与外在对象接触，换言之，有死灵魂是灵魂与身体之间的一个界面或接合面。[167]不死灵魂的具身乃是其“同一圆圈”和“差异圆圈”的理性旋转被捆在头颅中被称为“大脑”的那部分骨髓里，而有死灵魂则位于胸腔和躯干中而与不死灵魂分隔开。但两者既有区隔，又有联系，那就是“脖子”。接着，有死灵魂又被二分为“较好的部分”和“较坏的部分”，相应地，人体躯干也被分成两部分，较好的部分是离头颅较近的胸腔部位，包含有死灵魂的“激情”部分，较坏的部分则处于较远的躯干部位，包含有死灵魂的“欲望”部分。“激情”与“欲望”，一方面与人体躯干中的某些器官有特殊的关系，另一方面与头颅中的理性灵魂有特殊的关系。激情与心脏（以及肺）关系密切，欲望与肝脏（以及胃、脾、肠）关系密切；这四者之间的关系与不死灵魂对有死灵魂施加的影响有关，但影响的方式大不相同。

不死灵魂或灵魂的理性部分直接作用于有死灵魂的接近它的激情部分，激情部分服从理性的命令并帮助理性克制离理性较远的不服从的欲望部分，所以激情相比欲望是“较好的”部分。理性 → 激情 → 欲望的自上而下的垂直作用又以与激情相关的心脏为媒介：理性作用于心脏及其中的血液（火），然后经由血管系统作用于身体的所有敏感部位，身体的敏感部位就通过这一媒介或“沟通中心”听从作为“最好的部分”的理性的命令。所以，头颅被称为“卫城”，心脏是激情的“卫士室”，反制一切危险。

接着心脏，诸神又造了肺：肺为心脏服务，它通过吸气和饮水来冷却心脏，缓和心跳，为燃烧的激情退热，因为激情总有一种比所需的更严重的危险，所以必须冷却它，以便其判断力能更好地用在理性生活的机能之中。柏拉图深知肺在呼吸系统中的重要作用，从而侧重于描述以必然性为原则的生理学功能，但仅当我们能表明何以心脏和肺是好的、它们有益于我们的道德生活，我们才算解释了其目的。这就远远超出了当时的医学解释。肺不仅仅冷却心脏，肺冷却心脏是要为灵魂的激情部分服务，从而间接地为理性服务。如是，心脏与肺的关系可类比于“理性”与“必然性”的主从合作关系。

在有死灵魂的欲望部分中，胃是其基本的器官，但真正重要的是肝，因为后者是理性和有死灵魂的较坏部分之间的媒介。胃是欲望的基本器官，因为所有食物和饮料等营养都被收集到那里，以便满足我们为了存活所需的身体欲望，但它本质上是不可满足的。有死灵魂的整个较低部分远离理性，好处是它不影响不死的理性灵魂对全身福祉的判断，坏处是它不能受到理性灵魂及其圆圈运动的直接作用。尽管欲望不能把握逻各斯，但也并非完全无感，它受到逻各斯的影像和幻影的影响，而肝脏就是这些影像和幻影呈现的媒介。

柏拉图对于肝脏的健康与不健康状态的生理学是非常了解

的，但他没有提及它在血液循环或营养过程中的角色，而是着重其道德功能，提出了一种奇怪的目的论。[168]不同于“激情”可以直接与“理性”交流甚至合作，欲望灵魂是一种纯粹非理性的力量，既不倾听也不服从理性的命令，如同野兽，竭力实现其在理性控制外的欲望。为此，诸小神发明了一个间接的沟通系统：不是通过语词或思想，而是通过反映理性思维的影像或幻影，传递给有死灵魂的较低部分。于是，肝脏就像理念压印其上的“空间（*chora*）”（50c）一样，让灵魂的理智能力压印其上，但不同的是，肝脏上的“印象”伴随物理过程和性质，如苦和甜，作用于有死灵魂的较低的欲望部分，威慑它或者安抚它。肝脏的这一功能对于柏拉图来说无异于“兆示”或“占卜”，它把理性思想转变成非理性的图像，从而威慑或警告我们灵魂的非理性部分。这又是理性与必然性合作的一个生动体现：因为人类动物不可能没有饮食而存活，因此诸神必然制造人类灵魂的欲望部分，但它又需要理性的纠正，所以在其中制造兆示或占卜的器官，从而我们灵魂的最卑贱的部分也能对实在或真理有某种程度的把握，如此，具身的人类才可能“尽善尽美”。

肝脏的左侧还有一个专门为肝设计的器官，脾。它多孔无血，每当肝脏因为身体疾病而被污物包围时，脾就清洗并吸收它们而随之肿胀溃烂，反之，当身体康复时，它就收缩复原。因此，造脾是为了洗肝，使得肝脏光亮平滑，更好地履行其将理性思想转变成图像的功能。接着，诸神还在下腹部设置了“接受器”，亦即缠绕数圈的肠，为的是防止营养消化过快，导致身体对营养的需求也过快而变得贪得无厌，从而不再能够从事哲学与艺术等更高级、更神圣的理智活动。可见，无论脾还是肠，尽管其生物学功能是非常明显的，但柏拉图还是钟情于一种目的论解释。灵魂具身当然是出于“必然性”，但如何具身，每一个环节的具身方式，都要以“理性”为目的并配合“理性”而得到安排和配置，即使在最无理性的地方。

有死灵魂的较好部分“激情”作用于“心脏”，“肝脏”则作用于有死灵魂的较坏部分“欲望”；不死灵魂的“理性”直接作用于有死灵魂的较好部分“激情”，又通过“心脏”和“肝脏”的媒介间接作用于有死灵魂的较坏部分“欲望”。在不死灵魂（理性）、有死灵魂的两个部分（激情和欲望）和身体的两个重要器官（心脏和肝脏）之间有一种内在的相互作用。显然，三分灵魂的功能划分、等级结构和相互影响的前提是它们有相应的不同身体器官作为物质保障，从而首先能够保持其独立的运动和不同程度的合理性，而不必陷入“前宇宙的混沌”状态。身体的构造确保灵魂的不同部分能够各尽其责而不相互干扰，在这个意义上，灵魂的秩序也依赖于身体构造的秩序，“解剖学上的三分”与“心理学上的三分”的完美结合构成人类“生物”中“理性”与“必然性”的合作。[169]

人类灵魂的具身就是灵魂和身体的结合，结合需要“纽带”，柏拉图没说这些纽带是什么，只说它们被绑在骨髓中，成为生命之源。诸神用未被扭曲的平滑的元素三角形以适当的比例混合出骨髓的“普遍的种子”，然后又把骨髓划分为与不同灵魂所要求的不同的形状和种类：首先取一部分骨髓塑造球状“脑髓”，作为播撒“不死灵魂”的神圣种子的“土壤”。然后把剩下的骨髓塑造成“圆柱状”，以承受剩下的“有死灵魂”。骨髓的两种形状——球状与圆柱状——表明“圆圈运动”和“直线运动”在区分“不死灵魂”和“有死灵魂”中扮演了关键角色。大脑是球状的，因为它携带不死灵魂的理性的圆圈运动；圆柱状是圆圈和直线的统一，所以其他骨髓既是圆圈的，又是直线的，因为它携带的有死灵魂的两个部分（激情与欲望）是由于直线运动影响不死灵魂的自然的圆圈运动而产生的。[170] 既然不死灵魂与有死灵魂之间或理性灵魂与非理性灵魂之间的区分基于圆圈运动和直线运动的对立，那么相应地在具身时出现球状大脑和圆柱状骨髓的差异也就不难理解了。骨髓之所以是球状或圆柱状，既是为了让它与头颅中的圆圈运动相结合并由其所控制，也是为了身体的其他部分分有直线运动，一举两得。

圆圈运动与直线运动的对立统一关系对于《蒂迈欧篇》的生理学具有重要意义，它反映了生物体经历的不死的“理性”的运动和具身从而服从“必然性”的运动之间的对立统一关系。因为匠神的善意和理性安排，人类所经历的许多直线运动并非自外置入扰乱理性秩序的，而是构成身体的理性秩序的一部分，其直线运动本身也具有目的论意义，是合乎理性目的的建构，这种直线运动是配合圆圈运动的，因此，理性要克服的首先不是这种内在的直线运动，而是外来的、冲击理性秩序的运动；一旦身体以我们的最大利益被塑造，那么好的运动与坏的运动之间的对立首先不是圆圈运动与直线运动之间的对立，而是外来的运动与内在的运动之间的对立，甚至扰乱性的欲望的运动也被赋予了一个目的（身体的营养供给）并服从理性的统治（经由肝脏的兆示）。

圆圈运动与直线运动、理性运动与必然性运动之间的对立统一关系，最终具体化为人的灵魂的两个部分（不死灵魂与有死灵魂）或三个部分（理性、激情与欲望）之间的对立统一关系：每一部分自有其独特的运动方式，每一部分都有其存在的权利，但每一部分都应当得到规范，使其独特的运动既不压倒其他部分的运动，也不被其他部分的运动所压倒；具身的灵魂的合理秩序不是一个理性秩序独大的秩序，而是一个在其中其他部分的运动配合理性运动共同追求人类善的复合秩序。具身的灵魂具有这种三分的结构才是一个和谐的灵魂。[171]

现在，诸小神制造骨头以保护骨髓，制造肌腱和肌肉以保护骨头，制造皮肤以保护肌肉。骨髓的目的是把灵魂与身体系牢，因此用最平滑的三角形制造。大脑是系住不死灵魂的球状骨髓，由颅骨包容，剩下的圆柱状骨髓系住有死灵魂，由坚硬的骨头来覆盖。为了使它们弯曲以方便运动，关节也是必需的；不过最能代表人体各部分制造过程的还数肌腱与肌肉。蒂迈欧试图表明，关于人体各部分制造的整个论述，包括口及其部分、皮肤、毛发和指甲（75d5-76e6），有一个统一的结构：身体的所有部分都由这样那样的材料造成（火、气、水、土的特定比例的混合）以便拥有这样那样的特性（比如硬、软、透气、可塑），使得它们能发挥这样那样的功能（比如保护另一部分或支持另一部分的功能发挥等），这些功能又服务于某些目的（使生命体能直立行走、以某种方式运动、观察其环境等等），最终服务于生命体存在的最终目的，即对美德、智慧和幸福的追求和维护。这些部分的物质构成以及由于这种构成而具有的特性，是由必然性决定的。理性对于必然性的胜利就在于造出这些部分以达到那些目的。但是，反过来，必然性也对理性施加限制甚或抵制。这种限制以74e1-75c7讨论不同部位包裹骨头的肌肉的厚度的问题最为突出：一方面，理性要求身体的那些包含较大量骨髓（从而灵魂）的骨头具有更多、更紧实的肌肉来保护；既然头颅是脑髓的容器，那就应该由厚密的骨头和丰富的肌肉来包围和覆盖。但另一方面，理性又要求骨髓对感觉做出反应，但厚密的骨头和丰富的肌肉会妨碍这一点；既然让骨髓最大限度地做出反应比骨髓最大限度地受保护更为重要，那么就必须向必然性妥协，这里的第一个要求不得不服从第二个要求：健康长寿必须服从“敏感”和“理智”，因为“高贵而短寿在任何意义上都比长寿而低贱更可取”。[172]

生理学

柏拉图没有止步于人体的构造或解剖学阐明，而是进一步详述身体器官的联合功能，亦即消化、呼吸与血液循环三大系统的运作，从现代科学的角度看，相当于生理学。

按照柏拉图，消化、呼吸与血液循环三大系统的存在和运作是人类身体得以维持和再生的必然要求。就宇宙而言，宇宙灵魂包围着整个宇宙身体，宇宙身体按照灵魂的形状在灵魂内建立起来，它被赋予的运动主要是灵魂的运动，它由灵魂主导。相反，就人类而言，灵魂的具身，不是灵魂将身体凝聚在一起，而是身体将灵魂保留了下来；无论是有死的还是不死的人类灵魂，都是“被绑住了”，并且“灵魂的纽带”本身就紧紧地夹在构成骨髓的一系列三角形的“纽带”之间。因此，人类具身的灵魂并不一定主宰其所具的身体。恰好相反，在出生后甚至很长一段时间，身体支配着灵魂。而且，对于大多数人来说，直到死亡都一直如此。蒂迈欧对人类身体的构造的描述就好像身体具有独立于灵魂运动的自身的连贯性、再生能力和生存能力。如果身体是为了灵魂而构造的，那么从骨髓的构造开始，直到皮肤、毛发和指甲的构造，只有在身体能够保留灵魂的情况下，灵魂才会保留在其中，使自己团结在一起，并在再生中经受住自己的消散；身体不会因为灵魂放弃它而消逝，但灵魂会因为身体消逝而放弃身体。[173]

和至大无外的宇宙不同，人类身体的主要问题是，它不断地与周围环境交流交换。周围的部分元素进入身体，身体的部分元素也离开它并重新加入周围的环境，一种“流或潮汐”一般的“流入和流出”(43a5-6)。人体的生命尤其暴露于火和气的作用之下，融化并耗尽(77a1-3，81a4-6)，从而匮乏、有缺陷，需要等量的、因消耗而损失的身体物质的供应。要维持人类身体，必须将身体的损失补充恢复原状。这是通过提供饮料和食物等形式来实现的。然而，为了获得身体组织的恢复所需的形式并为了到达其最终目的地，必须首先把饮料和食物加以转化，然后将其输送到身体需要的所有区域。为此，建立了一套复杂的装置，以确保由呼吸系统维持的消化系统和血液循环系统的交叉联合过程。这就是柏拉图生理学的实质。

有趣但并不费解的是，佩拉夫斯基（Pelavski）认为，[174]《蒂迈欧篇》讨论生理学的整个段落（77c-81b）呈现圆环结构，其中解剖学结构及其生理学相关者是按照同心圆结构被组织的，呼吸作用居于中心。每个圆环的解剖学组件被认为是神工或理性运作的结果，而生理学成分则对应于元素粒子的自然行为，亦即必然性的产物。诸神通过精心设计的解剖学结构设法“劝服”火、气、水、土，以根据其自身的自然行为来完成其生理任务。这就是生理学意义上的理性与必然性的合作。它包含三个圆环结构：（1）第一个圆环是对“血液循环系统”的描述。蒂迈欧称之为“灌溉”系统，是使血液在整个身体中流动的一组导管。他使用花园中的“水管”的形象来描绘血管的解剖结构：它们使身体“能够得到一条涌流的灌溉”（77c8-9）。在第 80e5-81b4 节的末尾，通过营养经由血管的分布来补充理性的运作，蒂迈欧选择“园艺之喻”来说明食物通过血管系统的运动如何使身体的每个部位被“灌溉”。血液是由必然性的运动定律之一“相似者趋向于相似者运动（like to like）”驱动的。（2）第二个圆环以类似的方式处理在先的步骤，即生成血液所涉及的结构和过程。因此，它一方面包括对类似于鱼篓（77e7-78d7）的器官的描述；另一方面包括将食物消化吸收到血管中的必然过程（78d8-79a5），以及血液从消化过的食物和营养的生成（80d1-e4）。（3）在同心圆的最核心部分，蒂迈欧讨论了呼吸作用，因为正是呼吸驱动食物被转化成血液、血液从肚子流向血管的整个过程（79a5-e9）。[175]

无疑，这里最重要又最难解的是第二个圆环，即围绕“鱼篓状器官”的结构和功能所阐述的血液的生成过程，因为这个过程本身涉及消化、吸收和营养的生理学。

蒂迈欧首先阐明了代表“必然性”的物理原则：较小的粒子可以穿过较大粒子组成的物体，而由前者制成的物体不可为后者所渗透。然后，由此推断火和气具有最小的元素粒子，适合于构造堵截食物与饮料的消化器官，他说：

> 于是，神就利用了火与气，安排从肚子到血管的灌溉。他用气与火编织出一个鱼篓状的网。在其入口有一对漏斗，他把其中之一又再分为二；从漏斗出发，一张仿佛绳子结成的网四处延展，直到结构的边缘。这网的内部他全部用火制造，漏斗和外罩则用气制造。他采用如下方式把这一结构环置于他所构造的生物。漏斗部分他塞入嘴里，并且因为有两个漏斗，他就让其一从气管下到肺，另一则挨着气管通到肚。他把第一个漏斗一分为二，给予每一部分一个经由鼻孔的共同的出口，从而当一部分无法提供经由嘴的通道时，其所有气流还可以从另一个经由鼻孔的通道来补充。外罩，篓的另一部分，他让它环附在我们身体的中空部分上；他又让整个这东西此一时流进漏斗（柔和地，因为它们是由气做成的），彼一时漏斗回流进它；因为身体是个多孔的东西，他

让这网罩向内浸入其中，又向外透凸出来，而罩内附系的火的射线，就在两个方向上跟随气的运动。只要这个有死的生物未解体，这个过程就持续不止，而这就是我们说的被命名者赋予“呼”与“吸”之名的过程。这整个功能与效应，通过灌溉和冷却我们的身体，维持其营养与生命。因为，每当呼吸或进或出，缚系于它的内在的火就跟随它，持续振荡，进入肚子，取得食物与饮料，它把这些东西分解并碎成微小部分，运送它们通过它正在穿过的外出通道，并将它们抽灌到血管，恰如泉水被抽灌到导水管；由此，它使得血管的液体像流过沟渠般流过身体。（78b-79a）

从解剖学的角度看，蒂迈欧描述的结构可以被视为人体中两个分有共同通道的中空隔室：鼻子和嘴巴首先在咽中汇合在一起，然后再分叉到这个相连系统的消化和呼吸分支中。用现代术语来说，这个复合结构包括上呼吸道（鼻、口、鼻咽、口咽和喉），下呼吸道（气管、支气管和肺）和上消化道（食道和胃）。[176]一方面，消化装置被设想成一个长管，围绕着一个“虚拟”空间（只有空气或食物膨胀后才变成真正的空腔的空间），并具有完成不同功能的专门区域（器官）。食道是一根细管，主要运输食物。胃是一个更粗、更多肌肉、更扩张的管，在这里营养被混合并开始消化。肠由不同的部分（十二指肠、空肠、回肠和结肠）组成，消化在其中连续不断地进行，所产生的微观粒子被吸收到血液中。通过消化，构成我们营养的较大分子被分成较小的粒子，这样它们就可以被黏膜（由细胞组成的表层，覆盖整个消化道）吸收，经由消化道，粒子进入血液，然后将它们分布全身。另一方面，呼吸装置是更坚硬的管（因此，它不限制虚拟空间，而是不断充满空气的“管腔”），逐渐分支成更薄的结构：喉与气管邻接，然后气管分裂分为两个主支气管。这些细管中的每一个在进入肺部时再次分支成几个细细的细支气管，细支气管不断分裂，直到到达细小的肺泡袋，即呼吸道的终点，在那里，环境中的氧气到达血液中以交换人体新陈代谢的废物——二氧化碳。呼吸（或从技术上讲是“换气”）是指将富含氧气的气从鼻和口通过“管腔内气道”输送到肺泡，又以相反的方向输送二氧化碳的过程。[177]

然而，柏拉图的设想与此完全不同。康福德根据上述文本可视化了一个捕虾篓（κύρτος）——一个带有两个呈漏斗形的入口（ἐγκύρτια）的篮子，然后试图寻找不同种类的捕虾篓的入口形状与人的口鼻之间的对应关系。[178]他认为，这鱼篓（κύρτος），像捕虾笼一样，是一个顶部开有一个宽口的篮子（πλοκάνον）。在开口的内部和下方向下延伸，有一个截锥形的通道，缩窄到一个仅仅足以让鱼通过的孔，这使得通过开口的鱼再也无法逃脱。与鱼篓类比的装置是一种由火和气制成的“编织品”（πλέγμα），中心有火，周围有气。将其与鱼篓进行类比主要有两个原因。首先，鱼篓配备了锥形漏斗（ἐγκύρτιον），可以类比于从嘴和鼻子一直通向躯干的管道——呼吸气流经过的通道。这种装置，在鱼篓的情况下相当简单，而人体中火和气的编织装置则稍微复杂一些，因此要详细说明，以对应于气管和食道之间的分叉和鼻孔之间的分叉。第二个理由是，鱼篓浸没在水中，而水又渗入鱼篓。鱼篓之体和浸入其中的水团就像是两个相互渗透的身体。就如同灵魂弥漫在身体中的情况一样，所描述的编织品不仅穿透了身体，而且将其包裹起来，以至于身体如同被包含在篮子里。但是，与灵魂不同，火和气的编织品本身也是一个物体，因此，在这种情况下，两个物体相互穿透，其中一个（编织品）比另一个（人类的身体）更大。一个物体贯穿另一个物体的现象可以通过这两者的元素结构来解释。火和气的编织品由这两种较精微的元素组成，穿透性最强，而身体肌肉则由水和土这两种较粗大的元素组成，容易被穿透。这种鱼篓状的装置有助于容纳在人体中部肚子中的火四处移动，从而融化并通过遍及全身的血管以血液的形式分配营养。这过程是通过呼吸（吸气和呼气）来实现的。柏拉图对呼吸的解释是机械论的，基于两个物理原则：虚空不存在（79b1）和粒子的相似者向相似者运动（79d6）。在吸入过程中，该装置使人体周围的空气流经鼻孔、嘴巴和气管，向下进入躯干腔，并挤压已经存在于躯干内的气，从而后者设法通过肌肉毛孔排出身体。相反，在呼气过程中，同一装置使气通过气管、嘴巴和鼻孔从体内流出。然后，流出的气挤压身体周围的气，从而，反过来，后者进入皮肤和肌肉的毛孔，并因此渗透身体遍及整个躯干。这个“περίωσις（循环挤压）”过程的目标是连接外部的气和内部的火，并使它们相互合作。进入和流出人体的气推动并吸引其中所包含的火从而使后者永久地在整个中央腔中上下运动，切割并融化营养，将其转化为血液，并通过血管将血液输送到需要提供营养的身体的所有区域。[179]

《蒂迈欧篇》的生理学解释未必令现代医学满意，但它对人类身体与宇宙环境之间的物质交流的大胆构思却是后人所不可想象的。如果说柏拉图的宇宙是个封闭世界的话，那么人类身体及其生理过程却是一个由诸同心过程组成的、最终向身外环境开放的系统：表面上看，灌溉是最外围的过程，其将营养直接驱动到身体表面；随后，消化和吸收占据了一个在从宇宙接收到的东西与被“水管”离心地吸收到身体其余部分的东西之间的中间位置；最后是呼吸，这是使其他过程得以实现的最深层机制。这个解释是从外围到中心，实际进程却以相反的方向发生：气的运动，使网格中火粒子的振荡运动成为可能，这网格反过来消化食物，然后将食物吸收到血管中并变成血液；随后，这血液通过灌溉系统离心地输送，以补充不断被环境浪费掉的东西（81a3-4）；最后，整个生理学解释构成了一个圆环，它描述了元素从宏观世界经由身体再回到环境的循环流动。这似乎意味着在柏拉图眼里人类身体也包含类似于理性灵魂的圆圈模型。生理系统的三个圆圈循环与宇宙灵魂的构造中同一圆圈与差异圆圈的安排之间存在某种对应，不仅于此，通过元素的循环流动而实现的身体与宇宙的连接，也例示了人类如何在与宇宙的不断相互作用中成为宇宙的组成部分。[180]因此，局部地看，身体器官及其过程是由“必然性”的物理原则所规定的，但整体地看，人类生理系统根本上也是匠神的“理性”目的论的产物，统一的人体“小宇宙”归属于“宇宙大生物”而是其有机部分。

病理学

蒂迈欧关于营养如何发生的解释结束了他对消化系统的论述，而这构成了他向病理学过渡的重要环节。

他说，火在已经消化了的食物粒子上继续切割和染污所产生的液体，就是“血”，其功能是“填补”“耗空”的区域，“填补和耗空这两个过程遵循宇宙中所有事物的运动的方式：万物都朝其同类者运动。”这里所谓的宇宙万物的运动方式乃是“必然性”的运作。由于外在环境吸引诸元素向其同类运动，身体就处于连续的消耗或分解之中，比如“火”就向其自身的宇宙区域运动，身体内留出来的耗空区域就需要火等食物粒子也以“同类相吸”的方式来补充。只要补充的速度超过消耗的速度，身体就成长，反之则衰老收缩。“成长”发生在年轻的生命体中，因为其身体自身的新生的三角形能够切割并同化通过血液供给的外来的老旧三角形，“强者恒强”；年老时则相反，身体本身的三角形更经常、更容易被随血液而来的食物的三角形冲撞、松动和分割，生命体逐渐衰微，最终，当骨髓的三角形也不能彼此维系连接的纽带而分解时，灵魂就离开身体。如是，从“具身”到“脱身”，人类灵魂经历了一个短暂的、自然的生命周期。因其是自然的，所以死亡——真正说来是灵魂“脱身”——并无痛苦，甚至是快乐的。

这是一个“合乎自然”的“生”“老”“死”的过程，没有“病”。在这种情况下，人体的元素大概会保持其原始的、均衡的比例。然而，由于这些元素本身是不稳定和运动的，它们能够放弃它们在体内的自然指定位置，此外，由于火、气和水能够相互转化，这些元素的种类或数量的任何自发变化都可能造成不均衡。自然死亡和非自然疾病之间的区别取决于，身体及其各部分的元素是否在变化中保持了和谐的平衡。衰老和死亡是必要的，但它们也被设计为最好的，因为灵魂因此从身体中解脱出来。虽然死亡和疾病都是由这四个因素的自然倾向引起的，但这并不意味着疾病本身是自然的或是为最好的目的而设计的。理论上讲，如果在缓慢、稳定的衰老过程中身体及其元素保持正确的比例，那么疾病可能永远不会出现。[181]

柏拉图基于身体元素及其属性、运动和效应的不规则性分析疾病的终极因果关系，这种因果关系的前提是，构成身体的元素的安排与秩序是合乎自然的（*kata phusin*），因此任何元素的性质与位置的任何反乎自然（*para phusin*）的变化就必然造成身体内部的无序。作为构成身体的四元素的失衡无序的结果，疾病其实是身体元素从“合乎自然的（*kata phusin*）”状态到“反乎自然（*para phusin*）”的状态的转变的结果。这就促使我们从四元素的自然特性及其不自然的变化中去寻求身体疾病的原因。

蒂迈欧论述的“第一类疾病”包括任何由构成身体的四种元素（火、气、水、土）的运动变化引起的不均衡。元素的变化又包括数量、位置或类型三个方面，这是进一步区分第一大类疾病的根据：（1）元素数量上的反自然的“过剩或不足”，（2）元素放弃适己的位置而取某个不适己的位置，或（3）因为四元素都有多种多样的子类型，一种元素就有可能出现不恰当的子类型。这里，身体中比例的失调或不均衡或失衡必伴随元素的某种过剩或不足。所以第一个子类比其他两个子类更为独特，因为元素的数量在增加或减少，即使该元素有适当的子类型并且始终在适当的位置上。当身体的构成元素以错误的数量、位置或类型积聚，破坏了适当的平衡时，它们实际上会使身体与自身发生战争：元素之间相互斗争，直到被征服的粒子被吸收或被驱逐出去。[182]

“第二类疾病”涉及骨髓、骨头、肌肉、肌腱和血液等身体的“二级结构”或组织。既然这些组织是由四元素“合乎自然地”构成的，因此，它们不仅具有与元素相关的、由元素的失衡造成的第一类疾病，而且还有属于它们自己的疾病，甚至更为严重：每当这些组织的生成——这些组织造成之后的连续的营养和维持——逆反地进行时，这些组织就被败坏了。因此，第二类疾病就与营养流“反乎自然地”经血液进入肌肉、肌腱、骨头和骨髓，从而败坏这些组织有关。蒂迈欧说，肌肉腐败分解的副产品包括胆汁、血清和痰这些体液及其亚种。尽管体液是破坏性的因素，其各种变体或子类型与特定的疾病有关，但它们的出现还不足以解释疾病，因为胆汁和痰等体液来源于体内被分解了的元素，而身体组织元素的分解归因于肌肉中的元素被侵入的火和气粒子所破坏，但这是“合乎自然”的。它们之所以首先出现在第二大类疾病中，是因为当营养系统的流动被逆转时，胆汁和痰等废物就被允许流回血管、阻碍营养流并攻击身体组织，这就“反乎自然”了。

这个层次的疾病的区分的依据不仅仅在于这些部位之间的生理差异，还在于每个部位所具有的独特的致病能力。[183] 首先，肌肉分解，只要肌肉组织的基础未受伤害，那么引起疾病的能力只有其他情形的一半，并且容易痊愈。其次，将肉与骨结合的物质的腐烂所产生的疾病，以及第三，骨头本身通风不畅而发霉，后果更严重，因为骨头无法吸收营养，从而导致更多种类的分解物质掉回血管，恶化疾病。最后，骨髓得病，产生最极端的影响，因为身体的全部物质，包括营养流的最远部分都会反向恶性流动，危及生命。

“第三类疾病”是由体内的气体和两种“体液”（痰和胆汁）的堵塞引起的。当营养的流入不断地补充身体构成元素中分解的三角形时，就需要另一种清除腐烂粒子的运动。如果肌肉分解的产物如胆汁、痰和过量的气始终滞留在体内，即使营养流继续正常流动，也会导致各种各样的疾病（包括癫痫，一种“神圣的疾病”），并伴随着各种各样的发烧和炎症带来极度的疼痛。

概而言之，对应于身体运动的三种类型：（I）身体组成元素的恒定流动，（II）营养流入身体，以及（III）废物排出身体，第（1）类疾病是由身体内部元素的反自然运动造成，第（2）类由进入身体的元素的反自然运动造成，第（3）类由将废物移出体外的失败或废物的通风受阻造成。[184] 遗憾的是《蒂迈欧篇》没有深究这类“反自然”的现象的原因，有人猜测是“接受器”的残余的随机运动的效应，从而也是“理性”无力控制“必然性”的产物。[185]

身体疾病的分类：

A. 由火、气、水、土四种元素的不平衡引起的疾病。

A1. 元素的反自然的过剩或缺乏。

A2. 元素从适当的位置转移到不适当的位置。

A3. 一种元素的错误类型的出现（每种元素都有子类型，其中一些不适合身体或其一个部分）。

B. 由营养流的正常过程的逆转引起的疾病。

B1. 腐烂的肌肉分解流回血管。

B1.1. 胆汁被排出。

B1.1.1. 焦黑的肉和苦味（黑胆汁）混合在一起。

B1.1.2. 烧焦的黑肉与酸结合，苦味被重新提炼（酸胆汁）。

B1.1.3. 焦黑的肉，混合着血和苦味（草绿色胆汁）。

B1.1.4. 年轻的肉与苦味结合（橙黄色胆汁）。

B1.2. 血清被排出。

B1.2.1. 血液中温和良性的水状部分。

B1.2.2. 酸性痰（是黑色酸性胆汁的一部分，由热和盐质混合而成的血清），是恶性的。

B1.2.3. 白痰（黄色胆汁与潮湿空气混合，形成气泡）。

B2. 连接肌肉和骨骼的纽带物质的分解，反向流动。

B3. 骨头腐烂，反向流回肌肉和血液。

B4. 骨髓病；身体的全部物质倒流。

C. 由通风不良造成的疾病。

C1. 呼吸不畅。

C1.1. 肺部阻塞。

C1.1.1. 气进不来，导致腐烂。

C1.1.2. 太多的气进入，就会被困住。

C1.2. 肌肉衰解产生多余的气，不能排出体外。

C2. 痰的通风不畅。

C2.1. 白痰。

C2.1.1. 排出体表，产生麻风病病灶。

C2.1.2. 困在体内的气泡。

C2.1.3. 混合着黑色胆汁，扩散到头部。

C2.1.3.1. 睡眠中较轻微。

C2.1.3.2. 清醒时更难摆脱（癫痫）。

C2.2. 酸性和盐性的痰。

C3. 胆汁通气不当（引起所有炎症）。

C3.1. 向外排出，沸腾并产生各种体液。

C3.2. 困在体内，产生许多炎症性疾病。

C3.2.1. 少量，引起内冷和颤抖。

C3.2.2. 大量，它的热压倒血纤维。

C3.2.2.1. 如果胆汁有足够的力量穿透骨髓，灵魂就会从束缚中解脱出来。

C3.2.2.2. 如果胆汁不太强，使身体抵抗溶解，胆汁就会被排出体外。

C3.2.2.2.1. 胆汁通过全身排出。

C3.2.2.2.2. 胆汁通过肠道排出。

C3.2.3. 四元素通风不畅。

C3.2.3.1. 饱受烈火折磨的身体承受着持续的发热和发烧。

C3.2.3.2. 受过量空气影响的身体每天发烧。

C3.2.3.3. 饱受过多水分折磨的身体每隔一天发烧。

C3.2.3.4. 受过量土折磨的身体每隔四天发烧。[186]

对于柏拉图《蒂迈欧篇》病理学的评价，自古以来就颇多争议。盖伦在《论希波克拉底和柏拉图的诸种学说》和《论身体各部分的功能》中批评柏拉图因为缺乏真正的医学知识而误释了《希波克拉底文集》(《论人的本性》) 所包含的疾病理论；相反，逍遥学派的美诺（Meno）却认真对待柏拉图的讨论，给予了中肯的评价。现代学者大多质疑柏拉图论述的充分性、严肃性和重要性。例如法国柏拉图权威学者里沃（Rivaud）认为整个这部分论述是"离题"和"负面"的，他把柏拉图的病理学与希波克拉底著作中的相对比，得出了前者是粗糙和不连贯的结论，认为柏拉图尽管利用了早期各种医学治疗方法的假设，却没能在他自己的论述中予以调和或系统阐述一套他自己的理论。[187]

泰勒则认为我们应该区分疾病性质的一般理论和蒂迈欧作为划分各种生理紊乱之基础的特殊原则，鉴于他总体上倾向于将《蒂迈欧篇》视为公元前 5 世纪毕达哥拉斯学派的学说的体现，所以，他把一般理论归于阿尔科迈翁（Alcmaeon）所谓的健康依赖于有机体成分之间的"能力的平衡"、疾病归因于某些成分的“篡权（贪婪多占 /pleonexia）”的主张。这个理论实际还混合了恩培多克勒的“四根”作为身体成分的学说，是毕达哥拉斯主义和恩培多克勒学说的结合的尝试。这种尝试使蒂迈欧的“元素病理学”不同于科斯学派（the School of Cos）的“体液病理学（humoral pathology）”。他强调柏拉图的论述很可能审慎地依据了公元前 5 世纪意大利或西西里学派 [斐罗劳斯（Philolaus）和费利斯迪翁（Philistion）或毕达哥拉斯主义医学的其他代表] 所尝试的那种综合，但因为柏拉图没能整合他的这些理论来源，仅仅遵循专家的权威，所以充斥着矛盾和困难。[188]

康福德对柏拉图这里的医学理论的解释也完全沿袭了上述“外部解释”的传统，从根本上将其归源于早期希腊的医学和宇宙论思想。他认为，首先，几乎所有希腊医学的基本概念都是，健康取决于身体终极成分的适当平衡或合比例混合，不同的学派仅在这些终极成分是什么这个问题上存在分歧。他首先也举出阿尔科迈翁以诸对立的能力（*dunameis*）——热与冷、湿与干、苦与甜等等——为终极成分，健康即这些对立的能力之间的平等（*isonomia*），疾病是由一个对立面建立其对于另一个对立面的唯一优势 [*monarchia*（寡头统治）] 而造成的。[189] 其次，康福德也看到了科斯医学学派用“体液 [*chumoi*（humours）]”取代“能力 [*dunameis*（powers）]”，例如《古医论》的作者，抨击了哲学的先入之见对其技艺的侵入，指出热、冷、湿、干不是物体，而只是能力；身体由某些具有能力或特性的体液组成；健康是体液而非能力的和谐混合或平衡。在被亚里士多德归于波利布斯（Polybus）所著的《人的本性》中，体液有四种——血、痰、黄胆汁和黑胆汁，被人为地与四种主要能力联系在一起。[190] 最后，康福德重点考察了意大利和西西里学派所遵循的不同路线对于柏拉图的决定性的影响。他指出，洛克里的费利斯迪翁在恩培多克勒的“四根说”基础上发展出了一套医学理论，认为人体由火、气、水、土四种元素组成，每一种都有它自己的能力：火热，气冷，水湿，土干。疾病以各种方式出现，大致分为三类：（1）有些归因于元素，当热或冷过度，或热变得太弱和无力。（2）有些归因于三种外在的原因：（a）受伤；（b）过热、过冷等；（c）由热变冷或由冷变热，或由营养变为不适当和腐败的东西。（3）其他则归因于身体的状况：例如，当整个身体呼吸良好，呼吸无障碍地通过时，就健康；因为呼吸不仅通过口和鼻孔进行，而且通过全身。[191] 康福德进一步对比柏拉图与受到费利斯迪翁影响的被誉为“希波克拉底第二”的迪奥克勒斯（Diocles of Karystus in Euboea，鼎盛期在公元前 400 年和 350 年之间）的学说，以证明费利斯迪翁对于柏拉图病理学的决定性的影响。首先，《蒂迈欧篇》中归因于元素过多、不足或错位引起的“第一类疾病”，恰好对应于费利斯迪翁上述三类中的第一类，而迪奥克勒斯也主张大多数疾病归因于“身体中的元素及其状态的异常”；其次，尽管柏拉图在此描述了骨髓、骨头、肌腱和肌肉等身体二级组织的构成与相关疾病，但恩培多克勒最先提出骨头、肌腱、肌肉和血液是由四种元素按一定比例组成的。例如，骨头中含有四个火粒子，两个土粒子，一个气粒子，一个水粒子。血液和肌肉中所含的四种元素数量相等或几乎相等；在这一传统中，血液在等级上高于其他三种“体液”，它甚至是灵魂和意识的所在地。另外，康福德认为，柏拉图所描述的这几种二级组织形成的自然顺序的某些观点可能已被迪奥克勒斯的胚胎学观察所指明。不过，康福德倒是承认，没有证据表明任何医学作家曾像柏拉图那样认为正常营养过程的逆转是一类特殊疾病的起因。柏拉图说胆汁和痰是肌肉分解的病态产物，康福德认为这与希波克拉底的弟子科斯人德克西普斯（Dexippus）的学说有些相似，后者把痰和胆汁视为营养的多余产物，并认为这两种体液与血液混合，从而改变颜色，产生四种体液：白痰、血色痰、黄胆和黑胆汁；康福德也提到威尔曼（Wellmann）的观点，即柏拉图的体液理论很可能也归因于费利斯迪翁和迪奥克勒斯，他们认为体液是由“内在的热”作用于血管中的营养物质而产生的。血液是正常比例的混合；胆汁归因于热的过度，痰归因于冷的过度。因此，胆汁造成炎症，造成黏膜炎（catarrhs）。[192] 最后，关于第三类通风不畅造成的疾病，康福德认为柏拉图对肺炎原因的描述与迪奥克勒斯的一致再次表明，两者都依赖于费利斯迪翁，后者的第三类疾病是由于呼吸的阻塞。柏拉图第三大类第二组疾病，包括破伤风，是由于气在体内作为分解肉的产物的形成。这同样与迪奥克勒斯有着惊人的一致。而柏拉图所谓的这类紊乱通过发烧缓解，在《希波克拉底文集》〈格言〉iv，57（iv，522L）中被重复。另外，康福德认为柏拉图和《神圣疾病》（癫痫）一书的作者都同意癫痫是由痰引起的大脑的一种疾病，只不过柏拉图在痰中加入了黑胆汁的混合物，他也为“神圣疾病”这个名字的使用辩护，但不同意《希波克拉底文集》作者认为这种疾病是由于超自然的原因造成的。帕拉克萨格拉斯（Praxagoras）和迪奥克勒斯把癫痫归于痰液在“厚动脉”中的形成；这些形成的气泡阻碍了气体从心脏流出，从而引起身体的震颤和痉挛。康福德认为《蒂迈欧篇》中关于发烧的最后一段与之前描述的胆汁引起的疾病没有联系。它属于第一类疾病，归因于某一元素的过度或缺乏。威尔曼还从盖伦的一句话中推断出，迪奥克勒斯只认识到间歇性发烧的短暂时期（最多 4 天），并认为每种发烧都是由于四种基本体液中的一种的紊乱所致，这一学说是费利斯迪翁学说的发展，柏拉图在这里紧随其后。显然，康福德同意威尔曼的推断。[193]

以上所述可以说代表了 20 世纪 50 年代前西方学者关于柏拉图疾病理论的一般解释和评价，显然，他们研究柏拉图疾病理论主要是通过研究其学说的可能来源，而对其整体论述及其与对话其余部分的关系的解释相对较少，从而，恰如米勒（Miller,H. W.）所批评的，“这种方法给人的主要印象是，柏拉图的论述仅仅是派生的、折中的和综合的，极大地缺乏连贯性和重要性。我怀疑，这样的结论对《蒂迈欧篇》中提出的疾病理论的内在价值几乎没有足够的公正性。”[194] 柏拉图不是医生，不是医学专家，他需要从前人和同时代的医学理论中吸取营养，这是毋庸置疑的。尽管当时和早期的医学和自然哲学对他产生了巨大的影响，但把他对疾病的论述仅仅视为是从其他来源获得的不同学说的综合，就忽视了柏拉图利用、阐述和改造任何他从别人那里学到的东西的方式。此外，它忽略了柏拉图的疾病理论似乎是对对话前面部分所建立的生理学和宇宙学原理的补充和完成。事实上，柏拉图最关心的是疾病的终极因果关系背后的宇宙论原理。也正是在这个意义上，我们把这些解释称为“外部解释”，表明它们未能切中柏拉图疾病理论的内核。可喜的是，20 世纪 50 年代之后，越来越多的学者尝试或者从柏拉图哲学体系内部、其所有对话去发掘柏拉图疾病理论的哲学意义。

这种尝试的最杰出代表是劳埃德（Lloyd），[195] 他基于柏拉图思想的整体政治哲学取向和其他重要对话为《蒂迈欧篇》的病理学提供了一个深广的解释背景。他认为“何为复合整体的良好秩序”的概念乃是柏拉图的物理的、心理的、社会的、道德的和宇宙论的领域共同的反复出现的主题。在身体内部，在身体和灵魂之间，在灵魂内部，在城邦内部，他基于和谐、健康、正义来谈论好的关系，基于不和谐、疾病、不正义来谈论坏的关系。[196] 例如《高尔吉亚篇》谈到了影响财富、身体和灵魂的三种恶，即贫穷、疾病和不正义（477c）。正如任何人都希望消除身体中的疾病，他们同样也肯定希望通过受到应有的惩罚而从灵魂的不正义中解脱出来（477aff.）；法庭使我们更加正义，就像医术减轻我们的身体疾病一样（477e）；恰如对身体的治疗诸如烧灼、手术等都是痛苦的，同样，对灵魂的惩罚也是痛苦的，但它确保了我们不再拥有一个不健康、腐败、不正义和不虔敬的灵魂这一可欲的结局（479bc）；身体中的安排（*taxis*）与秩序（*kosmos*）被称为健康和力量，能够将这种秩序带入身体的人是教练和医生，同样，灵魂的有序和有规律的状态是合法性并产生正义和节制，这是优秀演说家的目标；正如医生不允许病人做他喜欢做的事情一样，灵魂在堕落的状态下应该限制其欲望（505b），所以，灵魂受惩罚比过一种不被纠正的放任的生活要好。[197] 劳埃德认为柏拉图这里的“正义”和“不正义”既适用于个人，又具有普遍的政治意义：个人的正义是灵魂内部的良好秩序，类似地，城邦的正义就是城邦的良好秩序和合法性。这样，他就引入了《理想国》并强调其中的“身体 - 灵魂 - 城邦”之间的类比。身体的健康与灵魂的健康是相似的，其卓越或美德都取决于良好的秩序，即统治者和被统治者之间的正确关系。在灵魂和城邦中，何为良好秩序，是根据灵魂与城邦各自的三个部分之间的适当关系来阐明的。在城邦中，卫士阶层应该控制辅助阶层和赚钱阶层，尽管每一部分都有其特定的功能需要履行，同样地，在个体灵魂中，理性应该控制激情和欲望。这里，与健康和医术的类比至关重要。当健康可以通过饮食和运动来保证，而不需要药物（*pharmaka*）时，一个普通的医生就能胜任这项工作。但当疾病更严重时，就需要一个勇敢的医生和处方药。同样，哲学王需要“高尚的谎言”来赢得人们的支持，他们多少会承认人性有不同种类，具有不同价值。哲学王用来获得同意的东西被认为是谎言，但被描述为 *pharmaka*（459c2）。谎言可以被证明是有用的：它可以治愈或治疗影响城邦的疾病。当然，这不是真正的物理药物，而是咒语。身体的紊乱在疾病中表现出来，这一观念首先扩展到灵魂的紊乱 / 疾病，亦即不正义的观念，在不正义的人中，紊乱无序反映了理性无法控制激情和欲望。其次延伸到城邦中的不正义，由其各部分之间的适当关系的破裂而引起。“过度”可能会在季节、植物、身体，尤其是政治体制中带来相同类型的变化。太多的自由导致个人和城邦中的奴役。无所事事的人，像雄峰那样，有的没刺，有的有刺，它们在任何状态下都会产生干扰，恰如体内的痰和胆汁一样。也恰如你需要一个好医生来照顾和治疗后者一样，你也需要一个好的立法者在城邦里做同样的事情。[198]

劳埃德认为柏拉图在《智者篇》(227c ff.)里强调我们需要身体的净化（*katharsis*），来消除它的疾病，也需要灵魂的净化来消除它的疾病，即冲突（*stasis*）。在诊断灵魂的状态，判断身体政治的健康或疾病方面，有专家，他们的话必须被接受，即使他们开了严厉的药方，除掉异端，清除城市中污染它的东西，就像医生使用烧灼术、外科手术，或者用药物来清除体内的病原体。这些主题在《法律篇》中得到了最有力的表达，法律对那些不服从统治者的人规定了严厉的惩罚；政治净化（*katharmos, kathairein*）的论题是以与医术类比的方式提出来的（735b ff.）。最好的净化是痛苦的，就像所有的猛药一样；当最大的罪犯是不可救药的（*aniatoi*）并对城邦造成严重损害时，就清除他们，这就是死刑和流放。柏拉图用医生的模式来建构他在道德和政治问题上的专家形象。医学在他的道德和政治论证中扮演着如此关键的角色，以至于他似乎可以省去应用类比的大部分困难。医术的客观性和医生的权威性可以成为哲学王的典范。[199] 劳埃德接着又通过考虑《斐德罗篇》中对“疯狂”的描述进一步探讨柏拉图对话中疾病和紊乱的主题。他认为，如果说《理想国》坚持理性必须统治激情和欲望，那么《斐德罗篇》则表明柏拉图认识到疯狂本身有积极的一面。例如著名的灵魂与驭手和马车的类比。灵魂内部的关系被描绘成一个战车的形象。车夫相当明显地对应于灵魂中的理性元素，他的两匹马，一匹好的，一匹坏的，分别对应于激情和欲望。当驭手注视所爱者时，顺从的好马是自我控制的，相反，与欲望相对应的坏马却完全跳到了所爱者身上。劳埃德认为，如果我们把《斐德罗篇》中灵魂内部斗争的一些教训转移到《理想国》给予我们的理性和良好统治的图景上，我们可以看到，要实现正义和平衡，可能会涉及相当大的混乱；紊乱无序，或其威胁，是建立秩序的先决条件；理性必须实施的控制实际上是对难以控制的因素的控制。[200]

正因为有了上述对于柏拉图对话中医术与政治 - 道德的一系列类比的深入考察，劳埃德反对关于《蒂迈欧篇》医学段落的“外部解释”，他认为柏拉图也利用别人的观点，但是为他自身目的而利用，从而使我们能够理解他把疾病如此突出地包括在他的宇宙论中的理由。在列举三类疾病的起源时，劳埃德特别强调，正如《理想国》和其他对话用身体的术语描述城邦的紊乱无序，《蒂迈欧篇》则用政治的术语描述了身体的紊乱无序。例如，“第一类疾病”的起源归因于“过多与不足”，《希波克拉底文集》中经常使用的术语是 *plerosis* 和 *kenosis*（充盈和耗尽），但柏拉图使用 *pleonexia* 和 *endeia*（过度和不足）（82a），后者是表示缺乏或需要的一般语词，但前者与“贪婪”或“想要得到比你应得的更多”有着特殊的联系。在《蒂迈欧篇》(82a6)中，过度和不足给身体带来的不仅仅是疾病(*nosoi*)，还有 *staseis*，即政治上的冲突和紊乱；正是超越了界限的东西产生了各种各样的变化、疾病和破坏。“第二类疾病”继续利用道德和政治术语，即使其中的紊乱无序影响了身体中诸如肌肉这样的物理复合物。当这些元素自然地相互作用并生成时，健康就是结果，否则，疾病就产生。当物质变得颠倒和腐败(82e)，那么元素就不再维持其自然秩序(*taxis*)，而是“不再彼此受益而相互敌对，它们还对身体的既定的和有序的成分发起毁灭性和破坏性的战争(*polemia*)”(83a)，以此，身体的秩序与敌对和战争形成强烈对比。在论述“第三类疾病”时，柏拉图强调秩序(*taxis*)和比例(*summetria*)是常规，打破常规就是疾病(85c)，是无序(*ataxia*)。当蒂迈欧把从身体中清除胆汁比作从一个处于派系或冲突状态(*stasiazein*, 85e10)的城邦中驱逐某人时，政治暗示表露无遗。[201]

总之，在劳埃德看来，在对身体的政治化上，柏拉图比绝大多数当时的希腊医学理论家深入得多。他的秩序、比例、和谐的概念涵盖了政治、道德、物理，尤其是身体等领域。我们不应该说这些观念是在其中一个领域产生的，然后应用到其他领域；相反，它们在每个领域的力量和重要性都会通过在其他领域的使用得到加强和确认。《理想国》和《法律篇》强调城邦的秩序和个人灵魂的秩序，它们把其中的对立、无序与没有人想要的疾病联系起来。但反过来，当谈到健康和疾病本身时，则严重依赖于政治领域的术语。每一个重要领域中的善、美德或卓越，最终都是潜在敌对的因素之间的良好秩序的事情（《蒂迈欧篇》87c4）。任何紊乱无序都必须通过治疗、清洗、净化来补救，尽可能地恢复最初的理想平衡。“城邦医学化”的反面是“身体政治化”。尽管不是医生，但柏拉图自称对身体和灵魂的疾病都有知识；面对谁能权威地谈论那些与疾病起源有关的问题时，他选择引用的不是医学专家，而是他的代言人蒂迈欧，[202] 这表明病理学贯彻了他的一以贯之之道。

灵魂疾病、恶的根源与责任问题

完成身体疾病的详细讨论之后，蒂迈欧简要论述了“灵魂的疾病”（86b-87b），却留下了本篇对话最后一个聚讼纷纭的重大问题。他对灵魂的病理学分析，从现代的角度看，与其说是一种“精神病学”，不如说是一种“道德心理学”。他的基本主张是：灵魂的疾病——包括道德的恶行和智力的缺陷——是身体缺陷的结果，因此，人们不应该为这些缺陷负责，也不应该为此受到责备。

所有的灵魂疾病都源于身体原因，[203] 或者说身体缺陷乃是恶的根源，柏拉图从多个方面予以了阐述。

首先，灵魂的疾病被总称为“*anoia*（愚蠢）”，指的是理性灵魂旋转中的各种混乱，而这正是人类灵魂具身的最初那一刻的特征（44a）；蒂迈欧描述了，当人类先在的理性灵魂的有序圆圈旋转被缚系上由火气水土组成、拥有六种直线运动的身体时，各种成分失调，身体成分的无序运动撞击灵魂，生命整体随机地被推动，无序且非理性地向前，灵魂原初的同一圆圈与差异圆圈的被扭曲，产生伴随作为无序运动的“感觉”的“虚假和愚蠢”的判断；此外，最初生成的还有“掺杂着快乐和痛苦的欲望”“恐惧和愤怒”以及“所有伴随这些而来的情感及其本然的对立面”（42a3-b1）。换言之，仅仅是灵魂与身体接触的事实就足以产生为欲望灵魂（欲望、快乐和痛苦）和激情灵魂（恐惧和愤怒）所特有的感受（*pathemata*）。也正是因为最初的具身，人类不仅拥有不死的理性灵魂，而且拥有了有死的灵魂（激情与欲望）和有死的身体；它们是人类生命体不可或缺的部分，是匠神的善意和目的得以完成的必要步骤，同时也是人类的有限性、脆弱性和各种疾病的根源，当然也包括灵魂的疾病，在这个意义上，灵魂具身是恶的根源，身体是人类的“原罪”或“原恶”。正因为如此，柏拉图说，每个婴儿的灵魂是 *anous*（无理性的、愚蠢的）的。然后，随着时间的推移，身体的喧嚣逐渐平息，灵魂的旋转得到矫正，正确地判断“同一”与“差异”，人被推上成为有理性者的道路；同时，如果他还能得到“正确的抚育”和“教化”，就会变得整体上健康、没有疾病，否则终生残疾，死于“*anoetos*（愚昧）”（44b-c）。

其次，柏拉图认为灵魂疾病“愚蠢（*anoia*）”包括“疯狂（*mania*）”和“无知（*amathia*）”两类，它们都源于过度的快乐或痛苦。如果一个人被过度的快乐或悲伤冲昏头脑，他会尽力抓住快乐的对象，即最大限度地快乐，或摆脱痛苦的对象，不管他付出什么代价。这种努力最终会导致疯狂和无知，这可能表明它们不仅属于同一个属，而且有一个共同的基础，那就是极度的快乐或痛苦。它们也同时发生。但快乐和痛苦从何而来？在前面讨论“感觉”的段落里（64c8–65b5），柏拉图给出了快乐和痛苦的生理学。好动的物质元素所带来的“感受（*pathos*）在我们身上反乎自然地、强有力地、剧烈地生成时，就是痛苦，而其同样剧烈地离开、复归自然状态则为快乐”，这也被描述为物质微粒对于身体器官的“空化”或“充实”的作用（65a）。换言之，痛苦是由身体自然结构的损伤引起的，而快乐对应于它们的恢复，只要这些损伤和恢复被传递到“心灵”（*phronimon*）。处于快乐、痛苦等感受的构造的核心的是，灵魂对相关身体器官状况的知觉。因此，对各种感受的生成的解释同时也是对相应的灵魂部分的本体结构的解释。[204] 例如，蒂迈欧对性欲的解释是基于骨髓从大脑通过脊髓进入生殖器，引起痛苦的精液积聚，当精液被排出时，随着体内物质的自然平衡又被恢复，就产生快乐（86d-e, 91a-d）。这表明与欲望灵魂相关联的性欲现象，如果不参考作为其基础的基本生理结构（生殖系统），就无法理解。如果健康的快乐、痛苦和欲望是由健康的身体结构的自然波动引起的，那么在我们身体结构的异常变化中寻找不健康的快乐、痛苦和欲望的根源是合理的，特别是那些由身体结构缺陷引起的。例如，在一个完全健康的个体中，生殖系统的自然功能不会引起对性快感的强烈追求。在那些性欲具有病理特征的情况下，首先要用基本生理结构的失调来解释，即骨骼的异常疏松导致精液过多。这种对特定身体物质的非自然的过度被经验为持久痛苦的性欲，蒂迈欧称之为“非自愿的”“灵魂疾病”（86d-e）。性放纵，作为欲望之恶的最典型形式，因此根植于某些个体经验性的快乐、痛苦和欲望的异常强度，一种具有基本生理原因的变态反应形式。常言道“万恶淫为首”，但在柏拉图看来，既然其根源在于身体缺陷，那么把性放纵这种“灵魂疾病”作为道德上故意的恶行来加以指责就是错误的。

最后，身体给灵魂造成疾病还归因于体液。柏拉图认为胆汁和痰不仅造成多种身体疾病，也带来灵魂疾病，它们在体内的积聚释放气体扰乱灵魂的运动。例如白色痰和黑色胆汁的混合物可以扩散到头部的旋转部位，并干扰它们，从而导致“癫痫”（85a5-b2）。除了头部这个最高目标，痰和胆汁也可以侵入灵魂的其他两个部位。其影响可能是相同的，但它会导致不同类型的疾病，这取决于它们击中哪个部位。攻击肝脏周围或灵魂的“欲望”部分会引起“坏脾气”和“忧郁”，侵入心脏或灵魂的“激情”部分会导致“鲁莽”和“胆怯”，而侵入头部或灵魂的理性部分则会导致“健忘”和“愚钝”（更不用说神圣的疾病“癫痫”了）。[205] 柏拉图认为胆汁是过多热量（火）的积累，痰则代表过多的冷（空气）。热对对象的影响是加速、刺激、搅动它的运动，而冷的作用是收缩和减慢它。因此，当柏拉图说胆汁和痰的气泡混合能够以某种方式影响灵魂的运动时，他认为过度热的胆汁会搅动灵魂的正常运动到“过度”，而痰冷则减缓它的速度，使其“不足”。因此，胆汁可被认为是导致以灵魂“过度”活动为特征的疾病，而痰是导致活动“不足”的疾病。如下所示：[206]

受影响的部位	过度	不足
身体：头部	胆汁（热）	痰（冷）
灵魂：理性	健忘	愚钝
身体：头部以下到膈膜	胆汁	痰
灵魂：激情	鲁莽	胆怯
身体：膈膜以下	胆汁	痰
灵魂：欲望	坏脾气	忧郁

然而，这样的理论远不是提倡一种生理决定论，因为这些生理弱点是否对我们的品格发展产生决定性影响，取决于它们被纵容或抑制的程度。[207] 除了与身俱来的、可归咎于父母“遗传”的身体缺陷之外，蒂迈欧坚持认为“坏的政制”和“与之相应的话语”的影响是恶的次要原因，这就和《理想国》的第八至第九卷对接上了。在那里，由欲望灵魂统治的邪恶政权，如寡头政治和民主制，它们的特点不仅是特定阶级或社会群体的支配地位，更根本的是一种价值体系的霸权，这种价值体系把特定的欲望对象（财富和快乐）视为最高的善。这些社会不仅为坏的欲望开辟了发展空间，还积极地促进它们的成长，鼓励我们早期的生理倾向

朝着邪恶结晶成一种坏的品格。面对这种腐败影响的可能性，蒂迈欧提出的主要补救办法是“治疗性学习”（87b2），这是从小就要追求的。这些研究的目的是加强灵魂中的理性霸权，控制我们的低级冲动，把我们带回到更纯粹的道德和政治对话的领域。我们的生理缺陷并不是单方面地塑造我们的品格，但它们确实标出了品格发展的界限，并决定了品格容易过度的形式。从广义上讲，正是我们的教育决定了我们的品格如何在这些界限内发展，以及我们天生的向恶堕落倾向在多大程度上得以实现。[208]

在有关个人灵魂的指导的段落里，蒂迈欧曾特别指出匠神为人类灵魂制定“命运的法则”，从而“他就不必对他们往后可能犯的任何罪恶负责”，同时把制造人类有死身体和有死灵魂的任务交给诸小神，“他命令他们统治这些有死的生物、给予它们所能给予的最美、最好的引导，而不对这些生物自己给自己产生的任何罪恶负责。”（42d-e）这是不是说，我们，而不是诸神，应该为降临在我们身上的罪恶负责？可前面已经表明，我们具有某种品格的原因虽然不是完全由生物学决定的，但也超出了我们的控制范围；是匠神和诸小神制造了人类的灵魂和身体，那么，在什么意义上他们可以不为我们灵魂的状况负责？

首先，《蒂迈欧篇》的目的论表达的是神的善和纯粹理性，他要让包括人类在内的宇宙万物尽善尽美、合理有序，这意味着神在这里只对人类灵魂和身体中美善和理性秩序的方面负责。其次，按照一种可能的解释，[209] 神对人类施加的因果影响仅限于“物种”而非“个体”的层次，因此，匠神至少因为其三个主张而被免除了对人的恶的责任：（1）所有的灵魂都有相同的结构；（2）所有的灵魂都被显明了“宇宙的本性”和“命运的法则”；（3）所有灵魂“全都被赋予同一种原始的出生”，全都得到他的平等对待（41e1-4）。最后一条强调了神的权力和责任的界限，匠神为之承担责任的初始条件的平等性只涉及灵魂所居住的身体的“类”；所有人共有的“出生（*genesis*）”概念与特殊身体的“本性（*Phusis*）”概念直接相关。最初，所有灵魂都嵌入男性身体，在后来的出生中才有男性与女性、人与动物的本性上的区分等等。没有任何迹象表明匠神的影响超出了身体形式的层次去规定某种特殊的形式或“本性”个体化的方式。神意（provindence）在这里只关注特定“物种”（人类）或“亚物种”（如男性和女性）共同的普遍结构，而非“个体”本身。只有当我们否认对人的恶负责的身体变异可以归咎于他的因果作用时，才能理解蒂迈欧所谓的“没有哪一个会更受他的怠慢”（41e4）。

但是，如果诸神不为人体的生理缺陷负因果责任，那么身体之间的这些变异从何而来？

当然是“必然性”。前面我们强调匠神作为“理性”是全善的，但不是全能的，他不能为宇宙身体创造物质原料，而只是对现成的前宇宙混沌加以形式改造，他只是“说服”而非强制，前宇宙原料作为“必然性”可能接受也可能抵制“理性”的作用，所以“必然性”既是理性结构的接受者，也是匠神造物的限制条件；其限制作用体现在两个方面。其一是对被造物层次上可能完成的东西的一般限制，某些属性在物理层次上相互冲突，不能一起被实现，那么就得有所取舍，例如，头颅的较薄的骨头与肌肉是在健壮性和敏感性的矛盾需求之间进行权衡的结果。另一方面，必然性作为“漫游因（*planomene aitia*）”起作用，作为前宇宙物质的无序运动的残余，解释了宇宙中非理性的、机械的因果性的持续运作及其所导致的局部秩序的崩溃。例如前面提到的胆汁和痰随意地侵入并“漫游”（*planethentes*，86e6-7）在灵魂的三个部分之间，从而产生 6 种相应的精神疾病；再如某些人骨头多孔易渗，骨髓的种子丰盛满溢，在其体内恣意流动，造成性放纵。显然，这种缺陷最终是由于一种超出了神的控制的非理性原因（必然性）的运作，神对降临在个人身上的罪恶不负责任，因此神或理性不是人之恶的根源，必然性才是。

但是，蒂迈欧毕竟说过，神不必对人这种生物“自己给自己产生的任何罪恶负责（κακῶν αὐτὸ ἑαυτῷ γίγνοιτο αἴτιον）”（42d-e），那似乎意味着人要为自己做的恶负责，从而导致蒂迈欧的话看起来前后矛盾。乔根松（Jorgenson）的最新研究认为，实际上，这句话也可以被更恰当地译为神不应“成为人给他自己造成的恶的一个原因”；如果这里仅仅是确认“原因”而非“归责”，并且如果“归责”的根据是自由意志的自主选择——这种观念是柏拉图所没有的，那么说我们对自己的恶行——作为我们自身恶劣品格的结果——负有因果责任，那也不是在我们应该为此遭受责备或惩罚意义上“负责”。值得注意的是，蒂迈欧说“对他给他自己产生的罪恶负责”的，不是“灵魂本身”，而是“这种有死的生物”[τὸ θνητὸν (...) ζῷον, 42e2–4]。这个区别意义重大，因为作为这些罪恶的最终原因的生理缺陷本身是外在于理性灵魂的，但对于作为身体和灵魂的复合体的人类动物却是构成性的。例如，如果一个具体的人被卷入由他过度的性欲所带来的不幸之中，那么完全有理由说他是这些不幸的最近的原因，因为他的欲望和相应的行动是他的由各种心理和生理原因的融合所界定的个人品格的表现。但在这个意义上归咎于他，与进一步解释导致他具有他所具有的品格的生物学的和社会的因素，并非不可相容。仅当我们把 *aitios*（原因 / 责任）特指某种形式的建立在自由选择的基础上的自主的道德责任时，这里才有矛盾；因为就我们的行为可以由先前的生理的和社会原因进一步解释而言，它削弱了建立在自由意志基础上的道德责任。[210]

蒂迈欧信守并重申了苏格拉底的“无人有意作恶（κακὸς μὲν γὰρ ἑκὼν οὐδείς, 86d7–e1）”的格言。虽然我们对自己所做的坏事负有责任，但这并不意味着它们表达了我们本真地想要的东西。不可否认，我们的坏的欲望是我们的，但它们不是我们原初本性的直接和自发的表现，而是身体缺陷和错误教育的产物。因此，它们更值得“同情”而不是“责备”。更进一步，如果我们从更中性的“确认为原因”而非“责备”的意义上看待对父母或教育者的“归责（*aitiateon*）”，就可以看到柏拉图想要强调的不是一个为行动者推卸责任的问题，而是把我们具有坏品格或恶行的原因个体化的问题。至此，这些原因包括来自父母的先天遗传和来自城邦的后天教育，但与神无关，因为他们的因果作用只涵盖了自然的和美善的东西，而在我们的恶（作为灵魂的一种不健康的、反自然的状态）的原因论中不起作用。柏拉图显然是想通过确认我们的品格如此这般的先在原因来探究恶的根源，从而采取措施纠正这种恶。他没有把它归因于某种自主决定的力量，因为一个与自由选择有关的道德责任的概念完全不在他的考虑之中。因为我们灵魂的理性部分（本真的意愿）决定了我们必然行善，我们之所以作恶则是先天的身体缺陷与后天的社会环境（及其产生的非本真的欲望）所决定的，所以，在这双重“决定”之间并无“自由选择”的任何空间，那个在近代思想中要负责任的“自由意志”概念既不存在，也不需要。重要的是，对于柏拉图来说，这不仅仅是一个理论观点，而且具有实际的后果，因为如果我们错误地确定了坏品格的原因，例如将其视为独立于生理的 - 社会的影响的自主选择的结果，那么我们将对其提出错误的处理方法（例如惩罚而非治疗），就会使情况变得更坏而不是更好。[211]

现在，恶的根源已经找到，相应的救治方法，在《蒂迈欧篇》中是对个人的身心的修炼，在《法律篇》中则是社会层面的法律教育与治疗性惩罚。

疾病当然需要治疗，身心皆然。问题是，何谓健康？柏拉图将宇宙论的“尽可能善尽可能美”的原则应用于人类，说：“所有善的东西都是美的，而美的东西绝非无度（*ametron*）。因此，我们必须认为，如果一个生物是美善的，那么它将是比率和谐有度的。”（87c3-6）这对于人来说首先是身体与灵魂之间的比例关系的和谐：灵魂对于身体来说过于强大，就会损耗身体，使之易于得病；反之亦然，身体对于灵魂来说过于强大，将导致个人牺牲灵魂的欲望（如智慧）而追逐身体的欲望（如饮食和性欲等），最终使得灵魂的力量呆滞、笨拙和健忘直至最大的灵魂疾病——无知。而避免这类病状的唯一方法是“修心必也练身，练身必也修心”，如是，数学家需要锻炼身体，而运动员则不能不求知。（88b-c）

柏拉图认为，锻炼身心的具体途径则是模仿宇宙的结构及其运动。身体的锻炼应该模仿宇宙身体或接受器的晃动产生的运动：我们的身体由内在和外在于它们的东西的进出或围绕而变得冷、热、干、湿，而健康就在于这两个系列的对立面的适当比例，因此需要通过主动的运动或锻炼来维持适当的比例。就“运动”而言，内在的和自因的运动“与理性和宇宙的运动最近乎同类”（89a3-4），是最好的；其次是外因导致的运动，如车船的颠簸；最差的是完全被动的身体运动，例如药物通便，干扰有机体本身的特定的生命周期，会让小病变大病并且不断重犯，尽量不用。然而，身体最终是由灵魂控制的，因此锻炼灵魂使其胜任这工作，是更为优先的事情，那就是让灵魂的各自有其自身运动的三个部分，维持在强弱适度、彼此和谐的比例中。这里，恰如身心之间、身体各部分之间，行控制者优先于被控制者，柏拉图特别专注于灵魂的不死部分的运动。

柏拉图的意思是，人是有死的部分与不死的部分的混合物；假如你专注于灵魂的有死的，亦即居于脖子以下身体部位的非理性的部分，致力于满足各种获得性的、竞争性的欲望，那么你将使你的有死的部分成为你的真实的自我，从而将完全实现凡人之为凡人的本质——有死的：日常生活中，希腊人用“有死的（the mortal）”来命名“凡人”，用“不死的（the immortal）”来命名“神”。不思在理性上进取的凡人不仅远离了神圣的宇宙、理念和诸神，也抛弃了其自身原有的神圣性。相反，假如你专注于提升你的理性智能或美德，你将把你的真实自我同一于你灵魂的不死的部分，从而不仅不会丧失不死性与神圣性，而且让灵魂的这一神圣的部分（*daimon*）来引领你的生活，从而获得至上的幸福（*eudaimonia*）。必须注意到这里的词源关联：至上幸福（*eudaimonia*）就在于我们灵魂中的理性部分之为 *daimon* 的美好存在状态。人要变得“像神（*homoiosis theoi*/godlike）”就是人要努力让灵魂的理性部分回到其自身的本然之性，回复到匠神制造宇宙灵魂所剩下的原料的状态，使得我们的理智思想模式与宇宙灵魂的理智思想模式完全同化。这永远是最好的生活，是匠神造人时就为人类设定的目标。

结语：蒂迈欧离我们有多远？

这个问题需要从自然科学和伦理学 - 政治哲学两个方面分别去考虑。

从自然科学的角度看，尽管有人会主张《蒂迈欧篇》的个别段落预示了某些现代科学的观念，但按照 2003 年诺贝尔物理学奖获得者安东尼 · 莱格特（Anthony J. Leggett）的看法，这些在很大程度上都是巧合，他认为，总的来说，柏拉图对物理世界本质的思辨与现代科学给出的回答没有太多共同之处，相反，常常引起现代共鸣的是他的**问题**。[212] 他所谓的“问题”有三个方面。首先，这篇对话的基本问题是宇宙是永恒存在的还是生成的，柏拉图给出的答案是生成。对于 19 世纪的或者甚至 20 世纪前 30 年的物理学家和天文学家来说，宇宙确实“永恒存在”，未来也将一直存在。然而，埃德温·哈勃（Edwin Hubble）于 1929 年有了一项革命性的发现：我们从附近星系接收到的光显示了著名的“红移”现象，这几乎被普遍解释为这些星系以与我们的距离成正比的速度逐渐远离的证据；换言之，宇宙在均匀膨胀，就像正在膨胀的气球表面一样。如果将这一事实与广义相对论方程结合起来，这些方程通常被认为在宇宙尺度上支配空间、时间和物质的行为，那么几乎不可避免地会得出这样的结论：随着时间上的回溯，宇宙变得非常稠密并且非常热，直到我们最终达到一个点，在这个点上，我们所知道的物理定律似乎毫无意义——这就是著名的“热大爆炸”（hot big bang）。[213] 因此，根据我们现代的理解，宇宙确实是“生成的”。“热大爆炸”宇宙学提出了许多明显的问题，其中一些确实是柏拉图所想到的。第一个问题是，大爆炸“之前”是什么？目前没有确定的答案。第二个问题曾在柏拉图之后 2000 年的莱布尼茨和牛顿的门徒克拉克之间的著名争论中再次出现，那就是：宇宙存在于时间中，还是时间的意义源于宇宙的存在？柏拉图的回答是：“在天宇生成之前，‘日’‘夜’‘月’‘年’皆不曾存在。”用现代术语来说，我们可能会问：我们实际上如何定义时间单位？标准的现代定义是根据由铯原子构成的“原子钟”的特定跃迁所发出的光的频率；然而，根据我们目前的理解，在大爆炸后数百万年后的第一次超新星爆发之前，铯原子并不存在。为了在此之前测量时间，我们或许可以求助于由基本元素氢制成的时钟；但在大爆炸后约 30 万年后的“复合时期”之前，就连氢也不存在。甚至在更早的时候，我们原则上可以想象通过一些基本粒子的质量定义一个时间单位，比如一个电子，因为根据量子场论，这个质量（m）通过关系式 T = h/mc2 定义了一个相应的时间（T），其中 c 是光速，h 是普朗克常数；然而，在早期宇宙非常稠密并且非常热的条件下，粒子不断聚变和转变成彼此，甚至不清楚单个的电子质量的概念是否还有其意义。从根本上说，正如柏拉图所指出的，测量时间不仅需要物质的存在，还需要物质在某些相当明确定义的条件下存在。[214] 除了关于时间的度量问题以外，“时间”的地位是什么？正如柏拉图在 37a-b 中所暗示的那样以及现代“整块宇宙”场景所假设的那样，它是否是一个与空间处于同一地位的原始概念？抑或它是从与更原始的、非时间的事件的关系中“涌现”出来的，就像提出“圈量子引力”（loop quantum gravity）的现代物理学家们所支持的观点一样？另外，“我们的”宇宙是独一无二的吗？为什么宇宙如此平滑？为什么有大爆炸，或者更一般地说，宇宙究竟为什么存在？这些柏拉图似曾提过的问题都仍然困扰着当代科学家。

其次，莱格特认为在柏拉图的基本概念 *nous*（理性）、

anankê（必然性）和 *hypodochê*（接受器）这里似乎隐含了现代人所谓的必然性和偶然性的对立、运动学和动力学的对立，以及一般定律和特殊初始条件的对立。柏拉图似乎在努力解决一个两难的、同样困扰着诸如李·斯莫林（Lee Smolin，1955—）这样的当代思想家的问题，即，这些区别对于宇宙的某些特定部分似乎是有意义的，但如果应用于作为一个整体的宇宙，它们是否显然是有意义的？[215] 这里的一个具体的问题是，*hypodochê*（接受器）是一个物理实体（在这种情况下，它很容易与现代的“真空”观念联系起来），还是一个潜在的图型（scheme）？如果是后者，我们或许可以在拉格朗日场论的一般结构中找到一个与其极其相似的近代的例子，它将在某种程度上先天地强加于我们，而实际上现实的基本粒子的具体类型，以及它们之间的相互作用，都是偶然的。的确，现代高能（基本粒子）物理学的一个中心问题是，所谓的目前包含 17 个先天未确定的（“偶然的”）参数的标准模型（Standard Model），是否就是最终的描述，或者我们是否会发现，这些参数中的某些或全部是由“必然性”决定的？这反过来又涉及一个问题：物理系统的行为哪些方面是“自然的”，哪些方面需要解释？[216]

最后，莱格特认为《蒂迈欧篇》提出了“人类中心论”（anthropocentricity）在物理学中可能扮演的角色的问题，即，宇宙是被设计出来以支持人类的生命和意识吗？柏拉图的回答是肯定的，并且这种观点在有记载的人类历史的很大一部分中占主导地位，却被 18 世纪（后牛顿的）启蒙运动断然拒绝，但令人奇怪的是这种观点最近以所谓的宇宙学人择原理（Anthropic Principle）为幌子卷土重来。这一原理背后的观察是，人类生命起源和进化的物理条件，更不用说人类意识，是极其微妙的：在大量不同的参数中，任何一个很小的变化都会使如我们所知的生命完全不可能存在。就其最弱的形式而言，人择原理只不过是一串巧合；在其最强的（准目的论的）形式中，它实际上表明，物理学的基本约束之所以有其价值，是为了允许人类生命的存在。许多当代物理学家认为相当有吸引力的是一种“中等”的形式，有时也被称为“多重宇宙”（multiverse）设想：有许多可能的，甚至或许是真实存在的宇宙，每个宇宙都有自己的一套“基本”常量，我们生活在这个特定的宇宙中并非偶然，因为只有这里的常量才经过微调（fine-tuned）以允许人类生存。[217] 柏拉图的问题在现代引起的第二个非常有趣的反响涉及著名的（或声名狼藉的）量子实现（或者更普遍地称为“量子测量”）问题。这个问题可能是整个现代物理学中最有争议的问题，正如薛定谔（Schrödinger）指出的那样，如果对量子力学的形式主义进行适当外推，就会导致对日常世界的一种描述，即在这个世界中，似乎通过肉眼可以区分两种不同结果的概率幅，它们同时非零！（在他的例子中，对于一个封闭盒子中的猫来说，其生或死的概率幅同时是非零的。）所以，如果正如大多数物理学家所认为的那样，量子力学是关于物理宇宙的全部真理，那么在没有“观察”（检验）的情况下还有任何认识吗？而且由什么 / 谁来观察？宇宙的状态在没有任何人检验之前就已经确定了吗？柏拉图无疑没有可用的基础（量子力学）来构想这个问题，但对这个问题的讨论不断暗示许多关于人类与宇宙关系的深刻问题，而这些问题是柏拉图在近 2500 年前提出的。[218]

莱格特的上述对比提示我们，就科学问题的提出而言，《蒂迈欧篇》离我们很近，但就这些问题的解决而言，它又离我们很远。

再从伦理学 - 政治哲学的角度看。柏拉图在《蒂迈欧篇》里试图为其伦理 - 政治秩序寻求宇宙论的支持，在这个过程中，他从“城邦”走向了“宇宙”，从“城邦公民之为伦理主体”走向了“人类”，从狭隘的“城邦共同体主义”走向了“世界主义”。这和先秦儒家讲“内圣外王”（类似于《理想国》的哲学王）、“天人合一”，道家讲“人法地、地法天、天法道、道法自然”，如出一辙。显然，无论中西，古代思想作为完备性学说（comprehensive doctrine）都以“自然主义”为其特征：一方面他们都相信“一个封闭的世界（One Closed Cosmos）”，其中“世界 - 社群 - 个人”具有同构性；另一方面，他们又都相信这样一个世界或自然本身具有规范力量，可以从自然世界之为“事实”（自然状态 = to be）推出“应当（ought to be = right = 价值）”，从而把人伦与政制建立在宇宙论的基础之上，即自然秩序也构成道德秩序和政治秩序。

然而，正如我们一开始所讲的，经过 16、17 世纪以来的科学革命，古典时代那个有限的、秩序井然的封闭世界（The Closed Cosmos）逐渐解体，最终演变成了无限的宇宙（The

Infinite Universe)。另一方面，经过休谟等人的持续批判，“事实”与“价值”截然二分，再无可能从“事实”(自然状态 =to be)推出“应当(ought to be = right= 价值)”。这意味着，今天的伦理学 - 政治哲学既不可能也无必要依傍于一个有序但封闭的宇宙或自然世界，尽管这类宇宙观还会残存在某些宗教、意识形态和形而上学之中。中国人讲“天不变，道亦不变”，现在“天”变了，那么“道”也该变了，关键是如何变。无论如何，单纯复古显然是一条歧途。今天的任何伦理 - 政治设计都不可能简单地从古代思想获得其合理性与合法性的根据，相反，它必须充分把握人类现代文明的成就，提炼和转化各种传统思想所蕴含的潜能，自由创新，积极面对现代文明所带来的各种全球性的危机和挑战。

和科学中的情形一样，就伦理学 - 政治哲学的问题的提出而言，柏拉图离我们很近，但就这些问题的解决而言，他又离我们很远。

注释

1. 柯瓦雷（2008）.

2. Furley (1987: 3).

3. Furley (1987: 3-4).

4.“机械论（mechanism）”一词是近代的发明，源于希腊语 *mechane*，意思是工具、机器和一般的人为设计的机巧、机械、手段等，反乎自然而服务于人的目的的，如据传亚里士多德所著 *Mechanica*，倒是接近庄子有“机械”必有“机心”之论。近代用法是要暗示与机器的类比：最初也许钟表装置是一个范例。钟表的性能是由其齿轮的大小、数量和排列以及摆锤或摇臂和保持运动的弹簧或重量来解释的。机械论解释是一种指涉物质成分及其运动的解释。把这个词用于古希腊理论的麻烦在于古希腊没有这样的机器。钟表装置是有规律的、可预测的、连续的；当然，它是由钟表匠制造的，需要上发条，但当我们简单地把它看作一种机械装置时，这些特性就被忽略了。相反，希腊特有的机器是马车或绞盘，没有提供这种规律性和连续性的例子。更一般地说，运动中的物质，随它去，总体上提供了随机性、无序性和不方便性的例子。农民、园丁、船主和房主对人类目的与运动中物质的无方向产物之间的对比有着痛苦而清晰的印象。一般地，任何展现秩序的东西都可能被归于人类行为。当有人建议整个世界秩序是运动中的物质的产物时，这一点就变得非常重要。在古希腊，如果我们不加反省地使用“机械论解释”一词，这个建议的似是而非性可能会被掩盖。当亚里士多德将目的论解释的东西与机械论解释的东西进行对比时，他称前者是“为了某某（for the sake of something）”，后者是“出于必然（from necessity）”。在另一语境中，他将被意向的东西与“自动的（automatic）”东西进行对比。这些可能给我们提供了一些理由言及“必然性（necessity）”或“自动论（automatism）”，而非“mechanism（机械论）”。但“必然性（necessity）”太模糊，“自动论（automatism）”太隐密；因此，尽管“mechanism”存在缺陷，但似乎最好还是坚持用它。Furley (1987:13).

5.“目的论（teleology）”一词源于希腊语，但希腊人并未使用它；

它通过引用 *telos* 来解释事物：*telos* 是它们所指向的完整或完美的目的。亚里士多德在讨论各种解释时，将这一解释称为“为了什么（for the sake of what）”，在中世纪的拉丁语中，它是 causa final，来自拉丁语 *finis*，就像希腊语中的 *telos* 一样，可以指有意的或无意的目的。目的论解释的特点是，首先，它指的是通过所要解释的东西而被达到的某种结果或目的；其次，该结果或目的可以被认为在某种意义上是有好处的；第三，所要解释的东西据说是因为或为了该结果或目的而发生的，而非由于巧合或意外产生了它。用这种方式解释的最明显的事件，当然是人类有目的的行为，古今皆然；人的行为由其目的来解释，这并不难理解；但可用这种方式解释的不仅仅是有目的的事件；提供目的论解释并不一定意味着事件是有目的的。某些生物学现象通常是从目的论上解释的。我们说啄木鸟有一个长而强壮的喙来啄木头，或者说蜘蛛结网来抓苍蝇，但我们并不一定意指啄木鸟或蜘蛛在这件事上有任何意图。Furley (1987: 12).

6. 戴克斯特霍伊斯（2017: 16）。

7. Furley（1987: 4-5）。

8. Furley（1987: 5-6）。

9. Furley（1987: 6-7）。

10. Furley（1987: 7-8）。

11. Furley（1987: 9）。

12. Gregory (2000: 5).

13. P. Shorey, *Platonism, Ancient and Modern*, University of California Press, 1938, p. 92.

14. Reydams-Schils (2003).

15. C. Levy, “Cicero and the *Timaeus*”, in *Reydams-Schils* (2003), pp. 95-110.

16. G. Reydams-Schils, *Demiurge and Provindence: Stoic and Platonist Reading of Plato's Timaeus*, Brepols Publishers, 1999, p.14.

17. R. Kalibansky, *The Continuity of the Platonic Tradition during the Middle Age*, The Warburg Institute, 1939, p. 28.

18. 同上，Kalibansky (1939)。

19. 同上，Kalibansky (1939: 29)。

20. M. Allen, “The Ficinian Timaeus and Renaissance Science”,

in Reydams-Schils (2003), PP. 238-250.

21. R. Marten, " A commentary on Genesis: Plato ' s *Timaeus* and Kepler ' s Astronomy " , in Reydams-Schils (2003), pp. 251-266.

22. Reydams-Schils (2003, " Introduction " , p.13).

23. M. C. Fistioc, *The Beautiful Shape of the Good: Platonic and Pythagorean Themes in Kant's Critique of the Power of Judgement*, Routledge, 2002, Ch. 1.

24. 这些著作略晚于《论〈蒂迈欧篇〉》，它们大致包括：《一种自然哲学的理念，作为科学研究的导论》(1797)、《论世界灵魂：为阐明普遍有机论而做的一种高等物理学假说；附论大自然中的实在东西与观念东西的关系》(1798)、《自然哲学体系初稿》(1799)、《论自然哲学的真正概念及解决它的问题的正确方法》(1801)、《论自然哲学与一般哲学的关系》(1802)、《自然哲学导论箴言录》(1806)、《自然哲学箴言录》(1806)。见 W. Beierwaltes, " Plato ' s *Timaeus* In German Idealism: Schelling and Windischmann " , in Reydams-Schils (2003), pp. 267-289. 本文中文版，贺宇峥译，载于《清华西方哲学研究》2022 年夏季号。

25. W. Beierwaltes, " Plato ' s *Timaeus* In German Idealism: Schelling and Windischmann " , in Reydams-Schils (2003), p. 276.

26. 同上 Beierwaltes (2003)。

27. 同上，Beierwaltes (2003: 281)。

28. Taylor (1928).

29. Cornford (1937).

30. 例如专著有 Gregory (2000), Johansen (2004), Carone (2005), Broadie (2012), Kahn (2013) 等，还有 5 部以上的论文集，见参考文献。

31. 支持"字面解释"的有马丁(Matin)、埃图德斯(Etudes)、宇伯威格(Ueberweg)、斯达姆普夫(Stumpf)，其最晚近的有力捍卫者是弗拉斯托斯(Vlastos)、哈克佛斯(Hackforth)、索拉布吉(Sorabji)、罗宾森(Robinson)、泽尔(Zeyl)、约翰森(Johansen)、塞德雷(Sedley)。"隐喻解释"的辩护者更多，布朗迪斯(Brandis)、斯忒哈特(Steinhart)、策勒(Zeller)、维拉莫维兹(Wilamowitz)、里特尔(Ritter)、特勒(Theiler)、泰勒(Taylor)、弗路提格(Frutiger)、罗斑(Robin)、格鲁伯(Grube)、康福德(Cornford)以及晚近的彻尔尼斯

(Cherniss)、塔蓝(Taran)、劳埃德(Lloyd)、卡恩(Kahn)都属于这一阵营。

32. 关于这两个术语的理解和翻译后面会详细解释，这里暂时先这么译。

33. Zeyl (2000: xxii-xxv).

34. 我的理解与翻译遵循“字面解释”。

35. Cherniss (1956).

36. 对 Owen 的批判，除了 Cherniss，后继者有 Prior (1985), Fine (1988), Patterson (1985) 等。参见 Zeyl (2000: xvi-xx)。

37. 这是卡恩的排序，见 Kahn (1996: 47-48)。

38. 30b, 34c, 44d, 48c, 48d, 49b, 53d, 55d, 56a, 56d, 57d, 59c, 68d, 72d, 90e。

39. 但实际上英语词 likely 和 likeness 只有词形关联，没有意义关联。

40. Cornford (1937: 24-27).

41. Cornford (1937: 28).

42. Cornford (1937: 28).

43. Cornford (1937: 29).

44. Cornford (1937: 31-32)。康福德实际的推理是：

(1) 预设“隐喻解释”;

(2) 推出 becoming 的意义之为“非制造”;

(3) 从而，无开端时刻、无匠神、无模型 / 仿本;

(4) 只有影像及其流变过程 =becoming;

(5) 稳定性、确定性与真理性被归于关于稳定原型之为 Being 的理论，likelihood 被归于仿本之为 Becoming 的理论;

(6) 相仿的理论与稳定的理论成比例，恰如 Being/Becoming 之于真理 / 信念之间的比例;

(7) 仿本与其模型比较是有缺陷的，类似地，相仿的理论与稳定的理论相比较也是有缺陷的;

(8) 相仿的理论必定缺乏稳定的理论的某一或全部性质，从而，关于这一仿本之为 Becoming 是不稳定的，无真理性、无确定性;

(9) 只有知觉判断的似是而非 =*eikos logos*/likely account.

关于“*eikos*”的其他类似解释：

（1）“接近性地可能的（Approximately Likely）”。泰勒（Taylor，59）说，《蒂迈欧篇》的宇宙论，严格地讲，不是“科学”而是“神话”，但不是在它是无根据虚构的意义上说它是神话，而是在最为接近从而可以“暂时”作为严格真理的意义上说它是神话。变化或运动或生成的事物总是显得比我们所设想的要多一点或少一点，所以，在所有自然科学中，我们需要持久地修正和改进我们已经达到的结果。新发现的“事实”或对于已经熟悉的“事实”的更为准确的测量始终在修正“自然”和“规律”；这种现代观点假设物理学里有严格的真理，随着科学的发展，我们能够不断地接近它。（2）“或然性地可能的（Probably Likely）”：还有人以模态中的“或然性／可能性（probability）”术语或数学中的概率论术语来设想 *eikos*。就是说，相对于 100% 的最高可能性，《蒂迈欧篇》的宇宙论具有较高的可能性从而被视为 *eikos*（likely），就好像我们通常说要是今天有 60% 的概率会下雨，下雨的可能性就很大了。参见 Johansen (2004: 53)。

45. 例如，泽尔批评说，康福德那样的隐喻解释的倡导者似乎在这种修饰语中找到了对其隐喻解释的文本支持。但事实是，一种融贯准确的论述与一种不融贯准确的论述之间的区分并不对应于一种“字面的”论述与一种“隐喻的”论述之间的区分。一种“隐喻的”论述本身并不比相应的“字面的”论述更不融贯或更不准确；柏拉图想要强调的不是“字面的”论述与“非字面的”论述之间的差异，而是绝对的确定性与或然性（概率性／可能性）的差异，相应于理念世界与感性宇宙之间的差异。而在多重限制之下，眼前这个关于感性宇宙的论述是我们所能期望的最有可能、概率最大的论述。这些限制包括形而上学的限制、认识论的限制和目的论的限制，它们带来了各种相互冲突的要求。形而上学的限制是，这个宇宙生生不息，其各种构成要素处于流变之中，任何关于它的论述都不能不反映其不可捉摸的特征；认识论的限制是，这个宇宙是一个感性对象或感性对象的集合，任何关于它的论述都必须反映出，对它的把握缺乏我们对于理性对象的那种绝对确定的把握；审美学的限制是，这个宇宙，以完美的实在为模型、由最卓越的制造者所制造，必须尽可能地在美与善两方面相似于其模型和制造者。于是，“likely”这个词的使用既反映了这种论述的有限性（它至多是 likely 的），也反映了这种论述的有效性（它至少是 likely

的)。Zeyl (2000: xxxii-xxxiii)。尽管我在本书中大多译为"可能的"，但对其意义持较为肯定的立场。

46. Burnyeat (2009: 168-170).

47. Burnyeat (2009: 173).

48. Burnyeat (2009: 176).

49. Burnyeat (2009: 179).

50. Burnyeat (2009: 168-170).

51. Bryan (2012: 141).

52. Bryan (2012: 142).

53. Johansen (2004: 57-58).

54. Johansen (2004: 58).

55. Vlastos (1975: 249-50).

56. Morgan (2000: 277).

57..Johansen (2004: 63).

58. Johansen (2004: 64).

59. Brisson (1998: 91-104).

60. 尽管《理想国》(377d2-e3, 386b8-c1, 522a7-8)、《克拉底鲁篇》(408b6-d4)和《高尔吉亚篇》(523a1-3, 527a5-8)都提到了神话的真与假，但是这里的真假不是话语与所指的符合，而是神话话语与另一个规范层次上的话语的符合。参见 Brisson (1998: 105-109).

61. Brisson (1998: 122).

62. Brisson (1998: 130).

63. W. Mesch, "Die Bildichkeit der platonischen Kosmologie. Zum Verhaltnis von Logos und Muthos im Timios", in *Platon als Mythologue. Neue Interpretationen zu den Mythen in Platons Dialogen*, M. Janka and C. Schafer (eds), Darmstadt: Wissenschaftliche Buchgesellschaft, 2002, pp. 194-213; 这里转述自 E. Grasso, "Myth, Image and Likeness in Plato's *Timaeus*", in Plato and Myth: *Studies on the Use and Status of Platonic Myths*, C. Collobert, P. Destree, & F. Gonzalez (eds), Brill, 2012.

64. 奇怪的是，当代柏拉图学界很少言及"柏拉图的神学"，似乎根本没有这回事情；仅有的例外是 Solmsen (1942) 和 Gerson (1990)。就

《蒂迈欧篇》而言，仅有企鹅从书本英译者（Desmond Lee, 1977）在导言中直接以“神学”开篇。

65. Gregory (2000: 5).

66. Johansen (2004: 11-16) 揭示了《蒂迈欧篇》序言部分蕴含的这一深层目标。另见 Carone（2005）。

67. Gregory (2000: 6-8 ; 2008: xv).

68. Gregory (2000: 6).

69. Gregory (2000: 6-7).

70. Gregory (2008: xvi-xviii).

71. Gregory (2008: xix-xx).

72. Gregory (2008: xx).

73. Gregory (2008: xx).

74. Gregory (2008: xxi).

75. Gregory (2008: xxi).

76. Sedley (2007: I.6-7, II.4, III) 列举了造世论（creationism）在阿那克萨戈拉、恩培多克勒和阿波罗尼亚的第欧根尼这些前苏格拉底思想家中初露的端倪。

77. 参见 Robinson (2004), Graham (1991, 2021), Lennox (1985)。

78. “*to tou ouranou demiourgo*”(530a), “*ton ton aitheseon demiourgon*”(507c).

79. “*ho theos*”，前带定冠词，以区别于其他被造的小神。参见 41a，42e，68e，69c 等。

80. “*demiurge*”是由“*demiourgos*”的拉丁写法“*demiurgus*”或“*damiurgus*”变来。

81. Johansen (2008: xix).

82. 例如 Bury (1929), Grube (1932), Claghorn (1954)，当代的主要代表是 Carone (2005)。

83. 部分等同是说匠神仅代表宇宙灵魂中的“同一圆圈”，例如 Cornford (1937: 205, 208), Morrow (1950: 437), Ostenfeld (1982: 246)。

84. Johansen (2008: xx).

85. Johansen (2008: xxi-xxii).

86. Cornford 肯定了这一点，但 Guthrie 认为柏拉图的“*demiourgos*”

源于苏格拉底，他以色诺芬尼的话为据。参见 Cornford (1937: 34), Guthrie (1978: 255, note 2)。

87. Sedley (1997).

88. Taylor (1928: 78).

89. Cornford (1937: 34-35).

90. 陈康（1990: 143-160）。

91. Lennox (2001: 280-302).

92. Irwin (1999: 388-389).

93. Gregory (2008: xxxiv).

94. Kahn (2013: 187).

95. Gregory (2008: xlix).

96. 参见 Sallis (1999, 1995)。

97. 德里达专门为此写了一本书 *Khôra*（加里列出版社，巴黎，1993 年）。

98. Johansen (2008: xxiii).

99. Zeyl (2013; 2000: lxiii).

100. 这两种解释的区分又对应于在关于《蒂迈欧篇》49a6-50a4 的“传统解读”与“更新解读”之间的区分。后者包括 Cherniss (1977: 346-63), Lee (1967), Mills (1968), Mohr (1980), Silverman (1992)。前者包括 Gulley (1960), Zeyl (1975), Gill (1987)。本书采取“传统解读”。

101. Johansen (2008: xxiii-xxiv).

102. Kahn (2013: 186-187).

103. Kahn (2013: 188).

104. Kahn (2013: 201).

105. Kahn (2013: 201-202).

106. Kahn (2013: 205).

107. 卡恩（Kahn, 2013, p. 212）将这两种存在论区分为“显现的图景（manifest image）”和“科学-数学的图景（scientific-mathematical image）”；在他之前，特恩保尔（Turnbull, 1988, pp.1-14）已经做出类似的解释；他们都借用了塞拉斯（Wilfred Sellars）的概念。

108. Gregory (2008: xxviii).

109. Zeyl (2000: 20, note 25).

110. Brisson (2021: 75).

111. Brisson (2021: 75).

112. Brisson (2021: 75).

113. Gregory (2008: xxix).

114. Zeyl (2000: 21, note 26).

115. Vlastos (1975: 33-34).

116. Vlastos (1975: 37-38).

117. Vlastos (1975: 40).

118. Vlastos (1975: 43).

119. 这些行星以地球为圆心的轨道半径依次为水星—金星—火星—木星—土星，只是绝大多数希腊天文学家将金星置于水星之前。

120. Vlastos (1975: 46).

121. Vlastos (1975: 51-52).

122. Vlastos (1975: 57).

123. Simplichius, *Commentary on Aristotle's On the Heavens*, 492.31ff. 转引自 Gregory (2008: xl) 。

124. Gregory (2008: xxx).

125. Vlastos (1975: 64).

126. Vlastos (1975: 65).

127. 至于以这两种三角形为“元素”而不作进一步的分析（例如直线或数）的理由可能是：任何由直线构成的平面就其能够被划分为三角形而言都是由三角形“合成的”，而三角形又是由最少数目的直线所构成的平面。另外，他当下的要务是解释四种原初物体的相互转化，为此，能够被重构成不同形态的多面体的三角形就足够了。参见 Cornford (1937: 212-213)。

128. Vlastos (1975: 71-72).

129.《论生成与毁灭》315b28，325b15。

130. Vlastos (1975: 68).

131. 波普尔（2003: 114）。

132. Vlastos (1976: 68-69).

133. Vlastos (1976: 70).

134. Gregory (2000: 238-239).

135. Gregory (2008: xxi).

136. 波普尔（2003: 111）。

137. 波普尔（2003: 112-113）。

138. 波普尔（2003: 113）

139. *Zoon* 直译为英文是“animal（动物）”，一般英译为“living creature”“living thing”“living being” 等，Sedley (2007: 108, note 36) 坚持译为“动物”，这是属层次上的概念，包括星辰、人类和鸟兽鱼，甚至植物也被称为 *zoa*，因为按照柏拉图，只要有感觉、快乐和痛苦的东西都属于动物。显然，柏拉图没有现代科学的分类学。Biology（生物学）源于另一个希腊词 *bios*，意为 life（生命、生活）。

140. Johansen (2008: xxiv).

141. 参见 Zeyl (2000: xxxix)。

142. Ostenfeld (1982).

143. Johansen (2004: Ch.7).

144. Cherniss, Ross, Lee 等。

145. Johansen (2004: 141). Sedley (2007) 持同样的观点。

146. Johansen (2004: 142).

147. Campbell (2000: 145-146). Lennox(1985:196) 说，世界被视为一个善良仁慈的匠神的作品，乃是达尔文在剑桥大学基督学院接受的正规教育的两个方面之一，是他后来所认同的（另一个方面也有希腊渊源，即欧几里得几何学）。事实上，当你追踪达尔文自然选择论证的无数版本时，从19世纪30年代末的第一个表述到《物种起源》的最后一版，可以明显地发现一个纠结的过程，即他试图让自己摆脱上述图景的可能的影响。

148. 例如 Cornford (1937: 40)，Mohr (2005: 23-29)，Keyt (1971: 234).

149. 亦即，既非下面那四“种”动物的“属”，也非由四种动物作为“部分”所构成的“整体”，而是和这四种动物并列的第五种。Miller, M. (2003: 41).

150. Miller (2003: 41).

151. Miller (2003: 47-48).

152. Campbell (2000: 159)，认为柏拉图假设原始人类最初没有性别，而前苏格拉底学派和卢克莱修将人类描述为一开始就已经性别化的生物。但 Dubois,p. *Sowing the Body:Psychoanalysis and the ancient representation of wowen* (Chicago and London, 1988),169ff. 却认为《蒂迈欧篇》的原始人类是男人。我认同后者的观点。

153. Campbell(2000: 160-162).

154. Campbell (2000: 147-149).

155. Campbell (2000: 149-152).

156. Campbell (2000: 155).

157. 转引自 Campbell (2000: 156).

158. Campbell (2000: 156-157).

159. Campbell (2000: 158).

160. Campbell (2000: 159).

161. Campbell (2000: 160).

162. Campbell (2000: 161-162).

163. 在此，学者常把《蒂迈欧篇》与奥维德的《变形记》相提并论。见 Campbell (2000: 163)，Sedley(2007: 131).

164. Campbell (2000: 146).

165. 后面我们将看到，柏拉图医学理论与现代医学的差距很类似于我们常争论的“中医”与“西医”的差距，作为古代思想，柏拉图与中医倒是有很多共同语言。

166. Johansen (2004: 143).

167. Brisson (2021: 82).

168. 参见 Steel (2001)。

169. Johansen (2004: 150).

170. Johansen (2004: 151).

171. Johansen, (2004: 152).

172. 参见 Zcyl (2000: lxxxi).

173. Karfik (2012: 173).

174. Pelavski (2014).

175. 需要补充说明的是，在关于生命的维持和调节机制的论述之前，蒂迈欧先讨论了植物的诞生（76e-77c)，然后进行了有关生长和衰退的解释。植物是营养的来源（77c7)，整个过程是基于世界与人体之间的营养交换来设想的（81b5-e6）。换句话说，生物学理论被框在另一个“环境”环中，该环将身体与宇宙联系起来。Pelavski (2014: 62-63).

176. Pelavski (2014: 64).

177. Pelavski (2014: 64-65).

178. Cornford (1937: 308-12).

179. Cornford (1937: 308-19). 参见 Zeyl (2000: lxxxii), Karfik (2012: 174-176)。不同的解释参见 Pelavski (2014)。

180. Pelavski (2014: 73).

181. 参见 Grams (2009: 165-166).

182. Prince (2014: 909) 认为，所谓的“第一类疾病”也可被视为疾病之“属”(*eidos*)。按照蒂迈欧的物理学（53b-4b），“三角形在空间中穿越运动”是对任何物理变化的最一般的描述。而既然健康和疾病的区分基于“合乎自然的”和“反乎自然的”的对立，那么对疾病的最一般的描述就是“三角形以反乎自然的方式在空间中穿越运动”。这一描述不仅统合并适用于第一类疾病中列出的所有原因，而且也适用于第二类和第三类疾病，使其成为其他两种类型的属。这可称为疾病的二级分类法。

183. Grams (2009: 175).

184. Grams (2009: 162).

185. Zeyl (2000: lxxxiv).

186. 参见 Grams (2009: 187-189)。

187. 参见 Miller (1962: 175)。

188. Taylor (1928: 587-610).

189. Cornford (1937: 332-333).

190. Cornford (1937: 333).

191. Cornford (1937: 333).

192. Cornford (1937: 337).

193. Cornford (1937: 341-343).

194. Miller (1962: 162).

195. Lloyd (2003: Chp.6).

196. Lloyd (2003: 142).

197. Lloyd (2003:143).

198. Lloyd (2003: 145-146).

199. Lloyd (2003: 148-150).

200. Lloyd (2003: 151-152).

201. Lloyd (2003: 154-155).

202. Lloyd (2003: 156-157).

203. 对 86b1 的强式解读。

204. Jorgenson (2021: 264).

205. 在 91c-d 中描述女性歇斯底里症是一个特殊的病例。如果子宫过了适当的季节仍然不能生育，它就会烦躁不安，到处游荡，阻塞呼吸通道。这也会导致其他各种疾病。但歇斯底里症究竟被认为是灵魂疾病还是躯体疾病，柏拉图没有明确说明，但既然把它与男性的性放纵对比，可见是被视为灵魂疾病。

206. Tracy (1969: 132).

207. Jorgenson (2021: 266).

208. Jorgenson (2021: 266).

209. Jorgenson (2021: 267).

210. Jorgenson (2021: 269).

211. Jorgenson (2021: 271).

212. Leggett, A.J.(2010:31).

213. Leggett, A.J.(2010:32).

214. Leggett, A.J.(2010:32-33).

215. Leggett, A.J.(2010:34).

216. Leggett, A.J.(2010:34).

217. Leggett, A.J.(2010:35).

218. Leggett, A.J.(2010:35-36).

延伸阅读与参考文献

希腊文原著

1. Burnet, J. 1900-7, *Platonis Opera* (5 vols.), Oxford: Clarendon Press.

《柏拉图全集》英译本

2. Cooper, J. M. and Hutchinson, D. S. (eds.) 1997, *Plato: Complete Works*, Indianapolis: Hackett Publishing Company.

3. Hamilton, E. and Cairns, H. (eds.), 1989, *Plato: The Collected Dialogues*, Princeton: Princeton University Press.

《蒂迈欧篇》英译与注释

4. Bury, R. G. 1929, *Plato: Timaeus, Critias, Cleitophon, Menexenus, Epistles*, Loeb Classical Library, no. 234 (vol. 9 of the Loeb Plato).

5. Cornford, F. M. 1937, *Plato's Cosmology*, London: Routledge & Kegan Paul.

6. Gill, C. 2017, *Plato: The Atlantis Story*, Liverpool: Liverpool University Press.

7. Lee, H. D. P. (trans.) and Johansen T. K. (revised with introduction)

2008, *Plato: Timaeus and Critias*, Harmondsworth: Penguin Books.

8. Taylor, A. E. 1928, *A Commentary on Plato's Timaeus*, London: Oxford University Press.

——. 2013, *Plato: Timaeus and Critias*, London: Routledge.

9. Waterfield, R. (trans.) and Gregory, A. (introduction and notes) 2008, *Plato: Timaeus and Critias*, Oxford: Oxford University Press.

10. Zeyl, D. J. 2000, *Plato: Timaeus*, Indianapolis: Hackett Publishing Company.

关于《蒂迈欧篇》和柏拉图自然哲学的英文论集

11. Anton, J. P. (ed.) 1980, *Science and the Sciences in Plato*, New York: Eidos/Caravan Books.

12. Calvo, T. and Brisson L. (eds.) 1997, *Interpreting the Timaeus and Critias*, Sankt Augustin: Academia.

13. Jorgenson, C., Karfik, F. and Spinka S.(eds.) 2021, *Plato's Timaeus: Proceedings of the Tenth Symposium Platonicum Pragense*, Brill.

14. Mohr, R. and B. Sattler (eds.), 2010, *One Book, The Whole Universe: Plato's Timaeus Today*, Las Vegas: Parmenides Publishing.

15. Reydams-Schils, G. J. (ed.) 2003, *Plato's Timaeus as Cultural Icon*, Notre Dame: University of Notre Dame Press.

16. Sharples, R. W. and Sheppard, A. (eds.) 2003, *Ancient Approaches to Plato's Timaeus, Bulletin of the Institute of Classical Studies* (suppl. 78), London: Institute of Classical Studies.

17. Wright, M. R. (ed.) 2000, *Reason and Necessity: Essays on Plato's Timaeus*, London and Swansea: Duckworth/Classical Press of Wales.

柏拉图《蒂迈欧篇》和希腊科学史的相关专著

18. Brisson, L. and Meyerstein, F. W. 1995, *Inventing the Universe*, Albany: Suny Press.

19. Broadie, S. 2012, *Nature and Divinity in Plato's Timaeus*, Cambridge: Cambridge University Press.

20. Carone, G. R. 2005, *Plato's Cosmology and its Ethical Dimensions*, Cambridge: Cambridge University Press.

21. Claghorn, G. S. 1954, *Aristotle's Criticism of Plato's Timaeus*, The Hague: Martinus Nijhoff Publishers.

22. Crombie, I. M. 1963, 'Cosmology and Theory of Nature', in *An Examination of Plato's Doctrines* (vol. 2): *Plato on Knowledge and Reality*, London: Routledge & Kegan Paul, 153-246.

23. Friedlander, P. 1958, *Plato 1*: *An Introduction*, H. Meyerhoff (trans.), 2006, Princeton: Princeton University Press.

24. Furley, D. 1987, *The Greek Cosmologists* (vol. 1): *The Formation of the Atomic Theory and its Earliest Critics*, Cambridge: Cambridge University Press.

25. Gregory, A. 2000, *Plato's Philosophy of Science*, London: Duckworth.

——. 2007, *Ancient Greek Cosmogony*, ch. 9 on Plato, London: Duckworth.

26. Guthrie, W. K. C. 1978, *A History of Greek Philosophy* (vol. 5),

Cambridge: Cambridge University Press.

27. Johansen, T. K. 2004, *Plato's Natural Philosophy: A Study of the Timaeus-Critias*, Cambridge: Cambridge University Press.

28. Kahn, C. H. 1996, *Plato and the Socratic Dialogues*, Cambridge: Cambridge University Press.

——. 2013, *Plato and the Post-Socratic Dialogue: The Return to the Philosophy of Nature*, Cambridge: Cambridge University Press.

29. Mohr, R. D. 1985, *The Platonic Cosmology*, Leiden: Brill. = *God and Forms in Plato* (RV), 2005, Las Vegas: Parmenides Publishing.

30. Ostenfeld, E. 1982, *Forms, Matter and Mind: Three Strands in Plato's Metaphysics*, The Hague: Martinus Nijhoff Publishers.

31. Patterson, R. 1985, *Image and Reality in Plato's Metaphysics*, Indianapolis: Hackett Publishing Company.

32. Pelikan, J. 1997, *What has Athens to do with Jerusalem? Timaeus and Genesis in Counterpoint*, Ann Arbor: The University of Michigan Press.

33. Prior, W. J. 1985, *Unity and Development in Plato's Metaphysics*, London: Croom Helm.

34. Sedley, D. 2007, *Creationism and Its Critics in Antiquity*, Berkeley: University of California Press.

35. Silverman, A. 2002, *The Dialectic of Essence: A Study of Plato's Metaphysics*, Princeton: Princeton University Press.

36. Skemp, J. B. 1942, *The Theory of Motion in Plato's Later Dialogues*, Cambridge: Cambridge University Press.

37. Solmsen, F. 1942, *Plato's Theology*, Ithaca: Cornell University Press.

38. Vidal-Naquet, P. 2007, *The Atlantis Story: A Short History of Plato's Myth*, J. Lloyd (trans.), Exeter: University of Exeter Press.

——. 2016,《黑色猎手：古希腊世界的思想形式和社会形式》[M]，张立立译，上海：华东师范大学出版社。

39. Vlastos, G. 1975, *Plato's Universe*, Seattle: University of Washington Press.

40. Wright, M. R. 1995, *Cosmology in Antiquity*, London: Routledge.

41. 爱德华·戴克斯特霍伊斯，2017,《世界图景的机械化》[M]，张卜天译，北京：商务印书馆。

42. 戴维·林德伯格，2019,《西方科学的起源》[M]，张卜天译，北京：商务印书馆。

43. 杰弗里·劳埃德，2021,《希腊科学》[M]，张卜天译，北京：商务印书馆。

44. 亚历山大·柯瓦雷，2008,《从封闭世界到无限宇宙》[M]，张卜天译，北京：北京大学出版社。

柏拉图通论

45. Fine, G. (ed.) 1999, *Plato* (2 vols.), Oxford: Oxford University Press.

——. (ed.) 2008/2019, *Oxford Handbook of Plato*, Oxford: Oxford University Press.

46. Kraut, R. (ed.) 1992, *The Cambridge Companion to Plato*, Cambridge: Cambridge University Press.

47. Smith, N. D. (ed.), 1998, *Plato: Critical Assessments* (4 vols.), London: Routledge.

《蒂迈欧篇》通论

48. Broadie, S. 2001, 'Theodicy and Pseudo-history in the *Timaeus*', *Oxford Studies in Ancient Philosophy* 21, 1-28.

49. Carone, G. R. 2004, 'Creation in the *Timaeus*: The Middle Way', *Apeiron* 37, 211-26.

50. Hackforth, R. 1959, 'Plato's Cosmogony (*Timaeus* 27d ff.)', *Classical Quarterly*, ns 9, 17-22.

51. Harte, V. 2002, '*The Timaeus*: Structures Within Structures', in Plato on *Parts and Wholes*: The Metaphysics of Structure, Oxford: Oxford University Press, 212-66.

52. Leggett, A. J. 2010, 'Plato's *Timaeus*: some Resonances in Modern Physics and Cosmology', in Mohr, R. and B. Sattler (eds.), 2010, *One Book, The Whole Universe: Plato's Timaeus Today*, 31-36. 本文中文版，任逸译，载于《清华西方哲学研究》2022 年夏季号。

53. Lloyd, G. E. R. 1991, 'Plato on Mathematics and Nature, Myth and Science', in *Methods and Problems in Greek Science: Selected Papers, Cambridge*: Cambridge University Press, 333-51.

54. Osborne, C. 1988, 'Topography in the *Timaeus*: Plato and Augustine on Mankind's Place in the Natural World', *Proceedings of the Cambridge Philological Society*, ns 34, 104-14.

——. 1996, 'Space, Time, Shape, and Direction: Creative Discourse in the Timaeus', in C. Gill and M. M. McCabe (eds.), *Form and Argument in Late Plato*, Oxford: Oxford University Press, 179-211.

55. Rowe, C. J. 1999, 'Myth, History, and Dialectic in Plato's *Republic* and *Timaeus-Critias*', in R. Buxton (ed.), *From Myth to Reason? Studies in the Development of Greek Thought*, Oxford: Oxford University Press, 263-78.

56. Sayre, K. M. 1998, 'The Role of the *Timaeus* in the Development of Plato's Late Ontology', *Ancient Philosophy* 18, 93-124.

57. Sedley, D. 1997, "'Becoming like God in the *Timaeus* and Aristotle", *in Interpreting the Timaeus-Critias: Proceedings of the Symposium Platonicum* 4, T. Calvo and L. Brisson (eds.), Sankt Augustin: Academia Verlag, 263-374.

58. Sedley, D. 2019, '*Timaeus* as Vehicle for Platonic Doctrine', *Oxford Studies in Ancient Philosophy* 56: 45-71.

59. Sorabji, R. 1983, *Time, Creation and the Continuum*, London: Duckworth.

60. T. M. Robinson, 1986, 'Understanding the *Timaeus*', *Proceedings of the Boston Area Colloquium on Ancient Philosophy* 2, 103-19.

61. Tarán, L. 1971, 'The Creation Myth in Plato's *Timaeus*', *in Essays in Ancient Greek Philosophy*, J. Anton and G. Kustas (eds.), Albany: State University of New York Press, 372-407.

62. Vlastos, G. 1965, 'Creation in the *Timaeus*: Is it a Fiction?', in *Studies in Plato's Metaphysics*, R. E. Allen (ed.), London: Routledge & Kegan Paul,

401-19; reprinted in *Studies in Greek Philosophy* (vol. 2), D. W. Graham (ed.), Princeton: Princeton University Press, 1995.

——. 1965, 'The Disorderly Motion in the *Timaeus*', in *Studies in Plato's Metaphysics*, R. E. Allen (ed.), London: Routledge & Kegan Paul; reprinted in *Studies in Greek Philosophy* (vol. 2), D. W. Graham (ed.), Princeton: Princeton University Press, 1995.

宇宙论的地位

63. Ashbaugh, A. F. 1988, *Plato's Theory of Explanation: a study of the cosmological account in the Timaeus*, New York: State University of New York Press.

64. Betegh, G. 2009, 'What Makes a Myth eikôs? Remarks inspired by Myles Burnyeat's Eikôs Mythos', in *One Book, The Whole Universe: Plato's Timaeus Today*, R. Mohr and B. Sattler (eds.), Las Vegas: Parmenides Publishing.

65. Brisson, L. 1998, *Plato the Myth Maker*, Chicago: Chicago University Press.

66. Brisson, L. 2012, 'Why is the *Timaeus* called an Eikôs Muthos and an Eikôs Logos', in *Plato and Myth: Studies on the Use and Status of Platonic Myths*, C. Collobert, P. Destree and F. Gonzalez (eds.), Brill.

67. Bryan, J. 2012, *Likeness and Likelihood in the Pre-Socratics and Plato*, Cambridge: Cambridge University Press.

68. Burnyeat, M. F. 2009, 'Eikōs Muthos', in *Plato's Myths*, C. Partenie

(ed.), Cambridge University Press. pp.167-186. 原载 Rhizai (2005, II.2), 143-65.

69. Grasso, E. 2012, 'Myth, Image and Likeness in Plato's *Timaeus*', in *Plato and Myth: Studies on the Use and Status of Platonic Myths*, C. Collobert, P. Destree and F. Gonzalez (eds.), Brill.

70. Morgan, K. 2000, *Myth and Philosophy from The Presocratics to Plato*, Cambridge: Cambridge University Press.

71. Mourelatos, A. P. D. 2009, 'The Epistemological Section (29b–d) of the Proem in *Timaeus*' Speech: M. F. Burnyeat on *eikôs mythos*, and Comparison with Xenophanes B34 and B35', in *One Book, The Whole Universe: Plato's Timaeus Today*, R. Mohr, K. Sanders and B. Sattler (eds.), Las Vegas: Parmenides Publishing.

——. 2014, 'The Conception of *eoikos/eikos* as Epistemic Standard in Xenophanes, Parmenides, and Plato's *Timaeus*', *Ancient Philosophy* 34, 169-191.

72. Runia, D. 1997, 'The Literary and Philosophical Status of *Timaeus*' Proemium', in *Interpreting the Timaeus-Critias: Proceedings of the Symposium Platonicum* 4, T. Calvo and L. Brisson (eds.), Sankt Augustin: Academia.

年代排序问题

73. Brandwood, L. 1990, *The Chronology of Plato's Dialogues*, Cambridge: Cambridge University Press.

74. Cherniss, H. F. 1957, 'The Relation of the *Timaeus* to Plato's Later Dialogues', *American Journal of Philology* 78, 225-66; reprinted in *Studies in Plato's Metaphysics*, R. E. Allen (ed.), 1965, London: Routledge & Kegan Paul, 339–78; and in *Selected Papers*, L. Tarán (ed.), Leiden: Brill, 1977.

75. Fine, G. 1988, 'Owen's Progress', *Philosophical Review* 97, 373-99.

76. Kahn, C. 2002, 'On Platonic Chronology', in *New Perspectives on Plato, Modern and Ancient*, J. Annas and C. Rowe (eds.), Harvard University Press.

77. Owen, G. E. L. 1953, 'The Place of the *Timaeus* in Plato's Dialogues', *Classical Quarterly*, ns 3, 79-95; reprinted in *Studies in Plato's Metaphysics*, R. E. Allen (ed.), London: Routledge & Kegan Paul, 1965, 313-38; and in *Logic, Science and Dialectic*, G. E. L. Owen, Ithaca, NY: Cornell University Press, 1986.

78. Sayre, K. M. 2005, 'On the Stylometric Dating of the *Timaeus* and the *Parmenides*', in *Plato's Late Ontology: A Riddle Resolved* (2nd), Las Vegas: Parmenides Publishing, 256-67.

目的论

79. Graham, D. 1991, 'Socrates, the Craft Analogy, and Science', *Apeiron* 24, 1-24.

80. Johansen, T. 2011, 'The *Timaeus* on the Principles of Cosmology', *Oxford Handbook of Plato*, G. Fine(ed.), Oxford: Oxford University Press.

81. Johansen, T. (ed.) 2021, *Productive Knowledge in Ancient Philosophy:*

The Concept of Techne, Cambridge University Press.
82. Lennox, J. G. 1985, 'Plato's Unnatural Teleology', in *Platonic Investigations*, D. J. O'Meara (ed.), Washington, DC: The Catholic University of America Press, 195-218.
83. Morrow, G. R. 1950, 'Necessity and Persuasion in Plato's *Timaeus*', *Philosophical Review* 59, 147-64; Reprinted in *Studies in Plato's Metaphysics*, R. E. Allen (ed.), London: Routledge and Kegan Paul, 1965.
84. Robinson, T. M. 2004, *Cosmos as Art Object: Studies in Plato's Timaeus and Other Dialogues*, Binghamton: Global Academic Publishing.
85. Roochnik, D. 1998, *Of Art and Wisdom: Plato's Understanding Of Techne*, Pennsylvania State University Press.
86. Solmsen, F. 1963, 'Nature as Craftsman in Greek thought', *Journal of the History of Ideas* 24, 473-96.
87. Strange, S. K. 1985, 'The Double Explanation in the *Timaeus*', *Ancient Philosophy* 5, 25-39.

匠神

88. 陈康，1990，《柏拉图的有神目的论》[A]，载《陈康：论希腊哲学》[C]，汪子嵩、王太庆编，北京：商务印书馆，143-160。
89. Cherniss, H. F. 1954, 'The Sources of Evil According to Plato', *Proceedings of the American Philosophical Society* 98, 23-30; reprinted in *Plato: A Collection of Critical Essays* (vol. 2): *Ethics, Politics, and Philosophy of Art and Religion*, G. Vlastos (ed.), New York: Doubleday, 1971, 244-58.

90. Gerson, L. P. 1991, *God and Greek Philosophy*, London: Routledge.

91. Gerson, L. P. 1997, 'Imagery and Demiurgic Activity in Plato's *Timaeus*', *Journal of Neoplatonic Studies* 4, 1-32.

92. Hackforth, R. 1936, 'Plato's Theism', *Classical Quarterly* 30, 4-9; reprinted in *Studies in Plato's Metaphysics*, R. E. Allen (ed.), London: Routledge & Kegan Paul, 1965, 439-47.

93. Irwin, T., (ed.), 1999, *Classical Philosophy*, Ch.xv., Oxford University Press.

94. Johansen, T. K. 2014, 'Why the Cosmos Needs a Craftsman', *Phronesis* 59: 297-320.

——. 2020, 'From Craft to Nature: The Emergence of Natural Teleology', in *The Cambridge Companion to Ancient Science*, L. Taub (ed.), Cambridge: Cambridge University Press, 102-20.

——. 2021, 'Crafting the Cosmos: Plato on the Limitations of Divine Craftsmanship', in *Productive Knowledge in Ancient Philosophy*, T. K. Johansen (ed.), Cambridge: Cambridge University Press.

95. Keyt, D. 1971, 'The Mad Craftsman of the Timaeus', *Philosophical Review* 80, 230-35.

96. Menn, S. 1995, *Plato on God as Nous*, Carbondale: Southern Illinois University Press.

97. Mohr, R. D. 1989, 'Plato's Theology Reconsidered: What the Demiurge Does', in *Essays in Ancient Greek Philosophy* (vol. 3): *Plato*, J. P. Anton and A. Preus (eds.), Albany, N Y: State University of New York

Press, 293-307.

98. Perl, E. D. 1998, 'The Demiurge and the Forms: A Return to the Ancient Interpretation of Plato's *Timaeus*', *Ancient Philosophy* 18: 81-92.

接受器、数学结构与现象的存在论

99. Bolton, R. 1975, 'Plato's Distinction Between Being and Becoming', *Review of Metaphysics* 29, 66-95.

100. Buckels, C. 2016, 'Making Room for Particulars: Plato's Receptacle as Space not Substratum', *Apeiron*, 49: 303-328.

101. 陈康，1990，《从柏拉图的"接受者"到亚里士多德的"质料"》[A]，载《陈康：论希腊哲学》[C]，汪子嵩、王太庆编，北京：商务印书馆，421-430。

102. Cherniss, H. F. 1954, 'A Much Misread Passage in the *Timaeus* (49c7-50b5)', *American Journal of Philology* 75, 113-30; reprinted in *Selected Papers*, Leiden: Brill, 1977, 346-63.

103. Clegg, J. S. 1976, 'Plato's Vision of Chaos', *Classical Quarterly* 26, 52-61.

104. Driscoll, J. 1979, 'The Platonic Ancestry of Primary Substance', *Phronesis* 24, 253-269.

105. Frede, M. 1988, 'Being and Becoming in Plato', *Oxford Studies in Ancient Philosophy* (suppl. vol.), 37-52.

106. Gill, M. L. 1987, 'Matter and Flux in Plato's *Timaeus*', *Phronesis* 32, 34-53.

107. Gulley, N. 1960, 'The Interpretation of Plato: *Timaeus* 49d-e', *A Journal of Philosophy* 81, 53-64.

108. Harte, V. 2010, 'The Receptacle and the Primary Bodies: Something or Nothing', In *One Book, The Whole Universe: Plato's Timaeus Today*, R. Mohr and B. Sattler (eds.), Las Vegas: Parmenides Publishing, 131-140.

109. Kahn, C. H. 2002, "Flux and Forms in the *Timaeus*." In *Le Style de la pensée: Recueil de textes en hommage à Jacques Brunschwig*, M. Canto-Sperber and P. Pellegrin (eds.), Paris: Les Belles Lettres, 2002, 113-131.

110. Keyt, D. 1961, 'Aristotle on Plato's Receptacle', *American Journal of Philology*, 82(3), 290-300.

111. Kung, J. 1988, 'Why the Receptacle Is Not a Mirror', *Archiv f ür Geschichte der Philosophie*, 70(2), 167-78.

112. Lee, E. N. 1966, 'On the Metaphysics of the Image in Plato's *Timaeus*', *The Monist* 50, 341-68.

——. 1967, 'On Plato's *Timaeus* 49d4-e7', *American Journal of Philology* 88, 1-28.

——. 1971, 'On the "Gold-example" in Plato's *Timaeus* (50a5-b5)', in *Essays in Ancient Greek Philosophy*, J. Anton and G. Kustas (eds.), Albany, NY: State University of New York Press, 219-35.

113. Miller, D. 2003, *The Third Kind in Plato's Timaeus*, Göttingen: Vandenhoeck & Ruprecht.

114. Mills, K. W. 1968, 'Some Aspects of Plato's Theory of Forms: *Timaeus* 49c ff.', *Phronesis* 13, 145-70.

115. Mohr, R. 1980, 'Image, Flux and Space in Plato's *Timaeus*', *Phoenix* 34, 138-52.

116. Morrow, G. R. 1950, 'Necessity and Persuasion in Plato's *Timaeus*', *Philosophical Review*, 59, 147-60; reprinted in *Studies in Plato's Metaphysics*, R. E. Allen (ed.), London: Routledge & Kegan Paul, 1965, 421-37.

117. Reed, N. H. 1972, 'Plato on Flux, Perception and Language', *Proceedings of the Cambridge Philological Society*, ns 18, 65-77.

118. Sallis, J. 1995, '*Timaeus*' Discourse on the Χώρα', P*roceedings of the Boston Area Colloquium in Ancient Philosophy* 1, Lanham: University Press of America.

——. 1999, *Chorology: On Beginning in Plato's Timaeus*, Indiana University Press.

119. Sattler, B. 2012, 'A Likely Account of Necessity, Plato's Receptacle as a Physical and Metaphysical Basis of Space', *Journal of the History of Philosophy* 50, 159-195.

120. Silverman, A. 1992, 'Timaean Particulars', *Classical Quarterly*, ns 42, 87-113.

121. Turnbull, R. G. 1988, 'Becoming and Intelligibility', *Oxford Studies in Ancient Philosophy* (suppl. vol.), 1-14.

122. 吴国盛，1994，《希腊空间概念的发展》[M]，成都：四川教育出版社。

123. 谢文郁，2021，《蒂迈欧篇》，附录 2 “载体与理型”，东方出版中心。

124. Zeyl, D. J. 1975, 'Plato and Talk of a World in Flux: *Timaeus* 49a6-50b5', *Harvard Studies in Classical Philology* 79, 125-48.

——. 2009, 'Visualizing Platonic Space', in *One Book, The Whole Universe: Plato's Timaeus Today,* R. Mohr and B. Sattler (eds.), Las Vegas: Parmenides Publishing.

宇宙灵魂与天体运行理论

125. Brisson, L. 2021, 'How to Make a Soul in the *Timaeus*', in *Plato's Timaeus*: *Proceedings of the Tenth Symposium Platonicum Pragense*, C. Jorgenson, F. Karfik, and S. Spinka (eds.), Brill.

126. Dicks, D. R. 1970, *Early Greek Astronomy*, Ithaca, NY: Cornell University Press.

127. Gregory, A. D. 1996, 'Astronomy and Observation in Plato's *Republic*', *Studies in History and Philosophy of Science* 25, 451-71.

——. 2000, 'Plato and Aristotle on Eclipses', *Journal for the History of Astronomy* 31, 245-59.

128. Grube, G. M. A. 1932, 'The Composition of the World Soul', *Classical Philology* 27, 80-82.

129. Guetter, D. L. 2003, 'Celestial Circles in the *Timaeus*', *Apeiron* 36, 189-203.

130. Knorr, W. 1990, 'Plato and Eudoxus on the Planetary Motions', *Journal for the History of Astronomy* 21, 313-29.

131. Lee, E. N. 1976, 'Reason and Rotation: Circular Movement as the Model of Mind (Noûs) in the Later Plato', in Facets of *Plato's Philosophy*, W. H. Werkmeister (ed.), Assen: Van Gorcum, 70-102.

132. Mourelatos, A. P. D. 1981, 'Astronomy and Kinematics in Plato's Project of Rationalist Explanation', *Studies in the History and Philosophy of Science* 12, 1-32.

133. van der Waerden, B. L. 1982, 'The Motion of Venus, Mercury and the Sun in Early Greek Astronomy', *Archive for the History of the Exact Sciences* 26, 99-113.

134. Vlastos, G. 1980, 'The Role of Observation in Plato's Conception of Astronomy', In *Science and the Sciences in Plato*, J. Anton (ed.), Albany: Eidos Press.

几何原子与物质构造理论

135. Artmann B. and Schäfer, L. 1993, 'On Plato's "Fairest triangles" (*Timaeus* 54a)', *Historia Mathematica* 20, 255-64.

136. 卡尔·波普尔，2003，《哲学问题的本质及其科学根据》[A]，载于《猜想与反驳》[M]，傅季重等译，杭州：中国美术学院出版社，84-123。

137. Morrow, G. R. 1968, 'Plato's Theory of the Primary Bodies in the *Timaeus* and the Later Doctrine of Forms', *Archiv für Geschichte der Philosophie* 50, 12-28.

138. Opsomer, J. 2012, 'In Defence of Geometric Atomism: Explaining

Elemental Properties', in *Neoplatonism and the Philosophy of Nature*, J. Wilberding and C. Horn (eds.), Oxford University Press, 147-173.

139. Visentainer, J. 1998, 'A Potential Infinity of Triangle Types: On the Chemistry of Plato's *Timaeus*', *Hyle* 4, 117-28.

140. Vlastos, G. 1967, 'Plato's Supposed Theory of Irregular Atomic Figures', *Isis* 58, 204-9; reprinted in *Platonic Studies* (2nd), G. Vlastos, Princeton: Princeton University Press, 1981, 66-73.

生物学、心理学、生理学和病理学

141. Adair, M. J. 1995, 'Plato's View of the "Wandering Uterus"', *Classical Journal* 91, 153-63.

142. Barker, A. 2000, 'Timaeus on Music and the Liver', in *Reason and Necessity: Essays on Plato's Timaeus*, M. R. Wright (ed.), London and Swansea: Duckworth/Classical Press of Wales, 85-99.

143. Betegh, G. 2021, 'Plato on Illness in the *Phaedo*, the *Republic*, and the *Timaeus*', in *Plato's Timaeus: Proceedings of the Tenth Symposium Platonicum Pragense*, C. Jorgenson, F. Karfik, and S. Spinka (eds.), Brill, 228-258.

144. Brisson, L. 1999, 'Plato's Theory of Sense Perception in the *Timaeus*. How it Works and What it Means', *Proceedings of the Colloquium in Ancient Philosophy* 13, J. Cleary and G. Gurtler (eds.), Lanham: University Press of America, 147-176.

145. Burnyeat, M. F. 2000, 'Plato on Why Mathematics is Good for the

Soul', *Proceedings of the British Academy* 103, 1-81.

146. Campbell, G. 2000, 'Zoogony and Evolution in Plato's *Timaeus*, the Presocratics, Lucretius and Darwin', in Wright, M. R. (ed.) 2000, *Reason and Necessity: Essays on Plato's Timaeus*, 145-180.

147. Carone, G. R. 2007, 'Akrasia and the Structure of the Passions in Plato's Timaeus', in *Akrasia in Greek Philosophy from Socrates to Plotinus*, C. Bobonich and P. Destrée (eds.), Leiden: Brill, 101-18.

148. Cherniss, H. F. 1971, 'The Sources of Evil According to Plato', in *Plato: A Collection of Critical Essays* (vol. 2): *Ethics, Politics, and Philosophy of Art and Religion*, G. Vlastos (ed.), New York: Doubleday, 244-258.

149. De Lacy, P. 1972, 'Galen's Platonism', *American Journal of Philology* 93, 27-39.

150. Evans, M. 2004, 'Plato and the Meaning of Pain', *Apeiron* 40, 71-93.

151. Fletcher, E. 2016, 'Aisthesis, Reason and Appetite in the *Timaeus*', *Phronesis* 61, 397-434.

152. Frede, D. 1996, 'The Philosophical Economy of Plato's Psychology: Rationality and Common Concepts in the *Timaeus*', in *Rationality in Greek Thought*, M. Frede and G. Striker (eds.), Oxford: Oxford University Press, 29-58.

153. Frede, M. 2011, *A Free Will: Origins of the Notion in Ancient Thought*, Berkeley: University of California Press.

154. Gill, C. 2000, 'The Body's Fault? Plato's *Timaeus* on Psychic Illness', in *Reason and Necessity: Essays on Plato's Timaeus*, M. R. Wright (ed.),

London: Duckworth, 59-84.

155. Grams, L. 2009, 'Medical Theory in Plato's *Timaeus*', *Rhizai* 6, 161-192.

156. Jorgenson, C. 2018, *The Embodied Soul in Plato's Later Thought*, Cambridge: Cambridge University Press.

——. 2021, 'Resposibility, Causality and will in the *Timaeus*', in *Plato's Timaeus: Proceedings of the Tenth Symposium Platonicum Pragense*, C. Jorgenson, F. Karfik, and S. Spinka (eds.), Brill, 259-273.

157. Kahn, C. H. 1987, 'Plato's Theory of Desire', *Review of Metaphysics* 41, 77-103.

158. Karfík, F. 2005, 'What the Mortal Parts of the Soul Really Are', *Rhizai* 2, 197-217.

——. 2012, 'The Constitution of the Human Body in Plato's *Timaeus*', *Croatian Journal of Philosophy* 12, 167-181.

159. Kung, J. 1989, 'Mathematics and Virtue in Plato's *Timaeus*', in *Essays in Ancient Greek Philosophy* (vol. 3): Plato, J. P. Anton and A. Preus (eds.), Albany, NY: State University of New York Press, 309-39.

160. Lautner, P. 2011, 'Plato's Account of the Diseases of the Soul in *Timaeus* 86B1-87B9', *Apeiron* 44, 22-39.

161. Lloyd, G. E. R. 2003, *In the Grip of Disease: Studies in the Greek Imagination*, Oxford: Oxford University Press.

162. Mackenzie, M. M. 1981, *Plato on Punishment*, Berkeley: University of California Press.

163. Mahoney, T. 2005, 'Moral Virtue and Assimilation to God in Plato's *Timaeus*', *Oxford Studies in Ancient Philosophy* 28, 77-91.

164. Miller, H. W. 1962, 'The Aetiology of Disease in Plato's *Timaeus*', *Transactions and Proceedings of the American Philological Association* 93, 175-187.

165. Miller, M. 2003, 'The *Timaeus* and the "Longer Way": "God-Given" Method and the Constitution of Elements and Animals', in Reydams-Schils, G. J. (ed.) 2003, *Plato's Timaeus as Cultural Icon*, 17-59.

166. Pelavski, A. 2014, 'Physiology in Plato's *Timaeus*: Irrigation, Digestion and Respiration', *Cambridge Classical Journal* 60, 61–74.

167.Prince, B. D. 2014, 'The Metaphysics of Bodily Health and Disease in Plato's *Timaeus*', *British Journal for the History of Philosophy* 22, 908-928.

168. Roberts, J. 1987, 'Plato on the Causes of Wrongdoing in the *Laws*', *Ancient Philosophy* 7, 23-37.

169. Robinson, J. V. 1990, 'The Tripartite Soul in the *Timaeus*', *Phronesis* 35, 103-10.

170. Robinson, T. M. 1970, *Plato's Psychology*, Toronto: University of Toronto Press.

171. Sassi, M. M. 2013, 'Mental Illness, Moral Error, and Responsibility in the Late Plato', in *Mental Disorders in the Classical World,* W. V Harris (ed.), Leiden: Brill, 413-426.

172. Seeskin, K. 2008, 'Plato and the Origin of Mental Health',

International Journal of Law and Psychiatry 31, 487-494.

173. Simon, B. 1973, 'Plato and Freud: The Mind in Conflict and the Mind in Dialogue', *Psychoanalytical Quarterly* 42, 91-122.

174. Solmsen, F. 1961, 'Greek Philosophy and the Discovery of the Nerves', *Museum Helveticum* 18, 169-197.

175. Sorabji, R. 2003, 'The Mind-Body Relation in the Wake of Plato's *Timaeus*', in *Plato's Timaeus as Cultural Icon*, G. J. Reydams- Schils (ed.), Notre Dame: University of Notre Dame, 152-163.

176. Stalley, R. F. 1996, 'Punishment and the Physiology of the *Timaeus*', *Classical Quarterly*, ns 46, 357-70.

177. Steel, C. 2001, 'The Moral Purpose of the Human Body: A Reading of *Timaeus* 69-72', *Phronesis* 46, 113-28.

178. Strawson, G. 1994, 'The Impossibility of Moral Responsibility', *Philosophical Studies* 75, 5-24.

179. Tracy, T. J. 1969, *Physiological Theory and The Doctrine of Mean in Plato and Aristotle*, De Gruyter.

180. van der Eijk, P. J. 2005, *Medicine and Philosophy in Classical Antiquity: Doctors and Philosophers on Nature, Soul, Health and Disease*, Cambridge: Cambridge University Press.

Timaeus

蒂迈欧篇

目录[1]

50b5-51b6: 理念、接受器与仿本的区分

51b6-51e6: 可见殊相与可理知理念之间的区分的证明

51e6-52d4: 对三重存在论的扼要重述

52d4-53a2: 接受器的前宇宙的混沌状态

53a2-53b5: 接受器中前宇宙的原初物质的“迹象”

53b5-54b5: 四种原初物体的终极成分：两种直角三角形

54b5-54d5: 并非所有元素体都能相互转化

54d5-55c6: 元素三角形构成立体结构

55c7-55d6: 重申宇宙的唯一性

55d7-56c7: 四种立体结构被归于四种原初物体

56c8-57c6: 火、气、水、土的相互转化

57c7-57d6: 为什么每种原初物体有变体？

57d7-58a2: 运动与静止

58a2-58c4: 为什么原初物体的相互转化持续发生？

58c5-60e2: 对火、气、水、土的变体的确认与描述

60e2-61c2: 原初物体与土水混合体如何分解？

61c3-64a1: 原初物体及其混合物的各种可感性质：热与冷、硬与软、重与轻、滑与糙

64a2-65b4: 感觉的生理学：快乐与痛苦

65b5-66c: 味觉与味道

66d1-67a7: 嗅觉与气味

67b1-67c4: 听觉与声音

67c5-68d10: 视觉与颜色

88b5-89a1: 身心修炼的必要性

89a1-89d4: 维护和恢复身体健康的运动

89d4-90d7: 修炼理性灵魂：让灵魂的运动应合宇宙的运动

90e1-92c3: 其他动物的起源

  90e1-91d6:（a）女人的产生和人类繁殖的生理学

  91d6-92c3:（b）鸟、陆地走兽和鱼的生成

92c4-92c9: 蒂迈欧论述的结论

正文

引导性对话 17a1-27d4

苏格拉底回顾前一天的发言 17a1-19b2

苏格拉底：一位，两位，三位，——亲爱的蒂迈欧，昨天我的第四位客人、现今的主人呢？ 17a

蒂迈欧[2]：他病倒了，苏格拉底。否则，他可不愿错过这场盛会。

苏格拉底：那么，填补缺席者的位置的任务不就落到你和你的同伴们身上了吗？

蒂迈欧：那当然，而且我们将尽己所能不让你失望；因为昨天受你款待，如果我们剩下的三个人并不热切回报你，那就不公平了。 17b

苏格拉底：那么，你们还记得我布置给你们去探讨的所有那些主题吗？

蒂迈欧：我们记得一些。如果有不记得的，你可要在场提醒哦。如果不太麻烦的话，从头简短地重述一遍，以便我们牢牢记住它们。

17c 苏格拉底：我会的。昨天我谈到了政制，[3]我的首要关切是，城邦应该是什么样的、应该由哪些种类的人来组成它，以使它成为最好可能的城邦。

蒂迈欧：是的，苏格拉底，你所说的城邦很合我们大家的心意。

苏格拉底：我们不是首先把城邦中的农夫和所有其他技艺阶层与它的卫士阶层分离开了吗？

蒂迈欧：是的。

17d 苏格拉底：并且，我们根据自然本性给每一个人分配唯一一
种有用的职能，一项适合其自然本性的技艺。由此我们说过，只
有那些其职责是为保卫所有人而战斗的人，才是城邦的卫士。如
18a 果有某个外人甚或城邦公民想要为害作恶，那么这些卫士对被其
统治的人应该温和地判罚，既然他们自然本性上是朋友。但是，
他们必须严厉地面对他们在战场上所遭遇的外敌。

蒂迈欧：完全准确。

苏格拉底：正因为如此，我想我们还说过，根据其自然本性，卫士的灵魂必须卓越地兼有激情和爱智，使得他们能够根据发生的情况正确地或温和或严厉。

蒂迈欧：是的。

苏格拉底：对他们的培养又如何呢？我们不是说过他们应该学习体育和文艺以及所有适合于这类人的学科吗？

蒂迈欧：当然。

18b 苏格拉底：我想我们还说过，这样培养出来的人绝不会把

金、银或其他任何东西视为他们自己的私有财产。相反，作为护卫者，因其护卫工作而从那些被护卫者那里获取足以维持其节制的生活方式之薪水，他们应该共同花销并且彼此生活在一起，全神贯注于保持美德而导致弃绝其他追求。

蒂迈欧：我们也这么说过。

苏格拉底：我们甚至还提到了女人。我们说过她们的自然本 18c
性和男人的自然本性相似，适合类似男人的培养，从而，分配给她们的职能，无论关乎战争还是生活中的其他方面，全都应该和男人一样。

蒂迈欧：是这样说的。

苏格拉底：那么，关于生育子女我们说了什么呢？由于我们的说法如此不同寻常，所以不可能记不住。我们规定他们全都应该共有配偶与子女，这样设计是为了没有人会辨认出他们自己的
子女，相反，他们每一个人都相信他们所有的人出自一个唯一的 18d
家庭，凡是在适当的时限内出生的，都视为兄弟姐妹；在这个时限之前或之上出生的，视为父母或祖父母，在这个时限之后或之下出生的，视为子孙。

蒂迈欧：是的，而且如你所说，这些很容易记住。

苏格拉底：然后，我们肯定还记得，我们不是说，为了使他们的自然本性从一开始就尽可能最好，男女统治者必须采取某种
抽签的办法秘密地安排婚姻交媾，确保好男人与坏男人各为一 18e
组，分别与具有相似本性的女人配对，并且由此也不会有任何敌意在他们中间产生，因为他们会相信抽签配对归因于运气？

蒂迈欧：我们记得。

19a 苏格拉底：而且，我们是否还说过，好的父母的子女将会予以喂养，而坏的父母的子女则被秘密分配到城邦的其他各个地方去？他们的成长必须始终被观察，那些可堪造就的被重新带回来，而那些不堪造就的人则被换到不堪造就的位置上去？

蒂迈欧：是这样。

苏格拉底：那么，现在我们不就已经把昨天的谈话[4]——至少其要点——捋了一遍？抑或，我们所说的还遗漏了什么？我亲爱的蒂迈欧，是否还有要补充的？

19b 蒂迈欧：当然没有，我们说过的恰好就是这些，苏格拉底。

19b3-20c3 **苏格拉底指引其他对话者**

苏格拉底：那好，现在我愿意告诉你我对我们所描述的这个政制的感受。我的感受类似于一个凝视美好动物的人[5]的感受，无论它们是由画家创作出来的或者是真实的活的动物，但都静止
19c 不动，于是他渴望看到它们活动起来并从事某种似乎显示其独特体质的竞技。我对于我们所描述的城邦也有同样的感受。我很乐意听到有人用语言详细描述我们的城邦与其他城邦的竞赛，争夺各个城邦都在竞争的奖项。我也很乐意看到我们的城邦参与战争[6]的方式和赢取战争的方式都与众不同：亦即，它以正面反映其自身教育与培养的方式，对付每一个其他的敌对城邦——无论行与言，亦即，无论军事行动上还是与它们的语言谈判上。

在这些事情上，克里底亚[7]和赫莫克拉底[8]啊，我意识到我自 19d
己根本没有能力充分地称颂我们的城邦及其公民。我在这一点上
的无能，[9]毫不奇怪。但是，对以前和现在的诗人我也得出过同样
的意见。不是我鄙视诗人群体，而是大家都清楚的，这个模仿者
群体，最易于且最善于模仿他们已受训去模仿的各种东西。至于
其训练以外的任何东西，对于他们中的任何人来说，行为的模仿 19e
已足够困难，言辞的模仿更是难上加难。此外，我一向认为，智
者作为一个群体，擅长长篇大论和许多其他美事。但是，因为他
们一个城邦接着一个城邦地游荡，从来居无定所，所以我担心由
他们来重现那些哲学家-政治家及其可能的言和行会很离谱。智
者势必会歪曲所有这些领袖们战争中御敌的丰功伟绩，无论军事
行动还是语言谈判。这样，就只剩下你们这种人了。由于自然本
性并加上培养，你们同时兼有了哲学和政治。例如，蒂迈欧。他 20a
来自洛克里，一个法治最好的意大利城邦；在那里他的财富和出
身都无人可及；他不仅担任过城邦中最权威和最崇高的职位，而
且在我看来，他已冠绝哲学的全部领地。至于克里底亚，我们这
里的人全都知道，对于我们讨论的所有问题他都决不外行。此
外，赫莫克拉底也一样，他的自然本性与教养都足以胜任所有这
些探究，许多见证者的保证我们必须相信。这就是昨天你们请求 20b
我讨论政制时，我心中所想的；我渴望帮这个忙，因为，我知
道，只要你们愿意依次地陈述，没有人能比你们做得更充分；因
为在所有现在活着的人当中，只有你们能够呈现我们这个城邦曾
以一种反映其真实品质的方式进入一场战争。只有你们能够给予

她所要求的一切。因此，现在，说完了你们分派给我的主题，轮到我分派你们讲讲我刚才描述的主题。你们一起考虑过这个，并
20c 且同意此刻以文辞回报我的款待；那么现在，我就在这里，全心全意地准备接受你们的厚礼。

20c4-27d4 **克里底亚重述梭伦的埃及之行和古雅典人战胜亚特兰蒂斯军队的传说**

赫莫克拉底：[10] 哦，苏格拉底啊，诚如蒂迈欧所言，我们不会缺乏热忱，也没有任何借口拒绝这样做。其实昨天在从你那里返回、前往克里底亚家我们住的客房时，甚至在半路上我们就
20d 讨论这事了。克里底亚给我们讲述了一个源于古老传说的故事。嗨，克里底亚，你现在就说给苏格拉底听吧，好让他帮我们判断它是否合乎他的要求。

克里底亚：我们必须这么做，如果我们的第三位同伴蒂迈欧也同意的话。

蒂迈欧：我当然同意。

克里底亚：那么，听着，苏格拉底，这是一个极其离奇但完
20e 全真实的故事，[11] 有七贤之中最具智慧的梭伦 [12] 曾经为其做证。他是我们的曾祖父德罗庇得斯的亲戚兼密友。梭伦本人在其诗作的很多地方 [13] 说过它。德罗庇得斯把这故事讲给了我的祖父克里底亚听，而这老人反过来又给我们回忆过这个故事。故事说，我们的城邦很久以前有过伟大而惊人的功业，但随着时间的流逝和其

居民的毁灭[14]而烟消云散。其中最伟大的一件，适合我们现在叙述，既作为对你的好意的回报，同时也作为颂诗在此雅典娜女神的节庆[15]里，正当而又实在地赞美她。 21a

苏格拉底：说得好！不过，老克里底亚根据梭伦的报道所描述的，那个我们的城邦很久以前确实成就过、却没有文字记载的，究竟是什么功业？

克里底亚：我会告诉你。这是我从一个并不年轻的人那里听来的古老传说。因为那时的老克里底亚，按照他自己的说法，实
际上已近 90 高龄，而我也就 10 岁左右；我们恰巧在过“酒神 21b
节”里的儿童日[16]。孩子们和每次一样过这个习俗节庆：父亲们为我们安排背诵史诗的比赛。许多诗人的许多诗作都被背诵了，我们很多小孩都吟唱梭伦的诗，因为他的诗那时还很新。我们
族里有位亲戚，说梭伦不但是所有人中最有智慧的，而且他的 21c
诗歌更表明他是所有诗人中最自由高贵的。也许他自己真的这么认为，也许是为了讨好老克里底亚。我记得很清楚，老人家好高兴，笑着说：“是的，阿缪南德，如果他不是把作诗当作副业，而是像其他人那样尽心竭力，而且如果他把他从埃及带回此地的故事创作完成，而非因为回来后他在这里碰到的内部骚乱和
所有其他麻烦而被迫放弃，那么，依我之见，无论赫西俄德抑或 21d
荷马抑或其他任何诗人，都不会比他更声名显赫。”“那么，是什么传说，克里底亚？”阿缪南德说道。老克里底亚回答说：“是有关我们的城邦所曾成就的最伟大、最值得一提的功业，尽管由于时间的消逝和那些成就事迹的人的灭绝，这个故事没有流传

至今。”

“请从头说起，”阿缪南德说，“梭伦所听到的这个‘真实的故事’是什么？他是如何听到它的？谁告诉他的？”

21e “在埃及三角洲分割尼罗河之口，”老克里底亚说，“有一个叫塞伊提克的邦。这个邦的首府叫塞伊斯——亦即，阿马西斯[17]崛起称王之地。据说，这个城邦的创建者是一位女神，埃及话叫内伊特，希腊话据他们说叫雅典娜。他们友爱雅典人，并且与我们这里的人多少有些亲缘关系。梭伦说，当他抵达那里时，人们
22a 开始对他敬仰备至；然后，当他向祭司中最精通历史的人询问古事时，他发现无论自己还是其他所有希腊人，都如常言所道，对这些事情一无所知。有一次，他想引他们讲述远古之事而试着说了这里最古老的传说，关于佛罗内欧——传说中的第一个人
22b 类——和尼娥贝，接着他讲述德乌卡里翁和琵拉如何在大洪水后幸存下来的传说，排出他们后代的谱系，并且试图通过计算他说的那些事件过去了多少岁月来确定他们的年代。[18]于是，有位年高德昭的祭司说道：

“梭伦啊，梭伦，你们希腊人永远是小孩子，没有‘希腊老人’这种东西。”听到这句话，梭伦说：“什么？你什么意思？”祭司答道：“你们年轻，你们每一个人的灵魂都很年轻。因为你们的心灵既没有上古传说流传下来的古老意见，也没有随时间而
22c 久远的教导。原因是这样的：人类曾有过且还会有多种多样的毁灭性灾难，其中最大的是火灾和水灾，而其他较小的灾祸则又有不可胜数的别的原因。因此，在你们那里也流传那个故事：日神

之子法厄同套上他父亲的马车，却因为不能循着父亲的路驾驶而
烧焦了地面上的万物，他自己也被雷电劈死。说起来似有神话的
形式，却是真事：[19] 绕地而行的诸天体偏离了轨道，[20] 久而久之引 22d
发地上万物被大火毁灭。那时所有居住在山上或高处及干燥之地
的人比居住在河海之滨的人毁灭得更彻底。而我们有尼罗河——
也是我们其他许多方面的拯救者——当时释放自己将我们从这个
劫难中拯救出来。另一方面，每当诸神兴起洪水冲洗大地时，所
有在山上牧场的牧人们都得救，你们住在城邦里的人则被河流挟 22e
带入海；但在这个地方，无论当时或其他任何时候水都不会自上
流到我们的田地，相反，其自然状态总是自下溢出。[21] 正因为这
些原因，这里所保留的传统被誉为最古老的；真相是，在所有极
度的严寒或酷暑都不阻碍的地方，总有人类的存在，或多或少； 23a
并且，任何曾经发生过的或美好或伟大或其他特别的事迹，无论
在你们那里或我们这里或任何其他我们所听闻的地方，自古以来
都被写下来保存在我们这里的神庙中。而当你们或任何其他地方
的人，以书写和文明城邦必需的所有其他器物制度装备教化一新
之时，又一次，经过通常的数年之隔后，源于天体的洪流像瘟疫
一般降临，带走你们的人民，只留下你们当中不识字未受教育 23b
者，所以你们就如婴儿一般再次从头开始，对于任何古时候存在
于这里或你们那里的事一无所知。所以，梭伦，你刚才叙述的你
自己的民众的谱系与孩子们的童话没多少差别。因为，首先，你
们只记得地上的一次洪水，却不知此前已发生过多次，其次，你
们不知道全人类中最美最善的种族曾生活在你们现在栖居的地

23c 方，由他们遗留下来的少量种子生发出你们和现存的整个城邦，可是，你们对此一无所知，因为经过许多代，幸存者们亡故却没有书面遗言。梭伦啊，曾几何时，在被极大的洪水毁灭之前，曾经于现在的雅典存在一个英勇善战并且所有方面治理得无与伦比
23d 的城邦；造就的勋业和政制据说是这个世界上我们听说过的城邦中最美好的。”听了这些，梭伦说他惊讶之极，亟欲乞求祭司们为他详细地按次序叙述有关古代城邦公民的所有事迹。有位祭司说道：“梭伦啊，不为别的，只为了你和你们的城邦，尤其是为了感谢这位守护、抚养和教育了你们和我们的女神，我愿意告诉
23e 你：自她从土神与火神那里获得种子起，她先造就了你们的城邦，1000 年后又造就了我们的城邦；而我们这里的制度，按照圣书的记载，已有 8000 年之数。那么，关于 9000 年前你们那儿的古老城民，我将简短地告诉你他们的法律和他们所成就的最
24a 卓著的功绩；至于全部细节，我们以后闲暇时再根据圣书依序详述。

“要了解他们的法律，你不妨考察我们这里的法律；因为你会在此时此地发现你们城邦曾经存在过的许多模式：首先是祭司，与其他阶层分开；其次是匠人，你会发现他们——牧人、猎
24b 人与农夫——各有工作，不与别种混杂。另外，我料想，这里的卫士阶层，你也已经注意到，和所有其他阶层分开，法律规定他们除了军务之外不做别的事。此外，他们以盾和矛武装自己，我们是亚细亚人之中最先装备这些武器的，这是女神[22]教给我们的，正如她在你们那儿首先教给了你们。至于智慧，我料想你能

看到，我们这里的法律，从一开始就立即关注宇宙的秩序，从神事去发现人事的法则，包括占卜与为了健康的医术，同时也掌握所有其他源于宇宙论的分支学问。事实上，当女神建立你们的城邦时，她首先为你们提供这整个秩序与规范体系；之所以选出这个地方供你们生长，是因为她看到气候温和的地方能产生最聪慧的人类。 24c

"这样，正是这位既是尚武者又是爱智者的女神，选择那能 24d
够产生最像她自己的人的地方，进行最早的建制。你们生活在这样一些由神颁布的法律之下，并且你们的法律尚在变得更好，从而你们的每一种美德都胜过一切人，犹如诸神所繁衍和教育出来的。这里所记载的你们城邦的许多伟大事迹令人欣羡，其中确实 24e
有一样伟大杰出胜过一切。因为我们的记载上说，你们城邦曾经力阻强权自外从大西洋出发侵伐整个欧亚。由于大西洋当时可以通航，在那被你们希腊人称为'赫拉克勒斯之柱'[23]的海口前面，有一个岛，这个岛比利比亚和亚细亚加起来还要大；而当时的旅行者能够穿越它抵达其他岛屿，又从这些岛屿通向他们对面 25a
环绕那个真正大洋的整个大陆。因为我们所说的海口内的所有这些地方好像是个有狭窄出口的小港，但那外面的海是一个真正的大洋，[24]而环绕它的陆地，在其最正确的意义上，最应该被称为大陆。现在，在这个大西岛（亚特兰蒂斯岛）上，兴起了一个庞大、惊人的王权联盟，统治着整个大西岛、许多别的岛以及那个大陆的一部分；此外，在海峡之内，他们还统治利比亚直到埃 25b
及，统治欧罗巴直到意大利中部（特雷尼亚）。这个强大的王权

联盟曾经集结为一，试图用一次攻击来奴役你们、我们和海峡内
所有地区。当此之时，梭伦啊，你们城邦向全人类彰显了它的卓
25c 越美德与力量。因为它在战争中的英勇与谋略举世无双，时而作
为希腊人的领袖，时而由于其他人的背离而不得不孤军奋战，面
临绝境后又打败入侵者而竖立丰碑；她保卫未受奴役者免受奴
役，并且慷慨地解放了所有我们其他住在赫拉克勒斯之柱以内的
25d 人。但后来发生了强烈的地震和洪水，经过可怕的一天一夜，你
们的军队全部沉陷于地底，大西岛也同样没入海中消失了。这就
是为什么现在那里的海洋变得既不可通航也无法探索，因为有大
西岛沉陷造成的浅泥滩挡道。”

25e 苏格拉底啊，现在你已经听到了老克里底亚从梭伦那儿听来
的话的简短叙述；当你昨天谈到政制和你描述的公民时，我回忆
起我现在叙述的这些事，惊奇地注意到，神奇地凑巧，你的描述
26a 与梭伦所说的绝大部分正好吻合。但当时我不想立即说出来，因
为隔了那么长时间，我的回忆是不完整的。所以我考虑，我应该
首先全部充分地重温一遍再进行叙述。因此，我马上同意了你昨
天交付的任务。我考虑，在任何诸如此类的处境下，最重要的任
务是提出一个符合人们意图的说法，所以我想，如果我给出这个
故事，那么我们就会得到满足。因此，如赫莫克拉底方才所言，
26b 就在我昨天离开你这里的那一刻起，我就按照我的回忆，开始向
他们叙述这个故事；而在我与他们分手后，晚上我又冥思苦想才
回忆起整个故事。正如俗语所说，童年所学多么神奇地占据了记
忆！因为就我自己而言，昨天听到的故事，我都不知道能否完整

地再次回忆起来，但是，尽管这是很久以前听到的故事，如果有些微的遗漏，却会令我惊诧万分。那时听到的这个故事，给予我 26c
如此多的童趣和快乐，因为我反复地问这问那，所以老人也乐意教我，因此它就像抹不去的画面烙在我的心中。而且，我今天一大早就告诉伙伴们这个故事，好让他们和我一起提供我们发言的素材。

苏格拉底啊，我说上面所有这些话，是为自己现在开讲梭伦的故事做准备。我不只打算告诉你个概要，更要告诉你我所听到的每一个细节。我们要把你昨天以神话的方式描述的城邦及其公民转换成真实的领域，把它放在我们面前，仿佛它就是古代雅典 26d
本身。而你构想的那些公民有如那位祭司所说，就是我们真正的祖先；他们完全相符，并且如果说你构想的公民就是那时候真实存在的人，也绝不会离谱。我们将分工合作，尝试合宜地完成你布置的任务。因此，苏格拉底啊，你是怎么想的？这个故事是否合我们的意，抑或我们尚须另觅一个来代替它？ 26e

苏格拉底：克里底亚啊，还有什么能比这个更好的呢？因为这个故事和女神有关，所以最适合正在举行的对她的祭祀。当然，它绝非虚构的神话传说，而是事实的陈述，这一点意义尤其重大。因为，如果我们舍弃了它，又该到哪里并且怎样去找别的呢？显然不可能。那么，继续你们的发言，祝你们好运！现在轮 27a
到我休息，专事倾听你们回报我昨天的发言。

克里底亚：那么，苏格拉底，请看我们怎么安排招待你的次序。鉴于蒂迈欧既是我们中间最好的天文学家，又以认识宇宙的本性为职志，所以他应该第一个讲，他将从宇宙秩序的创生开始，以人的本性告终。然后，一旦我获得蒂迈欧关于人的创生的论述和你关于其中某些人如何成为最有教养的人的论述，我就会
27b 接着讲。按照梭伦所立之言与法所具有的，我会把他们引入我们的法庭，使他们成为我们古代城邦的公民，其实就是那些已经消失却又在圣书的圣言中透露的古代雅典人——从此往后我会把他们作为实际的雅典公民来言及。

苏格拉底：看来我将得到一顿既完美又精彩的言辞盛宴来犒劳我自己了。那么好，蒂迈欧啊，后面的演讲的任务似乎就落到你头上了。何不按我们的惯例祈告诸神后开讲？

27c 蒂迈欧：是的，苏格拉底，说到这点，凡稍有理智的人在开始做事时总要祈告神，无论事大事小；因此现在，我们有意制造关于宇宙的论述——它是否有一个起源抑或它没有，[25] 如果我们没有完全疯狂，就必须祝告男神女神：祈求我们所要说的一切首
27d 先最合祂们的心意，然后也合我们的心意。这样，我们就算祈告过诸神了；但对我们自己，还必须祈告，确保你们能够最容易地了解，而我也能够最清楚地表达我关于我们所面临的主题的观点。

蒂迈欧的论述 27d5-92c9

蒂迈欧论述的前言 27d5-29d6

恒在与变在、模型与仿本 27d5-28b2

现在，依我之见，我们必须首先做出以下区分：什么是永恒
存在、没有变化的东西？[26] 什么是生成变化绝不恒在的东西？[27] 28a
前者由包含逻各斯（理性推理）之思想来把握，[28] 因为它是永恒的自身同一的存在者；后者是由包含无逻各斯（非理性推理）的感觉之意见来把握之意见的对象；[29] 它生成且消逝，但绝不真实地存在。现在，所有生成变化的东西 [30] 都必然地 [31] 由于某个原因而生成变化，因为没有一个原因，任何事物都不可能生成变化。因此，每当匠神 [32] 紧盯那永恒的自身同一者，并用这样一种东西
做模型，[33] 再造其外形与性能，[34] 那么必然地，凡是这样造成的都 28b
是美好的。[35] 然而，要是他紧盯一个生成变化的东西，使用一个被造的模型，那么他的作品就不美好。

28b2-29b1 ## 宇宙是生成的

现在，对于这整个天穹或宇宙[36]或其他曾被称呼过的最广为接受的名称——我们且这么叫它——有一个我们必须首先考虑的问题。这是那种人们探究任何主题一开始都必须追究的问题：它是永恒存在的，没有任何生成的本原，抑或，它是生成的，肇端于某个本原？它是生成的。[37]因为它是可见可触的，并且还有身
28c 体——所有诸如此类的东西都是可感觉的。而如我们所表明的，可感的事物[38]都由包含感觉之意见来把握；既然这样，它们就都是生成的东西或被造成的东西。此外，我们还强调，生成的东西必然地是由于某个原因而生成。现在，发现宇宙万有的制造者和父亲是项艰巨的工作，而发现后告诉所有人则更不可能。因此，我们必须回来重提关于宇宙的这样一个问题：匠神是照着两种
29a 模型中的哪一种来造它的，是照永恒同一的自持者[39]还是照生成变化者？这里，如果宇宙是美好的且匠神是善良的，[40]那么显然，祂直观那永恒的模型；反之（这是渎神的说法），祂直观那生成变化的模型。无疑，所有人都知道它直观那永恒的模型；因为我们的宇宙是生成变化者中最美好的，而匠神也是原因中至善的。这就是宇宙生成的方式：它是依照那个由理性和智慧[41]而被把握的模型，亦即永恒的自身同一者，而被造的。

宇宙论的地位之为“可能的论述” 29b1-29d6

如果这一切不假，那么完全必然地，这个宇宙是某个东西的 29b
仿本。[42] 所有事情中最重要的是从自然的开端开始；[43] 所以，必须区分仿本与其模型，因此我们所给予的关于某些东西的论述与它所说明的东西具有同类性 [44]——关于持续恒定且以思想来辨识 [45] 的东西的论述本身也是稳定的和不变的。我们必须竭尽全力，使得这些论述无可争议和不可反驳，这必须是毫无遗漏的。另一方 29c
面，如果我们的论述是关于那个模仿了永恒实在的东西，作为仿本的论述，它和作为永恒实在的论述也是相仿的 [46] 并成比率，[47] 亦即，正如恒在与生成 [48] 成比率，真理与信念 [49] 也成比率。苏格拉底啊，如果我们关于诸神和宇宙生成的许多方面的许多论述，最终并非在所有方面彻底自洽、完全准确，你可不要惊讶；相反，如果我们的论述的可能性不比任何其他人的少，我们就该满足了，切记，无论我这个发言者还是你们这些裁决者都只具有人的 29d
自然本性。因此，关于这些事情接受可能的相仿的论述 [50] 也就行了，千万别再寻求更多。

苏格拉底：好极了，蒂迈欧！我们一定完全接受你的吩咐。你的序言令我们赞叹，现在就请直入正题吧。

29d7-47e2 第一部分：理性的技艺

29d7-30c1 宇宙为什么被造并且为什么是生物？

蒂迈欧：那好。让我们说说，由于什么原因，生成和这个宇
29e 宙[51]的建构者建构了它？因为祂是善的，没有一个善者会对任何
东西产生妒忌；没有妒忌，[52]祂就愿意一切都尽可能被造得像祂
30a 自己。这就是生成与宇宙的至高无上的本原，[53]我们最好接受有
智慧的人的主张。因此，匠神，愿意万物都是善的，尽可能没有
东西是无价值的，并且发现所有可见的东西并不静止而是处于混
乱无序的运动状态[54]中时，就把它们从无序状态导入有序状态，[55]
因为他认为有序在任何意义上都是更好的。无论过去和现在做最
30b 美好崇高的事情以外的任何事情对于至善者都是不正当的。据
此，匠神经过推理发现，在自然的可见的事物之中，没有一种
无理性智能的[56]造物作为一个整体会比有理性智能的[57]作为一个

整体更美好；而理性智能不可能在任何与灵魂相分离的东西中出现。出于这种推理，当祂构建这个宇宙时就把理性智能放在灵魂里，[58] 而把灵魂放在身体中，[59] 以便这样造出的作品 [60] 自然地 [61] 至善至美。因此，根据这种合理的推论，[62] 我们必须说，这个宇宙是依神的先见 [63] 而生成为有灵魂和理性智能的真实的生物。[64] 30c

宇宙是包含一切生物的生物 30c2-31a1

这点确立以后，我们必须说明紧接着的一个问题：当匠神建构我们的宇宙时，祂让它相似于什么生物？我们无须在意本性上属于“部分”[65] 范畴的任何东西；因为作为任何不完满 [66] 事物之仿本的东西无一能成为美的；相反，我们应该肯定，宇宙最相仿于这样一种生物，即，所有其他生物，无论个别的还是族群的，[67] 都是它的部分。因为它包含所有可理知的生物 [68] 于自身之内，恰如这个宇宙包含我们以及所有其他可见的生物。因为匠神想要的 30d
无非是使宇宙最相仿于可理知的生物中最美丽的，[69] 各方面都最完满的，[70] 所以祂就制造了这个唯一且可见的生物，内含一切在 31a
自然本性上与它同类的生物。

宇宙是唯一的 31a2-31b3

那么，我们称“唯一的天宇”对呢，还是说它数目众多甚或无限 [71] 更为准确呢？如果它是依其模型而被仿造的，那么它就是唯一的。因为那广含[72]所有可理知的生物[73]的东西，绝不可能是二者之一；因为那样的话，就还必须有另一个生物包含这二者，而这二者为其部分；这样一来，称那包含者而非那二者为我们
31b 的宇宙的模型就更为准确了。为了使这个生物在唯一性方面相似于那个全然完满的生物，宇宙的制造者并不造两个或无限多个宇宙，相反，这个已经生成的天宇现在是、未来仍将是其种类中的唯一者。[74]

31b4-32c2 **宇宙身体的制造**

既然任何生成的东西必须是有形体的、既可见又可触的，然而，没有火，就没有什么东西会成为可见的，没有固体，就没有什么东西会成为可触的，而固体不可无土；正因为如此，在建构之始，匠神就以火与土制作宇宙之体。但没有一个第三者，光这
31c 两者本身被美好地结合在一起是不可能的；因为必须有某个居间的纽带[75]联合这两者。最美好的纽带是那种将它自己与被联结者最完美地造为一体者；他通过产生最美好的比率[76]来成就这个结
32a 合。因为任意三个数，或平方或立方，[77]但必有中项。首项对它的关系，正如它之于末项；反之亦然，末项之于中项，正如中项之于首项；然后当中项成为首项和末项时，末项和首项又反过来成为中项，如是，它们必然全都会具有相同的相互关系，既然它们的关系是相同的，那么它们会形成一个统一体。

现在，如果宇宙之身体必须是一个平面，没有厚度，那么一

个中项就足以联结其相伴项与它自己；但事实上，宇宙应该是一 32b
个立体，[78] 而立体永远不能由一个中项而总要两个中项来将其合而为一。因此，匠神在火与土中间放入了水和气，使得它们尽可能地相互成比率，火之于气，正如气之于水，而气之于水，正如水之于土，匠神把它们联结在一起，从而建构出既可见又可触的天宇。正是由于这些原因，并且从这四种成分，宇宙之身体由比 32c
率而整合并得以生成。[79] 从这些它又获得了“友爱”，[80] 以至形成一个与自身同一的统一体，它就不能被除了那个将它结合在一起的祂之外的任何东西所分解。[81]

宇宙身体的其他特征 32c5-34b9

现在，在建造宇宙的过程中，这四种成分的每一种都完全被用尽。因为这位建造者以所有既存的火、水、气和土来建造它，其中没有任何部分或能力 [82] 被遗留在外。祂这么做的理由在于：首先，作为一个生物，它应该尽可能地整全和完满，用尽一切部 32d
分；其次，应该只有它这一个宇宙，因为不残留任何东西来造另 33a
一个相似的生物；第三，使它不老不病，因为祂察觉到，当热的或冷的东西和所有其他具有强大力量的东西，从外边环绕一个合成的身体并攻击它时，它就不合时宜地分解这身体，通过带给它疾病和衰老而使它毁灭。由于这个原因和这样的推断，匠神把宇宙造成为由所有整体合成的单一整体，完满、不病、不老。然 33b
后，祂赋予它一个适合于其类别之形状。[83] 对于这个想要囊括所有生物于其内部的生物来说，适当的外形是含容所有形状于其自身的那种形状。因此，祂把它圆转成球形，[84] 自中心至所有终端距离都相等，这在所有形状中是最完满、最相似于其自身的，因为祂认为相似比不相似美上无数倍。[85] 祂还把它的整个外表精制
33c 圆滑，而这也出于多个理由。它无须眼睛，因为无可见之物遗留在外；它也无须听觉，因为也无可听之物。周围没有气环绕为呼吸所必要，它也不需要接受营养入己、消化后再行排出的器官，因为并无别物，故而没有任何东西自任何地方出入其中。它以自
33d 己的废料供养自己，并且由于技艺而被生成为完全通过自己且在自身之内行动或遭受。因为匠神认为，它自给自足[86] 而非需要他物会更好。既然它无须抓取任何东西或防护自己，匠神就觉得给
34a 它装上手[87] 是毫无意义的；腿脚或者所有诸如此类的支撑工具也同样没有必要。事实上，祂赋予它最适合于其身体的运动，[88] 即七种运动中最具理性与智慧[89] 的那种运动。所以，祂依此使它在同处不停地绕己回转圆动。所有其他六种运动都被祂拿走，使得它的运动免于它们那些漫游漂荡[90] 的影响。鉴于这种周转运动无须腿脚，祂就造它无腿亦无脚。[91]

34b 这永恒存在之神（匠神）完成了关于那某时将要存在之神（宇宙）的全部推想，就把它造得到处都光滑、均匀，并且每一方向都与中心等距，一个由全部身体合成的整全而完满的身体。他把灵魂安置在其中央，让灵魂延展穿透整个身体，然后用它自外环包住身体。这样，祂就制造了一个唯一的天宇，绕着圆圈周转，虽孤独，却因其卓越德行，它能自伴而无须任何他者。它对

其自身的认识和与其自身的友爱是完满自足的。因为所有这一切，祂为自己所制造的宇宙就是一个幸福之神。[92]

宇宙灵魂的制造 34b10-36d7

至于宇宙灵魂，尽管我们现在试着在解释了身体之后才来论述它，但绝不意味着，匠神把它设计成要比身体年轻。因为匠神 34c
在统合了它们之后，绝不会容许年长者为年少者所统治；只不过我们人类分有了太多的偶然与任意的因素，[93] 并且我们说话也是这样。但是，匠神却让灵魂无论在生成上还是在卓越德行上都比身体更优先和资深，成为身体的主宰和统治者。匠神制造灵魂所 35a
用的成分和方式如下：在不可分的且永恒的自我同一的存在，[94] 与可分的且在有形物体领域中生成变化的存在 [95] 之间，祂混合出一个源自这两者的第三种居间的存在形式；[96] 就同一与差异而论，祂又以同样的方式在不可分的同一或差异和可分的同一或差异之间合成了居间者；然后取这三个混合体，将它们混合在一起，成为一个统一的混合体，强使难以混合的差异与同一混合。[97] 当祂 35b
将它们与存在相混合、由这三者造出了一个单一的混合体时，祂重新将整个混合体分为适当的许多份，每份都混有同一、差异与存在。祂是这样开始他的划分的：首先从整体中取出一份，然后取出另一份，第一份的二倍大，接着是第三份，是第二份的 1.5 倍大、第一份的 3 倍大。祂所取的第四份 2 倍于第二份，第五份 3 倍于第三份；第六份 8 倍于第一份，第七份 27 倍于第一份。 35c

36a 接着，祂继续去填满 2 倍和 3 倍的诸间隔：祂从原初混合体中割下更多份并将其放入这些间隔之中，以至于每一间隔均有两个中项，其一以每个端项各自的相同的比率部分超越一端项并被另一端项所超越，另一则以相同的数目超越和被超越。这些联结
36b 又在原来的间隔内产生了 $\frac{3}{2}$、$\frac{4}{3}$ 和 $\frac{9}{8}$ 的间隔，而祂就接着用 $\frac{9}{8}$ 的间隔填满所有 $\frac{4}{3}$ 的间隔，每一次都仍有一小份间隔遗留，以数字比率为 $\frac{256}{243}$ 的诸数目为代表。[98] 如是，祂从其中割下这些份的那个混合体终于完全用尽了。

接着，祂将这整个复合体纵长地切成两半，使这两半中心对
36c 中心像个 X 般相交，并将两者都弯曲成圆圈，让每一半都与自身尾尾相接，又在与刚才那个相交点正对着的点上与另一半的末端相接。[99] 然后，祂赋予它们那种同轴的连续的旋转运动，并且开始让其一成为外在的圆圈，另一成为内在的圆圈。祂声称外圈的运动应是同一的性质，内圈的运动具有差异的性质。祂使同一的圆圈沿边向右旋转，差异的圆圈则沿对角线向左旋转，主宰
36d 力 [100] 归于同一和相似的旋转，[101] 因为祂允许同一的圆圈保持完整统一且不可分割，而把内圈分割了 6 次，做成 7 个不等的圆圈。祂的分割分别相应于 2 倍和 3 倍的间隔，每种间隔各有 3 个。接着，祂又规定这些圆圈以彼此相反的方向运行：3 个速度一样，另外 4 个各不相同也异于前 3 个，但它们的速度全都成比例。

宇宙灵魂与其身体的结合 36d8-37c5

当灵魂的结构按照其制造者的心思[102]完全被造出之后，祂
就继续在它内部塑造整个身体形式，使中心与中心相连，将两者 36e
契合在一起。灵魂与身体交织在一起，从天宇中心到最外缘，无所不在，又由外环覆身体，并且，它本身自转，开启了一种纵贯全部时间、不息而又理智的生命的神圣开端。[103]现在，天宇的身
体被造成为可见的，而灵魂却是不可见的且分有推理与和谐，[104] 37a
是作为被造物中最好的东西、由那本身是所有理性的和永恒的东西中的至善者[105]所生成的。因为灵魂乃是同一、差异和存在这三种自然本性作为三种成分的混合，是按比率被分割与联结在一起的，又因为它是绕着自己来回旋转，所以，每当它接触任何具有可分的本质或不可分的本质的事物时，它本身就完全被推动，
并断言任何事物与什么是同一的、与什么是有差异的，亦即，严 37b
格上以何种关系、何种方式、在何时，每个事物相对相关于每个其他事物——既关乎变在的事物，也关乎恒在的事物——如此这般发生和遭受。[106]当这种断言无论关乎差异者还是关乎同一者都以相同的方式成真，无声无息地被带入那自我运动的东西时，那么，每当这样一个断言关涉任何感性事物[107]、差异圆圈[108]直线运行并将它报告给其整个灵魂时，确定的和真实的意见与信念[109]
就产生了。相反，每当它关涉任何推理的对象[110]、同一圆圈[111]轻 37c
快地旋转着并显示它时，所得到的结果必然是理解与知识。[112]如果有人说这两者是在不是灵魂的另外某个东西中产生的，那么他

说的就完全不是真话。

37c6-38b5 **时间的制造**

当那产生了宇宙的父亲看到它——一个作为永恒诸神的仿
本[113]而生成的东西——运动并活起来时，祂非常高兴；高兴之
37d 余，祂就考虑把它造得更像其模型。因此，鉴于那模型本身恰
是一个永恒的生物，[114]祂也试着尽可能使这宇宙在这方面相似于
它。但既然那模型生物的本性是永恒的，[115]那么把永恒性完全
归于被造之物是不可能的。因此，祂决定为永恒造个运动着的
仿本：[116]在祂将秩序带入天宇的同时，祂为留止于一的永恒[117]
制造一个依数运行的永久的仿本；[118]这当然就是我们所谓的“时
37e 间”。[119]因为在天宇生成之前，“日”“夜”“月”“年”皆不曾存在；
但现在，在祂构建天宇的同时，祂也计划造出它们。所有这些都
是时间的部分；[120]甚至“曾是”和“将是”也是已被造的时间形
式，[121]尽管我们不经意地误将它们应用于永恒的存在者。因为我
38a 们所谓“曾是”“现是”和“将是”[122]云云，只有“现是”合乎真
实的言理，而“曾是”和“将是”则适合于表述那在时间中运行
的生成变化，因为两者都是运动。而不动的永恒自持者不可能在
时间的历程中变老或变少——它未曾变成这样，它现在这样子也
不是变化而来的，它也不会在将来变成这样。总而言之，生成变
化所赋予感性世界中出生的事物的那些特征，无一适合于它；相
反，这两者（“曾是”与“将是”）是已被生成的时间的形式——

模仿永恒性并依数回转之时间。除此之外，我们还使用这样一些表述：已变者“是”已变了的，现变者“是”现变着的，将变者 38b
“是”将要变的，不存在者“是”不存在的，[123] 这些表述无一准确。但现在或许不是精详讨论这些问题的适当时机。[124]

作为时间刻度的日、月和行星的制造 38b6-38e3

那么，时间随天宇一起生成，为的是，它们已经一起生成，所以也应能一起分解——如果它们会分解的话；并且，时间是
按照模型的永恒本性 [125] 而造，为的是，可以尽可能地相似于它； 38c
因为这模型是全然永恒地存在的东西，而那仿本却经历全部时间，持续地“曾是”-“现是”-“将是”。因此，出于匠神对时间之生成的这种推理和筹划，祂就为时间的生成制造了太阳、月亮和其他 5 颗星体。这些星体被称为“行星”[126]，它们的生成是为了确定并维护时间之数的界限。[127] 当匠神为每一个星体都造好了身体后，祂就把它们放入差异圆圈周转运行的轨道中——
7 颗星体 7 条轨道。祂把月亮放在环绕地球的第一条轨道上，太 38d
阳在高于它的第二条轨道上。晨星（金星）和所谓的赫尔穆斯星（水星）被置入的轨道，其速度与太阳相等，得到的力却与之相反；[128] 由此，太阳、赫尔穆斯星和晨星同样地彼此超越和被超越。[129] 至于其他星体，[130] 匠神将它们放置何处、因何缘由——如
果有人想要详尽考究，其解释较之它所辅助的主题需要做更多的 38e
工作。也许以后我们有闲暇时，这些会得到适当的叙述。

38e3-40d5 **时间刻度的周期：日 / 夜、月、年和圆满年**

如是，当时间的生成必须其协助之每一个星体都已到达其适当的运动轨道，并且，当这些为灵魂的纽带所缚系的星体活生生
39a 地被造出，并习得其指令时，它们就开始沿着差异圆圈周转，差异圆圈斜穿同一圆圈并因而受其控制。它们有的行于较大的圆圈，有的行于较小的；行于较小圆圈的较快，行于较大圆圈的则较慢。诚然，由于同一圆圈的运动，那些周转最快的星体显得被周转较慢的星体所超越，尽管实际上是前者超越后者。[131] 因为，
39b 所有运动中最快的同一运动，由于它们同时沿两个相反的方向前行，就将其所有圆圈回转成螺旋，由此导致那最慢地离开它的星体却显得最近。[132]

为了对星体在其 8 条轨道上周转的相对的快慢速度能有一个清楚的度量，匠神在离地的第二条轨道上燃起了光；现在我们称之为太阳。其主要工作是尽可能地照亮整个天宇，并且使所有生成了的生物都能从同一圆圈的均同齐一的周转学习而分有数。
39c “夜”和“日”，单一而最智慧的循环周期，也因这些理由、以这种方式生成；而每当月亮转完自己的圆圈追上太阳时，“月”就生成，而每当太阳转完其自身的圆圈时，“年”则生成。至于其他行星的旋转周期，只有极少数人注意到了，他们没有为之命
39d 名，也没有研究它们相互之间的数的关系。因此，他们并不知道这些数不胜数、形色错综惊人的星体的漫游，其实是时间。[133] 然而，我们仍有可能觉察到，当所有 8 个旋转周期以相对的速度一

起被完成，并且当它们被整齐运行的同一圆圈所度量而达到圆满之时，时间之圆满数带来了“圆满年”之完成。[134] 这就是以何方式、为何缘故那些星体被生成，并且，在它们穿越天宇的路上会有折返：[135] 为的是，在模仿永恒性上，这个生物可以尽可能地相 39e
似于那完满且可理知的生物。[136]

星体的制造，天上的神族 39e3-40d5

到此为止，随着时间的生成，这个宇宙在所有其他方面都造得最像其模型，唯有一点不像，即，它所包含的所有生物尚未在其内部被生成。于是，匠神就继续通过模仿其模型之本性来完成剩下的这部分工作。因此，祂决定，祂正在造的这个生物应该拥有如理性在那个恒在的生物中所辨别出来的那么多种类和那么多
数目的生物。于是就有四个物种：其一是天球上的神族，[137] 另一 40a
有羽翼并穿行于气中，第三类栖居水中，第四类有足并生活在陆地上。祂主要用火 [138] 来制造神族，使其看上去尽可能明亮和美丽。祂将它们做成圆满的球状，与宇宙相似，并把它们放入最强大的理智 [139] 的运动之中，并与之相随；祂将诸神环布整个天宇，成为它—— 一个繁复精致的整体——的真正的锦饰。[140] 祂还授予其中每个成员以两种运动：其一是在同一地点按同一方式运
动，[141] 由此这神总是对同一的事物作同一的思想；另一是在同一 40b
和相似的周转牵引运动主导下的向前运动 [142]。祂使诸神不为其他五种运动所推动，从而每一个都能最大限度地达到至善状态。出

于这个原因，不漫游的恒星生成了，它们是神圣而永生的生物，总是固定在同一地点、按同一方式旋转。而那些有折返，从而以那种方式漫游的行星，则如前面所述的那种方式生成。

40c 地球，我们的养育者，因为它缠绕那延伸通贯整个宇宙的轴旋转，[143] 祂把它设计成夜与昼的制造者与守护者，也是天宇内部所有已经生成的诸神中最早、最老的。

至于这些神的舞动，它们的相互交错，彼此之间轨道的逆转与顺转，[144] 在其交错中哪些神相互邻接，又有多少正相反对，[145] 它们如何按照时间周期彼此前显或后隐，从而有些在被遮蔽之后又重现于我们眼前，[146] 由此为那些没有推算能力的人们带来关于
40d 即将降临于他们的事物的恐怖与兆示——想要不利用可见模型 [147] 就描述这一切，将是无谓的劳碌。但这一论述对我们已足够，因此，让我们有关可见的、被造的诸神之生 - 性 [148] 的讨论就此了结吧。

40d6-41a3 传统诸神的起源

认识和说明其他诸神如何生成，非我们所能胜任，必须听信古人的说法；如他们所宣称的，他们是诸神的后裔，清楚地知道
40e 自己的祖先。因此，我们不能不信诸神的子嗣，纵然他们的说法没有任何可能的或必然的证明。[149] 既然他们声称要报道的是他们自己家族的事情，我们就必须随俗并相信他们。据此，就让我们关于这些神祇的生成的论述跟从他们的说法吧：奥克诺斯（大

洋）与提苏斯（海）是该亚（地）和乌拉诺斯（天）的子女；他们又生下佛库司、克罗诺司、瑞亚以及所有那一代神；克罗诺司 41a 和瑞亚生下了宙斯与赫拉以及所有其他我们所知道的被称为其兄弟的那些神；从这些神又生出另一代。

已造的诸神被派遣制造剩下的生物 41a3-41d3

当所有的神灵——无论是那些在其旋转中明显可见的，还是那些仅仅随其所欲而显现的——都生成时，这个宇宙的产生者向祂们宣说如下："众神之神，[150] 我是这些作品的制造者和父亲，任何由我所造的东西，不经我同意则不可分解。[151] 尽管所有的合 41b 成物都可以分解，但只有恶者才乐意分解完满结合、良好维持的东西。[152] 因此，你们作为已被生成的生物，既非不死的，也非全然不可分解的。[153] 然而，你们决不会被分解，也不会招致必死的厄运，[154] 你们会看到我的意志 [155]——一种比你们出生时所缚系的那些纽带更强大、更有力的纽带。因此，学习我现在对你们所显明和谕示的。还有三个有死的物种尚未被造出；[156] 只要它们还未生成，那么这宇宙就将是不完满的；因为它将没有尽含所有生物 41c 种类于其自身之中，而如果它想完满至极就必须尽含。但是，如果这些生物由我而造且分有生命，就会与诸神平等。因此，为了能够确保它们是有死的，而这整个宇宙也将是一个真正完满无缺的整体，现在轮到你们，必须根据你们的本性来制造这些生物，模仿我在制造你们时所使用的力量。它们中配享'不死'之名的

部分，我们应称为‘神圣的’，在愿意永远遵循正义并追随你们
41d 的那些生物中进行统治，这一部分，[157] 我会首先播下种子，然后将它交付给你们。剩下的就是你们的任务了：将有死的部分 [158] 和不死的部分联结在一起，从而制造各种生物，使它们出生，并给予它们营养以滋其生长，死灭后再回收之。”

41d4-42e4 **个体灵魂的制造**

说完这些话以后，祂再次转向先前用以混合宇宙灵魂的容器，开始倒入先前剩余的成分，[159] 并以某种多少相同的方式混合它们，尽管它们不再像原先那样纯而无杂，而只有第二、第三等的纯度。当把它们完全混合好了之后，祂将混合物分成与众星数
41e 目相等的灵魂，给每颗星分配一个灵魂，就像把每个灵魂放入马车一般；祂向它们显明宇宙的自然本性，给它们颁布命运的法则：它们全都会被赋予同一种最早的出生，从而没有哪一个会更受祂的怠慢。然后，祂会把灵魂的种子播入其各自适配的时间
42a 工具 [160] 里，来生成最敬畏神明的生物；并且，既然人类有两性，那高级的就是此后应被称为“男人”[161] 的那种。当诸灵魂必然地被植入诸身体中，而它们的身体又有东西流进流出时，[162] 那么必然地，首先，它们全都会产生感觉，[163] 它来自强力的受感扰动 [164] 并与之共生 [165]。其次，是爱欲，[166] 掺杂着快乐和痛苦。[167] 此外，
42b 它们还会有恐惧和愤怒 [168] 以及所有伴随这些而来的情感以及与其同样多的相反的自然情感。如果它们能够主宰这些情感，那么

它们的生活就会是正义的；反之，如果被主宰，则不正义。如果一个人好好活过命定属己的时间，[169]那么最终他将回到他在其宿星中的居所，去过一种他曾熟习的幸福生活；[170]但如果他没能这样，那么他将以女人之性再次投胎出生。[171]而如果他那时仍不 42c
能戒除恶行，那么他会再次转化，这次是变成某种相似于其特殊恶劣品性的野兽；而且，他将不停地经历这些不幸的转化，直到他把火和水和气和土的巨大增长体纳入内在于他的同一与相似的 42d
旋转轨道之中，从而由理性的力量来控制那骚乱的、非理性的巨体；这会使他回到他最初的和最好的状态。[172]

祂向它们颁定了所有这些法律，以避免对它们往后可能犯的任何罪恶负责，[173]匠神接着将它们中的某些分别播入地球和月亮，剩下的播入所有其他的时间器官之中。播完后，祂把构造有死身体的任务交付给年轻的诸神。祂让祂们制造人类灵魂仍需拥有的其余任何东西以及那些东西所属的一切。祂命令祂们统治这 42e
些有死的生物，给予它们所能给予的最美、最好的引导，而不对这些生物本身所可能招致的任何罪恶负责。[174]

身体的制造与身心的结合 42e5-44d2

做完所有这些安排之后，祂继续以其惯常的方式自在自处；[175]在祂休息时，祂的孩子们则开始思考并服从祂们的父亲的命令，祂们拿起有死生物的不死的本原，[176]模仿祂们自己的制造者，从宇宙借来火、土、水、气这几部分，仿佛有意归还；然后 43a

把祂们所取的各部分黏合为一体；但祂们不使用将它们本身结合
在一起的那些不可消解的纽带，相反，祂们用小得不可见的大量
铆钉将它们融合在一起，由此使得每一个物体都成为由所有成分
组成的统一体。接着，在处于流进流出状态的诸身体内，祂们缚
系不死灵魂的旋转轨道。如是，灵魂的旋转轨道缚系在一条大河
内，既不能主宰那河，也不被它所主宰，而是有力地颤摇它，又
43b 被它所颤摇。结果，这整个生物确实被推动，但无序、随机和非
理性地行进，[177] 因为它包含所有 6 种运动方式 [178]，从而朝前、后、
左、右、上、下所有 6 个方向游荡。[179] 因为提供营养的洪流的涨
退是强大的，但因撞击每个生物的东西而造成之受感扰动 [180] 所
43c 产生的骚乱甚至更为强大，所以，当某个生物的身体遭遇并碰撞
外在的火或一块硬土或滑行水流时，或者当它被由气驱动的风潮
所裹挟时，这类受感扰动就会发生。所有这一切所产生的运动经
由身体传递并撞击灵魂；[181] 正因为如此，这些运动后来被统称为
“感觉”，今天仍这么叫 [182]。而正是在那一时刻，受感扰动最为巨
43d 大，这些运动就与身体的持久涌流一起猛烈撞击灵魂的旋转轨
道。它们通过反向对流，完全阻断同一圆圈的运动，以此妨碍它
的主宰活动与行进过程。另一方面，它们进一步猛烈震撼差异圆
圈的运动，以至于，尽管所有 2 倍与 3 倍的间隔以及联结它们的
$\frac{3}{2}$，$\frac{4}{3}$，$\frac{9}{8}$的比率的中项 [183] 不可能完全被毁灭，除了将它们联
43e 接在一起的匠神，但是它们在所有方向上被扭曲，并对灵魂的圆
圈造成所有可能的偏斜 [184] 和瓦解，从而尽管这些圆圈仍在运动，
却少有联合，它们的运动如此非理性，有时（前后）反向，有时

（左右）偏斜，有时（上下）颠倒——像一个头脚倒置的人，对他自己和那些看着他的人，他的身体右侧呈现为左侧，左侧呈现为右侧。这以及相似的效果在灵魂的旋转轨道上产生：每当它们 44a
遭遇外在世界中任何属于同一或差异之种类的东西，它们就做出与真相相反的“同一”或“差异”的判断，表明它们本身是虚假和愚蠢的，[185] 这种时候不具有任何主宰和引导的旋转。因此，当这些感觉从外面进来攻击它们、席卷灵魂的整个容器时，这些旋转，无论看似有多么大的主宰力，实际上却是被主宰。正是因为所有这些受感扰动，从一开始到现在，每当一个灵魂最初被束缚在一个有死的身体内时，它就变成无理性的。[186] 但随着成长与营 44b
养之流减弱，灵魂的旋转重获平静，恢复其恰当属己的运行，并随着时间的行进变得更加稳定，那时圆圈的运动最终得到校正，重获合乎其自然本性的运行形式；于是，它们能正确地判断同一者与差异者，并使得拥有它们的人成为有理性的。[187] 诚然，如果这样一个人，在这个阶段，正确的抚养得到教育的补充，那么他将变得整体上健康无瑕，避免最严重的疾病；但如果他漫不经 44c
心，那么他将苟且颠簸一生，并且重返冥界，没有结局而又不可理喻。[188] 但这些事情后来才发生；我们目前的主题还需要更精确的阐述。优先的问题如下：关于身体与灵魂一部分一部分地被生成，诸神所凭借的理由和先见。我们务必坚持最可能的 [189] 解释， 44d
并据此对这些问题进行探讨。

44d3-45b2 身体各部分的制造

诸神仿造宇宙的圆球形状，并将两种神圣的旋转轨道[190]合
入球状的身体，我们现在称之为头颅，这是我们身上最神圣的部
分，主宰所有其他部分。然后祂们聚集身体的其余部分，整个地
交给头颅，为其服务。祂们想让它分有曾有过的各种运动。为了
44e 防止头颅在地上滚动、没有办法爬上各种高坡或爬出低坑，祂们
就赋予它身体作为运载工具，方便行走。也正因为如此，身体具
有了长度，并由于诸神的设计，长出能屈伸自如的四肢，用作行
走的工具，从而身体把握四肢并有其支撑自身，它就能游走各
45a 处，顶上还携带着我们身上最神圣最庄严部分的居所。这就是我
们全都长手脚的原因与方式。考虑到“面前”比“背后”更光
荣、更适合统治，诸神就让我们大部分时候向前走。因此有必要
区分人体的“前 - 面”，使之不相似于其“背 - 后”，为此，诸
45b 神先把脸置于作为灵魂容器的头颅的这一侧，并且在其中放置
为灵魂着想而提供的各种器官；[191]祂们还指定这一面，自然的正
面，[192]作为领导的部分。

45b2-46a2 眼睛与视觉

眼睛是诸神最先制造的感官，以传导光。祂们将它们固定在脸上的理由如下：祂们设计所有不燃烧却提供柔光的火会形成一种宜于白天日光的火体。[193]现在，内在于我们的纯粹的火，与

那种火同类，祂们使它流穿过眼睛：因此，祂们把整个眼球，特别是其中心部分，造得紧致、平滑和厚实，使它们能把所有其他 45c
粗糙的东西都挡在外边，只让那种纯净的火渗透。每当日光包围视流时，相似者与相似者[194]接触，并与它接合、组成一个与眼睛的方向成一直线的单一同质体，沿此，来自内部的视流撞击外来的对象。又因为这种视流和日光是相似的，这样形成的整体也相似地受感，所以它就把任何它所触及的东西的运动和任何触及 45d
它的东西的运动，传递到整个身体直至它们抵达灵魂，[195]产生了我们称为“看”的感觉。然而，在夜里，燃烧的火消失，因此视流就被切断；因为现在它只遭遇某种与它自身不相似的东西，它就变灭了，因为它与周围的气不再具有相似的性质，既然那种气现在不包含任何火。因此，它停止了看并诱人入眠。因为，当诸神设计以保护视觉的眼睑被合上时，它们就封闭了内在之火的力 45e
能，这就消散并平复内在的运动，一种寂静状态油然而生。假如这种寂静是深沉的，那么人就坠入一种无梦的沉睡之中。但假如某些强烈的运动仍然持续着，那么就产生与残存的运动的类型和位置在性质和数目上都相似的影像；这些影像，[196]尽管是由内而 46a
生的，却在清醒时作为外在事件而被记起。

镜像的解释 46a2-46c6

这就不再难以理解影像在镜中或任何其他光滑反射面上的生成方式了。在这类情形中，内在之火与外在之火相互联结，在光

滑平面上形成一种以多种方式变形的单一火体。从而，一旦来自
46b 脸的火与来自视觉的火在平滑光亮的平面上接合，那么所有诸如此类的影像就必然显现。左边的东西将呈现为右边的，因为来自视觉的火的诸相反部分与来自脸的火的诸相反部分相结合，而与通常的照面方式相反。但另一方面，每当光在与它所结合的光的
46c 结合过程中扳反两边时，右的就显现为右的，左的为左的。每当镜子的光滑平面在两边向上弯曲（形成凹面），从而把来自眼睛之火的右边部分转向左边，左边部分转向右边，这就发生了。又，当这同一光滑平面（凹镜）：被转动垂直于脸部，那就使整个对象呈现为上下颠倒，因为它将光线的下部转向上部，又将上部转向下部。[197]

46c7-46e6 **主因与辅因的区分**

现在，上述这一切属于辅因，[198] 匠神用来辅助其以可能的最
46d 好方式 [199] 完成造物。但因它们致事物冷或热、凝聚或稀散，或制造所有诸如此类的效应，所以被大多数人视为万物的主因 [200] 而非辅因。然而，它们完全不能具有任何理性或智能，[201] 我们必须主张灵魂是诸存在者中唯一适当地具有理性智能的东西。灵魂是不可见的东西，而火、水、土、气全都作为可见的东西而已经生成了的。因此，任何热爱理性和知识的人必然探求作为主因的
46e 那些属于理智本性的东西，[202] 和作为次因的所有那些由于必然性而被他者推动又推动他者的东西。[203] 我们当然也应这么做：我

们必须描述这两类原因，区分那些拥有理性从而制造美善者的原因，与那些被理性抛弃、总是产生随机的、无序的结果的原因。

视觉的目的 46e6-47c4

刚刚已说过了关于助成眼睛获得它们现在所拥有的能力之辅因。接下来我们应该讲讲它们最有益的功能，[204] 正因为该功能，
神将它们赋予了我们。按我的论述，视觉已被证明是我们最高福 47a
祉的原因；因为，如果我们从未看见过星星、太阳或天宇，那么我们目前陈述的关于宇宙的任何说法就无一能被说出。事实上，对于昼与夜、月与循环年、春秋分与冬夏至的观看，造成了数的发明，并给予我们时间的观念，使得我们探究宇宙的本性。从这
些带来了哲学，诸神赋予有死人类的无论过去还是将来都没法更 47b
好的礼物。我要说，这就是眼睛最大的善。那我们为什么还要赞颂那些较小的好处呢？因为即使一个不爱哲学的人被剥夺了视觉也会“徒伤悲”[205] 啊！我们不妨宣称，这最大的善的原因与目的在于：神发明了视觉并把它给予我们，使我们能够观察天宇中理性的旋转，把它们应用于我们自身理智的旋转运行；因为它们是
同类的；尽管我们的旋转可被扰乱，但宇宙的旋转不可被扰乱。 47c
因此，一旦我们学习并分有了根据自然本性来做正确推理计算的能力，那么通过模仿神的完全稳定不漫游的运转，我们就会将内在于我们的漫游不定的旋转稳定下来。

47c4-47e2 **听、说以及音乐的目的**

相同的论述也适用于声音与听觉——这两者也是诸神的礼物，是为了相同的目的、以达到相同的结果而被给予我们的。话语[206]正是为此目的被设计的——它在此目的中的贡献也是最大
47d 的。音乐对于听觉是有益的声音，[207]是为了给予和声。而和声[208]具有的运动，和我们内部的灵魂的旋转同类，对于缪斯的理性的运用者而言，不像现在通常以为的是为了非理性的快乐，而是由缪斯给予辅助，以便让秩序进入我们灵魂中任何已变得不和谐的旋转，使它与其自身和谐。韵律，[209]也一样，是缪斯出于同一目
47e 的而给予我们，以帮助我们；因为我们大多数人的状态是，我们已彻底丧失了尺度感，粗鄙不堪。

第二部分：必然性的效应 47e3-69a5

一个新起点：必然性的引入 47e3-48b3

我刚完成的论述，除一小部分外，呈现了那经由理性所制造的东西。[210] 但我还需要提供关于经由必然性而生成的东西 [211] 的论述。因为作为一个混合体，这个有序宇宙最初是从必然性与理 48a
性的联结而被生成了的。理性通过劝说必然性将生成着的大多数事物导向至善而统治必然性，[212] 也正是这样并因此，通过必然性服从理智的劝说，这里的这个宇宙从最开始如是被组合出来了。从而，如果我们想要如实论述它如何依据这两种原理而生成，那么我们必须混入这种造成漫游的原因 [213]——其本性如何造成漫游。那么，再一次，让我们返回步伐，找到适合于这部分论述的 48b
另一个开端，然后再从那个开端重新开始，恰如我们前面所做的那样。

48b3-48e1 ## 火、水、气、土不是万物的终极元素

我们必须考察天宇生成之前火、水、气、土的自然本性[214]以及它们此前的性状。[215]尽管迄今为止尚无人揭示它们是如何生成的，但说起来人们好像知道火以及其他三者各是什么，我们称它们为“本原”[216]，将它们设定为宇宙的“元素 / 字母”[217]，尽
48c 管实际上它们甚至不能与“音节”[218]相提并论，只有愚昧的人才被认为会做这样的比附。因此，现在，且让我们以如下方式继续：眼下我们还不能陈述万物的“本原”或“诸本原”或无论我们如何看待它们，没有别的理由，就因为我们遵循现在的论述方式难以阐明它们。[219]因此你们别以为我会这么来论述它们。我
48d 甚至不能说服我自己去承担这样巨大的任务是正确的。我将谨持开头所说的可能的论述的能力，[220]试着就事物——既个别地又集合地[221]——从其开端，给予一个其可能性较之其他人所说丝毫不少，甚至更多的论述。那么现在，让我们在论述之始先召唤神；这次是做我们的拯救者，保护我们，穿越稀奇古怪的阐述而抵达
48e 那可能的论断。[222]我这就重新开始我的发言了。

48e2-49a6 ## 宇宙论解释的三个要素

我们的宇宙论述中的这个新起点要比前面的有更完整的划分。前面划分了两个种，[223]而现在我们必须指明另外的第三个种。[224]前两个种满足了我们先前论述的需要：其一被设定为模

型，可理知且不变恒在；[225] 其二是这模型的仿本，[226] 具有生成变 49a
化且可见。[227] 那时我们尚未划分出第三个种，因为我们本以为有这两者就足够了；但现在，我们的论述似乎迫使我们尝试用语言去阐明一个难解而又隐晦的种。那么，我们该假设它具有何种自然本性和能力？[228] 以下这点最为重要：它是一切生成的接受器，[229] 如同保姆一般。

接受器 49a6-50b5

无论这种说法多么真实，我们都必须更清楚地描述它。这
是个困难的任务，因为必须为了这个任务就火与其他伴随火的 49b
物体提出一个预备性的疑难：我们难以用一种可信的和确定的术语来言及它们中的每一个——因为何者是那种人们更应该称之为“水”而非“火”的东西，以及，何者是那种人们应该称之为这些物体中的某一个而非仅仅它们中的任何一个或每一个。那么，如何、用什么方式以及为什么我们能够合理地表达这个有关于它们的疑难？首先，我们看见或我们以为看见，我们现在命名
为“水”的东西硬化并生成为石与土。接着，我们看见这同一个 49c
东西分解并消散，生成为风与气，气燃烧时成为火，反过来我们看见火被凝聚并熄灭，又复归为气的形式，气再次集结和凝聚成为云和雾。当它们进一步浓缩时，我们看见它们转变成流水，而流水又复归于土与石。[230] 以这种方式，它们在一个循环圈中互相传递它们的生成，正如看起来的那样。如是，既然这些东西无

49d 一在其显现中保持自身同一，那么，它们中有没有哪一个能被毫不为难地确然断言为是某个特定的东西，是这一个，而非别的某个东西？没有。相反，以如下方式来表述这些东西是最安全的：对于我们恒久观察到的在不同时间、不同地点的生成物——例如火——它每一次都被描述为“这样”而非“这个”，水也总要被称为“这样”而非“这个”。绝不要把任何别的东西称为“这
49e 个”，仿佛它具有某种稳定性；对于所有我们指点着并使用“这个”和“那个”来表述的东西，我们自以为在指称某个确定的东西。因为它转瞬即逝，留不住“那个”“这个”或任何其他显示稳定性的表达式；而且不要用“这个”来说任何一个东西；相反，“这样”——如其所曾是的那样循环往复——那才是每一种情形中称呼它的东西。更进一步，火，以及所有生成的事物，被称为“始终这样”。但是，它们每一个呈现为总是“在其中”生
50a 成、随后又“从其中”消逝者，那是唯一使用名称“那个”与“这个”来指称的东西。而在描述“这样”的东西——例如热的或白的或对立面的任何一方以及所有由这一切构成的东西——时，我们决不可以再称为“那个”或“这个”。[231]但我必须努力再把这一点说得更清楚一些。假如你正在从金子塑造出所有可能的形状，不停地将一种形状重塑成下一种别的形状。如果有人指
50b 着其中一种形状问你“此时它是什么？”那么你当下最安全、最真实的回答应该是“金子”，而决不把“三角形”或金子里生成的任何其他形状作为“其所是”而言及，因为它们甚至在你作这陈述时就变化了。然而，如果它们允许安全地称呼“这样”，那

么我们就该满意了。

理念、接受器与仿本的区分 50b5-51b6

相同的论述也适用于那个接受一切物体之自然的接受器。[232]我们必须总用同一个词来指称它，因为它决不以任何方式背离其自身的性能。它不仅总在接受万物，而且决不在任何地方、不在 50c 任何时间、不以任何方式承接任何与进入它的任何东西的形状相似的形状。[233]因为它在本性上被确立为是供任何东西烙上其印迹，[234]它被进入它的事物所推动与重塑。由于那些东西，它在不同的时间显现为不同种类。进入和离开它的东西乃是那些恒在者的仿本，[235]是以一种难以名状的惊人方式照着它们而被模压的。我们会在将来继续说。

现在，我们必须牢记三种东西：生成者，[236]它在其中生成的 50d 那个东西，[237]生成者的出生所模仿的原型。[238]我们可以极为恰当地把接受器比作母亲，把原型比作父亲，把它们之间所产生的东西比作其子女。我们还应该明白，如果模压出来的仿本是要变化的，可见所有变形，那么在其上模压出仿本的那个东西，就不可能做好准备，除非其本身缺乏它要从别处接受的所有那些特征。 50e 因为如果它和进入它的任何东西相似，那么，当它接受具有相反或完全不同本性的东西时，由于它会显示其自身的面貌，就会产生坏的仿本。正因为如此，要接受所有种类于其自身之中的那个东西必须缺乏所有特征。[239]恰如制造香油的人，他们首先把技艺与机巧都用在某种与这类似的东西上，把要接受香味的液体制作得尽可能无味，以备开始。又如企图在柔软材料上造型的人，绝不允许这类材料已有形状在其中保持可见，相反，他们会铲平
51a 它，使它尽可能光滑。同样，那个整个其自身适于频繁接受可理知的恒在者之所有仿本的东西，[240] 必须在其自然本性上本身就缺乏任何特征。正因为如此，我们不应该把已生成者或以所有其他方式可见或可知觉的东西的母亲或接受器，称为土或气，或火，或水，或任何其合成物，或其成分。但如果我们说它是一个不可
51b 见的、无形式的种，[241] 接受万物并以最困惑的方式分有可理知者且极难把握，那么我们就不会错。就我们从以上所述达到这个种的自然本性是可能的而言，最正确的表述它的方式将是：它那被点燃的部分每次都显现为火，变潮湿的部分显现为水，就其接受土或气的仿本而言，则显现为土或气。

51b6-51e6

可见殊相与可理知理念之间的区分的证明

不过，我们必须用更严格的论证进行探究，界定有关这三个种的以下问题：有没有诸如“自在的火”[242] 这样的东西，以及
51c 所有那些我们通常所谓的各自“自在”地存在 [243] 的东西？或者，是否，我们看见的东西和所有其他我们经由身体所感觉到的东西，[244] 乃是仅有的拥有这种实在性 [245] 的东西？除此之外再无任何东西以任何方式、在任何地方存在，从而我们时时谈到的每个事物的可理知的理念，[246] 其实什么也不是，仅仅是说辞而已？因

此，我们既不能不加审断和判别，仅仅说它就是如此，就打发掉这个问题；但也不必给一个已经冗长的论述插入更长篇幅的离题 51d
话。如果可能的话，通过只言片语做出重要区分，倒是最恰当的程序。

那么，这就是我本人投票支持的观点：如果理性理解与真信念[247]是两个不同种类的东西，那么这些“自在”的东西无疑存在——这些理念，我们不可感觉，只能理性理解。[248]但如果，如对某人所显似的，真信念并不以任何方式不同于理性理解，那么我们通过身体感官所感觉的一切就应被视为是最可靠的。但我们 51e
必须说这两个种是不同的，因为它们各有独立的来源，其属性也互不相似：在我们中，其一经由教导，另一经由说服；其一总有真实的推理[249]相伴，另一则毫无逻辑；[250]其一不为说服所动摇，另一则随说服而动摇。真信念应该说为所有人所分有，而理性理解则只为诸神和少数人所分有。

对三重存在论的扼要重述 51e6-52d4

既然是这样，我们就应该同意：第一个种是不变恒在的理 52a
念，不生不灭，既不接受来自其他地方的任何其他东西进入其自身，其自身也不进入任何地方的任何其他东西；它是不可见的，且根本不能为感官所知觉，观照它乃是理性[251]的职能。

第二个种同名于[252]且相似于前者，可感知，被生成，总为生灭裹挟着，在某个地方生成，又从那里消逝；它为伴随感觉的信念所把握。

52b 第三个种是空间，[253] 永久存在，不容许毁灭；它为生成的万物提供位置，[254] 它本身是由一种不包含感觉的、粗鄙的推理所领会到的，[255] 很难是信念的对象。诚然，我们仿佛在梦中看见它；我们说，凡存在者必然存在于哪里，在某个地方并占据某个空间，[256] 不存在于大地中和天空里的任何地方的东西就根本不存在。因为这种梦境，我们没有能力变得清醒并确定我们所做的所
52c 有这些区分和其他与它们近缘的东西，甚至无法说出关于真实的、清醒的、持存的实在领域的真相。这真相是：既然一个仿本并不把它由之生成的那个东西据为己有（仿本总是承受其他某物的影像），正因为如此，仿本在另外某种东西中生成，从而以这样的方式多少附着于存在，[257] 否则就什么都不是了。然而，有真实存在的东西 [258] 都从准确的、真的推理获得支持：只要一个东西（A）与另一个东西（B）是某个不同的东西（B 是 B，不是 A），那么，这两个东西都不会于某时在另一个东西中生成（A
52d 在 B 中或 B 在 A 中）以至于同一个东西在同一个时间既是一（A 是 A）又是二（A 既是 A，A 又是 B）。[259]

那么，就让我按照我“投票”所计数的来为我们的论述提供一个概要。甚至在天宇生成之前，恒在、空间和生成 [260] 这三种不同的东西就存在着。

接受器的前宇宙的混沌状态 52d4-53a2

现在，生成的保姆被液化和火化，还接受土与气的形状，并
且承受这些东西附带的所有其他属性，它就呈现出各种各样的现 52e
象；[261] 但因为它充满了各种既不相似又不平衡的力 - 能，[262] 所以
它本身的各个部分无一是平衡的；当它被这些力 - 能晃动时，就
无规则地朝四面八方摇摆，而它的运动又反过来晃动它们。随着
它们被推动，它们就持续地分头飘移，彼此分离，就像簸箕或其
他诸如此类的工具筛选谷物那样，它们被扬出去又落下来，密的 53a
和重的在一边，稀的和轻的在另一边。

接受器中前宇宙的原初物质的"迹象" 53a2-53b5

这四个种那时就是这样被接受器晃动的，它本身像一架晃
动的器具般摇摆着，将彼此最不相似的种分隔得最远，彼此最
相似的则最紧密地推挤在同一区域。由此，甚至在它们被整秩
构造出有序宇宙之前，这些不同的种就曾占据空间的不同区域。
在此之前，这四个种全都缺乏比率和尺度；当宇宙秩序正在形 53b
成之时，尽管火、水、土、气具有其本己性质之迹象，[263] 但不难
料想它们那时候的状态就是完全被神抛弃的事物的状态。它们
的自然状态就是这样，神所做的第一件事就是用形与数来为它
们造型。[264]

53b5-54b5 ## 四种原初物体的终极成分：两种直角三角形

我们所有论述里始终应该首先确定：神尽可能把这四个种建构成至美和至善的，而它们此前并非如此。现在必须试着向你们
53c 阐明它们各自的结构与起源。[265] 我的论述将是不同寻常的，但既然你们通过教育已经分有了我的阐述必然要运用的方法，你们会跟上我的。

首先，我相信，所有人都清楚，火、土、水、气都是立体；一切有立体形式的东西也都有厚度；厚度又必然地要被包围在面[266]性质的东西之内；而基于直线的面都是由三角形组成的。
53d 所有三角形都衍生自两种三角形，每一种都有一个直角和两个锐角。这两种三角形中，一种（等腰三角形）的两个锐角都是半直角，由两条相等的边所界定，而另一种（不等边直角三角形）则有直角的两个不相等的部分为其他两个锐角，由不相等的边划分直角所定。[267] 按照这结合了可能性与必然性的论述，[268] 我们假定这就是火和其他立体的本原。比这些更高的本原只为神和神所爱的人所知。

53e 现在我们必须说明，那能够生成的最美好的四类立体都是何种东西，它们彼此不相似，却能够分解并相互转化着生成。因为如果我们能够获得这个问题的答案，那么我们就会具有关于土、火及其类比中项（水与气）[269] 之生成的真理。因为我们决不能对任何人妥协说还有任何可见的立体比这些更美好，每一类都与一个种吻合。因此，我们必须全力构造这四类无比美好的立体，并

且确认我们已经充分把握它们的自然本性。

在这两种三角形中，等腰直角三角形只有一种样式，[270] 而不 54a
等边直角三角形则无限多样。现在，如果我们准备按照我们的方式开始的话，我们必须从这无限多样式中选择出最美好的。因此，如果有人说他能为这些立体的建构挑选另一种更美好的三角形，那么他将作为朋友而不是对手征服我们。然而，在许多三角形中，我们应该忽略其他而设定一种三角形是最美好的，即，两
个这样的三角形组成了第三个，等边三角形。其原因要更多的解 54b
释。但如果有人检验这一主张并发现其并非如此，那他该得到友谊奖。因此，就让我们挑选【直角】等腰三角形和【直角】不等边三角形（其长边的平方总是短边的平方的 3 倍）作为构成火和其他三类立体的两种三角形吧。

并非所有元素体都能相互转化 54b5-54d5

现在，我们必须更清楚地区分某些前面没讲清楚的东西。因为表面上看，所有四类立体在生成过程中相互转化。但这种表面
现象并不正确。因为，有四类立体从我们所选择的三角形中被造 54c
出来，其中有三类来自不等边的三角形，而唯独第四类由等腰三角形构成。因此，并非所有这四类立体都能够分解并相互转化，大量的小立体转化为少量的大立体，反之亦然。其实只有三类能这样转化。因为所有这三类全都由一种三角形组成，以至于当较大的立体分解时，这同一些三角形就能组成大量的小的立体，接

54d 受适合于它们的各种形状；而当许多小的立体分裂成其三角形时，这些三角形就被统合而变成了某个属于另一个种的体积更大的立体。

那么，关于这些东西如何相互转化就讲这些。接下来让我们讨论每类立体具有何种几何形状，它们由多少数目的成分组成。

54d5-55c6 **元素三角形构成立体结构**

领头的将是最首要、最微小的形状的建构，其元素，是那种斜边长 2 倍于短边长的三角形。现在，当一对这样的三角形沿对
54e 角线（亦即它们的斜边）并置，并且重复 3 次，它们的对角线和短边在一个点汇合成为中心时，结果是一个由 6 个这样的三角形组成的等边三角形。当 4 个这种等边三角形被组合在一起时，在
55a 3 个平面角的交合处 1 个立体角就产生了。这是在最钝的平面角后到来的角。[271] 一旦 4 个这样的立体角完成，我们就得到第一类立体形式，它是一种把整个周长切成相等和相似的诸部分的立体。

第二类立体形式[272]是由同样的（元素）三角形构成，但现在用的是 8 个等边三角形，从 4 个平面角产生出 1 个立体角。当 6 个这样的立体角被造出，第二类立体也就完成了。

55b 第三类立体[273]是由 120 个元素三角形、12 个由 5 个等边三角形平面围成的立体角联合构成的。这种等边三角立体最终具有 20 个等边三角平面。让我们把这种产生了以上三角立体的元素

三角形放在一边，现在转向另一种，那产生了第四类立体的等腰（直角）三角形。[274] 把 4 个等腰（直角）三角形的直角在中心点上相交，等腰三角形就产生一个等边的四方形（正方形）。当 6 个这种四方形相结合，就产生 8 个立体角，每个都是由 3 个直角 55c 平面构成的。这样构造出来的立体形状是一个正方体，它有 6 个等边四方形平面。

还有第五类立体结构，神把它用于装饰整个宇宙。[275]

重申宇宙的唯一性 55c7-55d6

任何人，如果考虑到这一切，就可能恰当地追问宇宙的数目是无限的还是有限的。[276] 如果他相信“无限多”，这就是在一个 55d 需要内行（确定）的事情上表达某种实际外行（不确定）的意见[277]；此时宁愿他停下来并合理地怀疑是否应该说生成的宇宙实际是一个还是五个。[278] 根据我们的“可能的论述”[279] 的回答所揭示的，只有一个神圣的宇宙生成；而注意其他因素的其他人会有不同意见，我们且不管他。

四种立体结构被归于四种原初物体 55d7-56c7

现在，让我们把已经说过其生成的结构分别赋予火、土、水、气。让我们把正方体的形式赋予土，因为在这四种立体中， 55e 土是最难移动和最具可塑性的——这些必然属于拥有最稳固平面的立体。在我们最初设定的两种【直角】三角形中，等边三角形的面[280]自然比不等边三角形的面具有更大的稳定性；由两个这样的三角形合成的面，等边四方形（正方形），无论作为部分还
56a 是整体，都必然比等边三角形具有更稳定的基础。因此，如果我们把这类立体形状分配给土，那么我们是在维护我们的“可能的论述”[281]。至于剩下的立体形式，接下来我们会把其中最不好动的给予水，最好动的给予火，居间的给予气。这意味着最小的立体属于火，最大的属于水，居间的属于气——从而，具有最尖锐角的属于火，次者属于气，再次者属于水。在所有这三种情形
56b 中，面最少的立体必然生成为最好动的；它所具有的角是最尖锐的，最适合于在所有方向上做切割；它也是最轻的，因为它是由最少的相同部分组成的。在具有这些相同的属性上，第二类立体次之，第三类再次之。因此，根据我们的不仅可能而且正确的论述，[282]把已造的正四边体（锥体）的形式作为火的元素或种子。[283]我们还应该说，已被建构的第二类形式属于气，第三类属于水。

56c 当然，我们必定推想，所有这些立体是如此细微，从而每一类的任一个由于其细微无一能够个别地为我们所见；但当它们大量集合在一起时，它们的团体才可见。此外，关于它们的数目、运动和其他性能的各方面比例，神以让必然性的本性愿意被劝说而服从的方式，通过让它们合乎比率地结合在一起，而完满、准确地实现了它们。

火、气、水、土的相互转化 56c8-57c6

从关于这四个种的上述一切来看，以下（关于其转化的）论述是最有可能的：土遇到火并被火的尖锐性引起分解——无论分 56d
解发生在火本身之内还是在气团或水团之内——直到其诸部分在某处重逢，自行重装在一起，又成为土；因为土的各部分决不会转变成别的形式。然而，当水被火甚或气分解时，其各部分能够重新组合，形成 1 个火粒子和 2 个气粒子；而 1 个气粒子的诸碎 56e
片，能产生 2 个火粒子。再者，每当少量的火被大量的气团或水团或土块所包围，并随它们的运动而在其中被搅动、斗争落败而被分解时，2 个火粒子组合成 1 个气的形式；而当气遭到挤压并分散时，2 个半的气的形式将凝结成 1 个完整的水的形式。[284]

让我们重述这些转化如下：每当另外一个种为火所包围从而 57a
被火的尖锐的角和边所切割，如果它被重构成火，就会停止被切割；原因在于，每一个相似或相同的[285]种里的东西都绝不可能改变任何与之相似或相同的东西，也不被它所改变。但只要弱者与强者争斗，那么一物进入他物的过程就会发生，分解将不会停止。同样，当少量较小粒子被大量较大粒子所包围时，它们就会 57b
被破碎和消灭。当这些较小的立体愿意重构进胜过它们的种的形式之中时，消灭才会停止，从而从火变成气，水自气来。但如果这些较小的粒子处于转化的过程之中，另一个种与它们相遇并缠斗，那么它们的分解将持续不停，直至它们完全被挤压粉碎并逃回到它们自身的相似者中去，或者被打败，从多合并成一，它们

57c 就被同化于胜过它们的那个种；继续处于与那个种同一的状态。再者，在它们经历这些转化过程时，[286]它们全都交换其处所：[287]由于接受器的运动，每个种的大多数团块都与其他种相互分离，占据其自身的位置，[288]但由于某些部分不时地变得与其自身不相似，而与别的种相似，所以它们就被搅动着带回到任何它们正变得相似的那些种的位置。

57c7-57d6 **为什么每种原初物体有变体？**

这些就是纯而无杂的原初立体得以生成的原因。但在这四个
57d 种之内诸变体的存在归因于这两种元素三角形的建构。这两种三角形的建构最初并非产生只有一种大小的三角形，而是有大有小，大小的数目与每个形式内的种类的数目相同。因此，当它们与自身混合且彼此混合时，它们就有了无限多的变体，这是那些打算使用“可能的论述”研究自然的人所必须注意的。[289]

57d7-58a2 **运动与静止**

至于运动与静止，如果我们不能对这两者的生成方式与条
57e 件有一致意见，那么后面的推论将有许多障碍。尽管已对它们有所讨论，但现在还必须补充说：没有任何运动将存在于均同齐一的状态之中。因为，没有某个推动者而有某物被推动，或没有某个被推动者而有某物在推动，是很难的，甚或不可能。当

这两者都不在场时，就没有任何运动，但【当它们都在场时】它们不可能是均同齐一的。因此，静止存在于均同齐一的状态中，而运动则在非均同齐一状态中，[290] 是我们必须始终假定的。非均 58a
同齐一的自然本性的原因则是不相等性。[291] 我们已经论及不相等性的起源。[292]

为什么原初物体的相互转化持续发生？ 58a2-58c4

但是，关于这些元素如何没有按照它们各自的种而被彼此彻底分离并且不停止相互转化和换位运动，我们尚未论及。那就让我们转回来做如下解释：宇宙的周转，[293] 既然包含这些种，那么，因为它是球形的，从而具有一种朝自身聚拢的自然趋向，它
就压缩它们全部，不允许留下任何虚空的空间。[294] 因此，火渗入 58b
所有其他种最甚，其次是气，因为它自然地就是第二精微的；其他亦复如是。因为那些由诸最大部分构成的立体将在其结构中留下最大的空隙，而那些由诸最小部分构成的立体则会留下最小的空隙。于是，这个聚合、压缩的过程就把诸小部分挤压进诸大部分的空隙之中。[295] 因此现在，当诸小部分被置于诸大部分中间，并且诸小部分势必分解诸较大部分，而诸较大部分又导致诸较小
部分的聚集时，它们全部上上下下地朝各自的位置漂移。因为每 58c
一个立体的大小的改变，其所在位置也改变。以这种方式，由于这些原因，非均同齐一性的发生就永久地被维持着，从而导致这些立体的持久运动，无论现在还是将来，永不间断。

58c5-60e2 ## 对火、气、水、土的变体的确认与描述

在此之后必须注意到，有多种多样的**火**生成：例如，火焰和那来自火焰、不燃烧却给予眼睛以光亮者；然后，还有火焰被熄
58d 灭时余烬中所残存者。

气也如是，那最清澈透亮的被称为以太，最污浊的是雾和霾，[296]还有其他无名的种类，由于诸三角形之间的不相等性而生成。

而水，首先分为两种，**液体**和**熔浆**。[297]现在，液体分有了较小且不相等的水体，因为其非均同齐一性和其构造形态，不仅
58e 本身是好动的，也易被别的东西所推动。另外一种，由较大且均同齐一的水体组成，是更为稳定的，并且被其均同齐一性所压实而是沉重的。但当火渗入它并分解它时，它就丧失其均同齐一性，而失去这个性质就让它分有更多的运动。当它变得好动时，它就在相邻气体的压迫下，在地上扩延开来。这两种变化各自跟有一个名称：其聚合体的分解叫“**熔化**”，在地上扩延叫“**流
59a 动**”。但是，反过来，当火被驱离于它时，既然火并不进入一个虚空，[298]而是压迫相邻之气，这就把仍然好动的液态聚合体压入先前被火占据的位置，[299]并且将它与自身相结合。而那液态聚合体，被如此挤压且重新获得其均同齐一性，因为火——其非均同齐一性的制造者——离开了，它就重建其自身先前的状态。火的离去被称为“**冷却**”，随火的离去而来的聚合被称为“**凝固**”。[300]

59b 在所有我们称之为“熔浆”的水中，有一种由最精微、最均

同齐一的微粒生成为最密实的、其种类独一无二且染有耀眼的黄色者，就是金子，我们最宝贵的财富，经由石头过滤而被固化。金子的衍生物，由于其密度而坚硬无比，且着黑色，被称为“**金刚石**”。

另有一种，其微粒近似金子，却多种多样，其密度比金子还大，而且分有土之较小的和精细的部分以至更为坚硬；但是，由 59c
于它内部有大的空隙而更轻；这样合成的就是**铜**，明亮而凝固的水当中的一种变体。每当这个混合体中的土和水的部分，[301] 随时间流逝再次相互分离时，土的部分就独自地呈现出来，被称为“**锈**”（铜绿）。

遵循“可能的故事”[302] 的方式阐明其他诸如此类的东西，就不再复杂了。如果一个人，为了消遣，将有关恒在者的论述搁置
一边而探究有关生成变在的可能的论述，并由此获得无悔的愉 59d
悦，那么，他将为他的生活带来些许适度与明智的娱乐。因此，现在，我们不妨投身于这样一种消遣，以这种方式继续关于如下相似现象的论述。

那与火相混合的水，既精细又流动，因为其运动以及在地上滚动的方式而被称为“**液体**”。此外，它还是柔软的，因为其表面比起土的表面来更不稳定而顺从。当这种水与火和气分离而独
立时，就变得更为均同齐一，并且被流出的微粒挤压而进入自 59e
身。当它以这种方式凝固时，受这一过程影响最大的离开地面的水就是“**雹**”，而地面上的部分则是“**冰**”。某些水没受这么大影响，从而只有一半凝固；这样的水离开地面就是“**雪**”，而在

地面上并且由露水凝结而成的，就是所谓的“**霜**”。

60a 水的绝大多数相互混合的变体，作为一个统一的种，因为经由土里长出的植物而滤出，就被称为“**汁**”。因为它们是混合的，所以每一种都有不相似之处。这样产生的大多数种类尚未命名。不过，其中的四个种，包含了火的形式，格外惹人注目，所以获得了名称。首先是**酒**，不仅给身体加热，而且温暖了灵魂。其次，有各种各样的**油**，是柔滑的，而且分割视线从而闪烁，对眼睛发光发亮，包括树脂、蓖麻油、橄榄油本身以及所有其他具有相同性能的东西。第三，有通常所谓的**蜜**，[303] 它是所有那些放
60b 松味觉器官直到其返归自然状态，并借助这种性能提供甜的东西；第四，还有所谓的**酸汁**，与所有其他汁都极为不同；它是一种泡沫，能通过燃烧溶解肌肉。

至于**土**的各种变体，首先，是通过水的过滤而以如下方式变成石状物体的土：当与它相混合的水在混合的过程中被分割时，
60c 就变成气的形式；而一旦它变成气，它就冲向其自身的处所；但因为它上面没有任何虚空，所以它就推压相邻之气；这气，很是厚重，当它受压并散布在土块的周围时，就重压它，并迫使它进入新生之气由此上升的位置。当土受到气的如此压挤以至不可被水溶解时，它就形成了“**石头**”；其中较美丽的是透明的、由相等并均同的微粒所构成的那种，[304] 较丑陋的则刚好相反。

60d 其次，是那其中一切水分均被烈火夺去从而其构成比第一种土（石）脆弱者，就是被赋予了“**陶**”之名的那种土。不过，有时，水分尚有残余，土被火熔化；当它被冷却时，就变成黑色的

磨石。[305]

还有两种土的变体，同样都是通过混合体中大量水分被排出去而形成的。它们是咸的，由土的最精细的部分组成，生成为半固体且可以再次溶于水；其中一种是“**碱**”，油污的清洗者；另一种是“**盐**”，与各种口感味道和谐相混，习惯上称为[306]“诸神 60e
所喜爱者”。

原初物体与土水混合体如何分解？ 60e2-61c2

还有可熔于火而不可溶于水的土水混合体。其合成原因如下：土的聚合体不被火和气所分解，因为气与火的微粒自然地比土结构的空隙小，所以它们无须强力就穿越土块的宽大空间，这就让土不被分解，呈现未熔化的状态。而水的微粒，自然地就是较大的，必须动用强力开道，从而分解、溶化了土。当土不是被 61a
强力凝固时，只由水所分解；而当它凝固时，就只由火所分解，因为它没有给任何除火之外的东西留下入口。水，也一样，当它被极大的强力聚合在一起时，由火所分解，而当它被较弱的力聚合时，火和气都可以分解它：气通过进入空隙来分解，火则通过打碎成三角形来分解。但是，为强力所压缩的气，除了通过进入其元素三角形之外，不可能被分解，而当它不被强力所压缩时，就只能由火来分解。

至于那些土水混合体，只要那被强力所压缩的土内的空隙， 61b
被其自身的水所占据，自外接近它的水的部分就没有任何入口，只好围绕整个聚合体流动，任它不被分解。但是，火的部分却要渗入水的空隙，因此火就像水对待土那样对待水。结果，它们是导致这土水混合体分解和流动的唯一原因。这些土水混合体，不
61c 仅有水少土多的物体，诸如“**玻璃**”和所有被称为可熔种类的石头，而且有更多水的物体，亦即所有**蜡**和**乳香**类型的固体。

61c3-64a1 **原初物体及其混合物的各种可感性质：热与冷、硬与软、重与轻、滑与糙**

现在，我们已经近乎充分地展示了有关这四个种的形状、结合与相互转化之多种多样的形式，但我们仍须尝试阐明是什么原因造成了它们的各种可感性质。[307] 首先，我们的论述必须始终预设感觉的存在，尽管我们目前既未描述肌肉或属于肌肉的东西的
61d 生成，也未讨论灵魂的有死部分的生成。然而，不借助那些与感觉相联的可感性质，就不可能对这些东西给予充分的论述；但不联系前者，我们也不可能对后者给予充分的论述，而同时处理这两者几乎是不可能的。因此，我们必须首先假定二者之一，然后再回过头来考察我们所假定的东西。为了使我们能够从四种物体直接进入可感性质的讨论，让我们先做有关身体与灵魂的存在的必要预设吧。

首先，让我们看看，我们为什么称火为“**热**”。让我们以这种方式来看它：我们考虑火是如何通过分离和切割而作用于我
61e 们的身体的。因为我们几乎都感觉到那是一种尖锐刺人的性质；

其边缘的精锐、其角的锋利、其微粒的细小，以及其运动的迅猛——所有这些使其猛烈、尖锐，总是锋利地切割它所遇到的任 62a
何东西——在我们回想其形状如何生成时必须要解释的。正是这种而非其他性质最能分离并切碎我们的身体，从而产生我们现在合理地称之为“热”的可感性质及其名称。[308]

其对立面是显然的；不过我们的论述不该缺少任何东西。当环绕身体的较大的液体微粒进入它时，就驱赶较小的微粒，但不能占据它们空出的位置，于是就压迫我们中的水分，借助于所引 62b
入的均同齐一性与压缩，使它从运动的、非均同齐一状态进入静止状态，从而凝固。但是，那被不自然地收缩的东西都有一种抵抗这类收缩的自然本性，而将其自身推回相反的状态。这种“抵抗”和“晃动”，我们称之为“颤抖”和“战栗”，而这整个感受及其作用者，就有了“**冷**”之名。

我们用“**硬**”称呼我们的肌肉所屈服的任何东西，用“**软**”称呼屈服于我们的肌肉的任何东西。而这正是它们彼此相关的方式。任何立在小的底面上的东西都倾向于屈服；但由正方形构成 62c
的立体形式，站得非常稳，因为其各个底面都最稳定；同样，任何被最密集压实的东西也最具抵制力。

“**重**”和“**轻**”的性质，如果与我们所谓的“**上**”和“**下**”的性质一起考察，就可以得到最清楚的阐明。认为宇宙自然地被划分成两个相反的领域，其一为“下”，让任何有身体体积的东西全都接近它，另一为“上”，所有物体都不愿意趋向于它——是完全错误的。[309] 因为，既然整个宇宙是球形的，那么远离中 62d

心的所有端点都与它等距，从而就其本性而言都是相等的端点；而其中心，与端点都是等距的，因此必须被视为同等地与所有这些端点对立。既然这就是宇宙的自然本性，那么在刚才所提及的这些点中，又有哪个能够被设定为“上”或者“下”而不必因其没用全然不当的名称而遭到严正的指责？没有任何理由把宇宙的中心区域描述为自然的“上”或自然的“下”，而仅仅是“在中心”；诚然，其外围既非中心，但也没有其任何部分通过比任何与它对立的部分更接近中心而不同于任何其他部分。对于那就自然本性而言完全均同齐一的东西，什么相反的名称能够适用或者
63a 在什么意义上适用呢？再进一步，假如有一均衡的固体处于宇宙的中心，那么它不可能朝任一端点移动，因为它们完全均同齐一。但如果你能绕此固体一周，那么你就会反复地站在自己的对立极上，从而称其某个相同部分既是“上”又是“下”。正如我们刚才所言，因为整个宇宙是球形的，所以，说它有某个地方为“下”、另一个地方为“上”是没有意义的。

关于这些名称及其实际所适用的对象的起源问题——解释了
63b 我们何以习惯于用它们以这种方式对整个宇宙进行划分——我们必须同意如下假设：想象一个人进入宇宙中的某个最适合分配给火的位置，并且那里也是火持续所趋并最大量聚集的区域；再想象他登上那里，有能力进入那里，取走火的诸部分并把它们放在秤盘上称它们的重量，那么当他举起秤杆并强行将这火拽入异质
63c 之气中时，显然，较小量的火比较大量的火更容易受其约束。因为，当两个东西同时被一个力所举时，较大者对所施加的举力的

抵制必然比较小者的更大；从而大的量将被称为“**重**”，趋向于“下”，小的量为“**轻**”，趋向于“上”。现在，这恰恰就是我们必须检查的在我们自己的领域里所做的相同的事情。当我们站在地球上，分离出一个土质的东西或有时纯粹的土时，我们违背它们的自然本性，用力将它们拽入异质的气中。尽管这两者都会黏 63d
着其同种者，但较小者比较大者更容易受我们所使用的将它引入异质之气的力的约束；这就是我们所谓的“轻”，而我们迫使它进入的那个地方我们称为“上”；其相反的那些性质就是“重”和“下”。[310] 这些名称必然相互有别，因为不同种的大聚合体占据着彼此相反的处所：因为在某个位置上“轻”的东西与相反位置上“轻”的东西相对立，对于“重”“下”“上”的东西也如 63e
此，我们将发现，它们全部将是或已是彼此相反，彼此成角度以及彼此完全不同。我们必须认为，这样一件事对有关它们的一切为真：正是向其自身之种的聚合体的迁移使得移动者“重”，它所移入的位置就是“下”；而另一对名称（“轻”与“上”）则用于以相反方式活动的物体。这就是关于这些可感性质的成因的解释。

至于“**滑**”和“**糙**”，这两种可感性质，我认为任何人都能够看出其原因并且能够向别人阐明它们：“**糙**”源自“硬”与“非均同齐一性”的混合，而“**滑**”则是“均同齐一性”与“稠 64a
密厚实性”混合的结果。

64a2-65b4 **感觉的生理学：快乐与痛苦**

关于整个身体共同的诸可感性质，剩下的最为重要的一点，乃是我们刚已解释过的情形中的**快乐**和**痛苦**的原因，以及经由身体诸部分而被感觉到并且同时伴有痛苦与快乐于自身之中的那些可感性质的原因。

对于所有可感觉的和不可感觉的性质，我们想理解其原因，
64b 就要记住我们先前在自然本性上的好动者和不好动者之间所做的区分。这是我们探究所有那些我们想要把握的东西的必要方式。每当那自然的好动者受到哪怕些微的扰动，身体各部分就连锁反应式地相互传递这同一种受感扰动，直至它抵达理智的器官[311]并报告作用者之性能。相反，不好动者则始终保持稳定，仅仅承
64c 受这扰动，却不在任何连锁反应中传递它；它不打扰其任一相邻部分，从而诸部分之间相互并不传递，那最初影响它们的扰动也就无法作用于整个生物，使得这扰动不被感觉到。这就是骨头、毛发以及我们身体中所有其他以土为主的部分的情形。但前一种情形在我们的视觉与听觉中特别明显，这是因为在其内部包含了最大能量的火和气。

现在，关于**快乐**和**痛苦**，必须这样去理解：一种扰动（感
64d 受）在我们身上反乎自然地、[312]强有力地、突然地生成，便是痛苦；而突然地复归自然状态则为快乐。柔和、微小的扰动不可感觉，反之则可感觉。再者，轻易发生的扰动可被完全地感觉，远较其他为甚，尽管不分有痛苦和快乐。例如视线本身的可感性

质。前面[313]我们把视线描述为在日间附着于我们而生成的一种
体。切割或燃烧或它的任何其他遭受都不会在它之中造成任何痛 64e
苦，而它复归于其原初状态也不导致任何快乐。但是，它所遭遇和接触的东西的数量越大、所感受的越多，其感觉也就越强烈和清晰，因为在其被分离和重组的过程中，绝对不包含任何强力。相反，那些由较大微粒组成的器官，几乎不会屈服于其作用者；它们将运动传递到全身，从而它们也就拥有了快乐与痛苦——异
化（于其自然状态）则痛苦，复归（其自然状态）则快乐。所有 65a
那些脱离常态并空化自身是短暂的（或微小的、平缓的），而其填补充实却是突然且长期的器官，对空化毫无感觉，对填补充实的发生却很敏感，因此，它们把巨大的快乐而非痛苦提供给灵魂的有死部分；这在“香味”的情形中是显而易见的。但是，所有那些其异化[314]是突然的，而其复归于本然状态却是短暂的、不
足的，却产生了与之前提及的相反的结果；显然，这又是在身体 65b
承受燃烧或切割的时候所发生的。

味觉与味道 65b5-66c

现在，关于那些全身的共同的可感性质，以及所有产生它们之作用者的名称，几乎都被说过了。我们必须试着进一步描述我们身体的各个部位所发生的那些可感性质及作为其作用者的诸原
因，如果可能的话。 65c

首先，我们必须尽可能努力阐明，在先前有关**汁**的论述中遗

留下来的、为舌头所特有的那些可感性质。这些，和其他大多数可感性质一样，看起来也是经由收缩和膨胀而生成的，但此外，它们比其他可感性质提供更多的“糙”和“滑”。因为，当土性
65d 微粒进入在用作舌头的检验工具周边并伸展到心脏的细小管道的区域时，就撞击舌头的湿润、柔软的肌肉，并被溶化开去。在此过程中，它们收缩这些管道并使它们干涸；当它们较为粗糙时，我们尝之为“**馊**”，较不粗糙时，则表现为“**涩**”。净化管道并冲洗整个舌面者——如果它们做得过度从而攻击舌头并溶解它的
65e 某个部位，如碱（苏打）所能做的那样——全都被称为“**苦**”；而当它们不像“碱”那么强烈并且仅实施温和的冲洗时，我们尝之为“**咸**”，因为没有强烈的苦性，就显得较为宜人。那些分享口部热量并由此而软化者，被燃烧并反过来烧灼为其加热者。由
66a 于其轻巧而上升到头部诸感官并且切割它们所碰到的任何东西；因为这些性能，所有这一切就被称为“**辣**”。另外，还有一些东西，经由腐化过程而被提纯，然后进入狭窄管道。这些东西，与管道内所含的土微粒和气微粒都保有适当的比率，以至（当它们进入时）搅动土微粒和气微粒，导致它们相互搅拌。在搅拌中，它们相互环绕，并且，当一个种类的微粒进入另一种类的微粒时，
66b 就造成空穴，包围入内的微粒。由此，当一个空心的水套——无论含土的还是纯粹的——绕着气被延展时，就生成了潮湿的气管、空心的水球。其中，那些由纯粹水分构成的透明球体，被称为“**泡**”；而那些其水分含土并骤然滚动上升者，被称为“**起沫**”和“**发酵**”；而这两种可感性质的原因则被称为“**酸**”。

还有一种与上述这一切全都相反的可感性质，是由与此相反的原因造成的。每当进入舌头管道的水化微粒的组合结构与舌头的自然状态吻合，这些进入的微粒就涂抹其粗糙部位使其柔滑，凝聚那被不自然地稀释了的部位，或稀释那被不自然地凝聚了的部位，最大限度地使所有那些部位回复到其自然状态之中；就这样，它们证明是对强力扰动的治疗，让所有人都完全快乐和喜爱，被称为“**甜**”。 66c

嗅觉与气味 66d1-67a7

关于味觉就说这些。至于鼻孔具有的功能，其可感性质不属于任何特定种类；这是因为气味总的来说属于“杂种”[315]，没有哪个种（原初立体）恰好拥有某种气味所要求的适度比率。我们嗅觉（器官）中的管道，对各种各样的土和水的微粒来说太窄，对各种各样的火和气的微粒来说却又太宽，[316]因此，没有人曾感觉到任何来自这四种原初物体的气味。气味仅生成于某些处于液化或腐烂或熔解或蒸发过程中的物体；因为，当水变成气或气变成水时，气味就在这转化过程中生成。所有的气味要么是**汽**，要么是**雾**：在气化为水的过程中的是雾，在水化为气的过程中的则是汽；正因为如此，气味总体而言要比水稀薄，但比气浓厚。每当有人因为呼吸有障碍而用力吸气以恢复呼吸时，其性质就显而易见：因为那时没有任何气味渗透过去，而只有本身被剥除了任何气味的气息穿过。 66d 66e 67a

这些多种多样的气味形成两个系列，但都没有名称，因为它们不是由多种特定类型构成的。只能把它们划分为“令人愉悦的”和“令人讨厌的”，这是明显可说的；后者硬化并侵害从头顶到肚脐的整个上体，而前者则软化这个区域并欢迎它复归其自然状态。

67b1-67c4 **听觉与声音**

67b 我们现在考察我们身上的第三种感觉，听觉。我们必须概述造成与听觉相关联之诸可感性质的原因。一般地，我们可以将**声音**确定为气借道耳朵，至大脑和血液并直至传导到灵魂的一种敲击，从而**听觉**就是始于头部而终于肝脏部位的敲击所造成的运动。急促的运动产生“尖锐”的高音，较缓慢的运动则产生较低沉的声音。均同齐一的运动产生既均同齐一而又平滑的声音，反
67c 之则产生“刺耳”的声音；强大的运动产生“宏亮”的声音，反之则产生“柔和”的声音。[317] 但是，我们必须把有关和声的论述留待后面讨论。[318]

67c5-68d10 **视觉与颜色**

剩下的第四种感觉，我们必须加以分类，因为其中有大量的多样性，总称为“**颜色**”。颜色是一种火焰，从各种立体流出，其各部分与视流恰成比例以至产生感觉。关于视流生成的诸原

因，在前面的论述[319]中我们已经说过，而现在，特别适合和有理由通过一种可能的论述来解释各种颜色如下。 67d

那些来自其他物体并落入视流的微粒，有的小于，有的大于，还有的等于视流本身的微粒；那些相等的微粒是不可感觉的，我们称之为“**透明**”的。那些较大的则压缩视流，而那些较小的，则放大它，从而相似于热的和冷的微粒之于肌肉、“辛” 67e
的和所有我们称为“辣”的发热微粒之于舌头。因此，“黑”与“白”就是那些相同的可感性质，尽管发生于不同的类别，也因为这些原因而呈现不同的显相。[320]所以，我们应该这样来言及它们：放大视流者为“**白**”，反之则为“**黑**”。

现在，当另一种类的火的更具穿透性的运动撞击视线并放大
它直至眼睛、强行穿过眼球内部的通道并融解它们时，它就从那 68a
里流出一团水与火，我们称之为“**眼泪**”。这穿透性的运动本身由火组成，当它遇上来自相反方向的火时，一部分火便像闪光般跳出眼睛，其他的则进入眼睛，却被周围的水分所熄灭，在这种混合中产生了各种色调的颜色。这种感受我们称作“**炫目**”，而造成它的东西则被冠以“**亮光**”或“**闪光**”之名。

另一方面，还有一类火是白与亮光的居间者，当它触及眼液 68b
并被混合其中时，并不是“闪光”，而是由于火光与水分的混合呈现出血色，我们称其名为“**红**”。当“亮光”被混合于“红”和“白”时就成了“**橙色**”。但要说明它们以何种比例混合却是不明智的，即使有人知道的话。因为对于这类事情，人们不可能提供某种必然性或可能的论述。[321]

68c “红”被混合于“黑”和“白”当然就是“**紫**”了；但是当这一混合物彻底燃烧并混合于更多的“黑”时，就成了“**黑紫**（紫罗兰色）”。“**灰**”是白与黑的混合；橙与灰的混合则产生“**黄褐色**”；而“**赭**”则出于“白”与“橙”的混合。当“白”与“亮光”结合并浸入“**深黑**”之中就变成“**深蓝**”，而“深蓝”与“白”相混又成“**浅蓝**”；“黄褐”与“黑”相混则成

68d “**绿**”。从这些例子足以明白，通过何种混合，其余的颜色都会呈现，以便保全可能的故事。然而，如果有人想用实践检验这些事实，那么他将证明他对人性与神性的差别茫然不知。因为正是神才同时拥有足够的知识和能力将多混合成一，又把一重新分解为多，[322] 但没有一个人，无论现在还是将来，能够胜任这些任务中的任何一项。

68e1-69a5 **第二部分论述的结论**

68e 如是，所有这些东西，其自然本性以上述方式而出自必然性，又被生成者中最美、最善的东西的制造者，在制造那自足的、最完满的神之时，所接手。尽管祂利用了相关的辅助因，却是祂自己赋予所有生成者以美好的设计。因此，我们必须区分两种原因，必然的和神圣的。首先，神圣的原因，如果我们想要获

69a 得我们的自然本性所允许的限度内的幸福生活，我们必须在万物中追寻它；其次，必然的原因，这是我们为了神圣的原因之故而必须追寻的。我们推断，如果没有必然的原因，那么我们认真探

讨的其他对象本身就不能被观照，从而也不可能被把握或以任何其他方式被分有。

69a6-92c9 **第三部分：理性与必然性在人和其他动物的心理 - 生理构造中的合作**

69a6-69c5 **第三部分论述的导言**

现在两种不同的原因已被筛选出来，就像木料[323]之于木匠，为我们所备妥，必然要从它们建构出我们论述的其余部分。让我们简短地再一次返回起点，并快速地去往我们到达目前这个位置
69b 的相同的地方，从而试着给予我们故事最终的“尾”和“首”，它与我们此前的讨论相契合。

如一开始所言，这些东西处于无序状态，神将它们的既对其自身也对其他事物的恰当比率引入它们中的每一个，从而用尽可能多的方式使之能够具有可公度性和比率；[324]因为在它们毫无这类关系之时，除了由于运气，[325]也完全不值得提及我们现在用来命名它们的名称，如火、水，以及其他任何一个种。所有这一
69c 切，神先赋予秩序，然后再用它们建构这个宇宙，一个包含所有

其他有死的和不死的生物于自身之内的单一生物。[326] 匠神自己制造了那些神圣的东西，而命令他自己的儿子们去塑造那些有死的东西。

不死的和有死的灵魂被赋予身体的不同部分 69c5-71e2

祂们接过不死的灵魂本原，并且模仿祂，将它安置在一个球状的有死身体（头颅）之中，并把整个身体给它做载体。而在身体内部，它们还造了另一形式的灵魂，有死的灵魂，拥有那些可怕的但必要的情感于自身之内：首先是快乐，恶之最大的诱 69d
惑；其次是痛苦，它使我们逃避善的东西；此外，还有鲁莽和恐惧，[327] 愚蠢的指导者；然后还有难以平息的激情 [328] 与易入歧途的希望。[329] 所有这些与非理性的感觉和肆无忌惮的欲望 [330] 混合，如是，必然地，祂们合成了灵魂的有死的种类。

因为祂们担心这些东西玷污了神圣的灵魂——除非这是绝对必要的，所以祂们在身体的另一处安排了一个独立的居所给有死 69e
的灵魂；通过在头和胸之间设置脖颈，祂们造了一条咽道为界，使它们保持分离。然后，在胸和所谓的躯干中，祂们固定灵魂的有死种类。既然有死灵魂自然地一部分较好、一部分较坏，祂们就制造躯干中的中空隔间，如同划分一所房子之为男房女房；祂 70a
们在这两部分之间设置膈为隔离区。

现在，分有勇气与激情的那部分灵魂，是好胜的，祂们就放在膈与颈之间较近于头颅的地方，以便它能聆听理性，与之一起

用强力克制欲望构成的那个部分，当后者不再愿意被来自头颅堡
70b 垒[331]的理性命令说服的时候。心脏，将血管系拢，有力地流遍全身所有部位之血液[332]的源泉，被置于卫士室中，为的是，当理性报告涉及这些部位发生的某种不正义的行为——有些是从外面作用于它们，有些甚至由内发自欲望——而激情的力量就沸溢时，身体的每个敏感部位，经由所有这些狭窄的管道，可以感受到劝告或威胁，从而完全听而从之。于是乎，它们全体中间最好
70c 的部分就被允许成为领导。

诸神预见到，当危险被预料到或激情被唤醒时，心脏就会怦怦乱跳，恰如所有这样的激情膨胀，是由于火。因此祂们设计了某个东西来辅助心脏：祂们植入**肺**，首先它是柔软且无血的，其
70d 次它的内部有海绵般通透的孔，这使它能够吸气和饮水从而冷却心脏，使之舒缓并散热。[333]为此，祂们切割出下到肺的气管通道，使肺像软垫般置于心脏周围，为的是，当心脏内的激情达其顶峰时，心脏也能够由于某种顺从它的东西而跳动并得到冷却。由于少劳动，它就能更好地与激情一起服务于理性。

灵魂的具有吃喝欲望和其他出自身体自然本性之需求的那个
70e 部分（胃），祂们置于膈与肚脐上的边界之间。祂们在整个这块地方设计了某个食槽那样提供身体营养的东西。祂们把这部分灵魂束缚在这里，仿佛它是头野兽，它必然地要被我们拴牢喂养，如果一个有死的物种要存活的话。祂们将其位置定在那里，为的是始终在其食槽附近喂养它，尽可能让其远离做决策的那部分而
71a 生活，并且尽可能让它少制造扰攘与噪音，从而允许最高的部分

平静地考虑整个身体及其各个部分的福祉。

祂们知道这部分灵魂不会理解理性，即使它对它们多少有所感觉，也不会对理性中的任何东西具有本能的关切，而是更多地为黑夜与白天的影像和幻象[334]所诱导。因此，神通过构造**肝脏** 71b
来勾合这一倾向，将它置于那部分灵魂的居所当中。祂把它设计成某种密、滑、亮、甜的东西，尽管也有苦的性质，从而其中从理性智能带出来的思维能力能够像镜子接受印象并提供可见的影像那样，压印其上；[335]如是，每当它利用肝之苦素的同种类部分，就能用严厉的命令威慑并吓唬这部分灵魂；通过使这苦素迅速注满整个肝脏，就能将胆汁诸色投射其上，收缩整个肝脏，使之起皱，变得粗糙；它能把肝叶从正确形态弄弯，阻塞和封堵其 71c
入口和血管，从而造成痛苦与恶心的发作。又，每当出自理智思维的柔和的气息吹拂并绘出截然相反的图像时，它将拒绝激起或触及一种与其自身相反的自然本性，从而提供对苦味的缓和。反之，它会将肝脏本身的自然甜素用于其上，从而全面恢复它的平 71d
直、柔滑与自由，使得居住在肝脏周围区域的那部分灵魂舒适与安好，鉴于它并不分有理性推理与智慧，[336]就通过具有睡梦的兆示力，使其能够温和地度过夜晚。因为我们的构造者们，记得其父的指示。那时他命令把有死的人类尽可能造得最好，因此，祂们以此方式来矫正我们最卑贱的部分，即，把兆示的场所安置在 71e
这里，以便它对于真理（真相/实在）能有某种程度的把握。[337]

71e2-72d3 肝脏的兆示功能

神将兆示赐予人的愚昧性，是有充分证据的：在其理性状态中，没有人使用兆示，无论它是神启的或者真实的，除非当他的理解能力因为处于睡眠中而被束缚，或者由于疾病或者由于某种神启状态而被改变时。另一方面，它让一个有理智的人回忆并沉思由这种本性上的兆示或神启在无论睡眠或是清醒时所告知的东
72a 西，以及他所看到的显像，并让他通过推理来辨识它们所兆示的好事或坏事，对什么人，在未来还是过去或者现在。但是，只要某人神志不清且不能自拔，那么对他自己的视像与声音作出判断也不是他所能做的了。古人说得好，“自知与自为只属于聪明
72b 人”。也正因为如此，习俗上就指派祭司之类对神启的兆示做判断；有人把这些人本身称为“占师”，因为他们完全不知道，这些人其实不是占师，而只是任由谜语传达的话语或图像的解释者；因此，他们的最恰当的名称是“兆示的解释者”。

由此解释了为什么肝脏的本性是这样的，为什么它是位于我们刚才描述的那个区域——为了兆示。此外，只要每个生物都还是活的，这样一种器官就会呈现清晰显明的征兆，但一旦其生命
72c 被剥夺，这器官也就变得盲目，它所显明的征兆也昏暗模糊，难以显示任何清晰的意义。

位于其左侧的相邻器官，具有一种结构，目的就是使肝脏持久保持明亮与干净，像一块供擦拭镜子的抹布，总挨着它，随时备用。因此，每当因身体疾病而产生的这样那样的污物包围肝脏

时，**脾脏**，一个结构松散、多孔却无血的器官，总会将它们全部清洗并吸收。[338] 因此，它充满了它所清洗出来的污物，肿胀变大 72d
并溃烂；之后，当身体的清洗完成时，肿胀消退，脾脏再又收缩到其原初状态。

其他身体部分的形成与目的：腹部、骨髓、骨头（颅骨、脊椎）、肌腱、肌肉 72d4-74e1

那么，关于灵魂的问题——多大部分是有死的，多大部分是神圣的，各部分都居于何处，都与什么器官关联，它们为什么相互分离而居——仅当我们具有神的肯定，我们才能肯定刚才的论述为真。然而，无论现在，还是进一步更密切地考察，我们都敢说我们的论述至少是可能的。那么，我们就这么主张吧。

我们的下一个论题必须经同一路线去探究。这是要描述身体 72e
的其余部分是如何生成的。接下来的推理应最适于解释其构造。我们人类的制造者们知道，我们在饮食上将是无所管束的；祂们知道我们的贪食会让我们比合理必需的量消耗更多。因此，为了阻止疾病带来的我们这个有死物种的迅速毁灭并预防其直接的、过早的夭折，祂们有先见之明地制造了所谓的“**下腹部**”，作为 73a
容器来储存多余的食物和饮料。祂们把**肠**围绕成数圈，以防食物消化过快而必然强迫身体再要求更多的食物，从而使它贪得无厌；这样贪食会使我们整个人类无能于哲学与文艺，[339] 无能于听从我们内部最神圣的部分。

73b 至于肌肉、骨头和所有这类性质的东西的构造，则如下述。这些东西的起点[340]是**骨髓**的生成。因为只要灵魂与身体始终绑在一起，生命的纽带就绑在骨髓内部，让有死的族类扎根。骨髓本身则生自其他东西。因为神把那些未被扭曲和平滑的元素三角形按其各自种类分离，并因为其严密性而最能够组成火、水、
73c 气、土。祂以适当的比例让它们相互混合，从此制造出骨髓，一种为每种有死族类设计的"普遍的种子"[341]。接着，祂将各种各样的灵魂植入骨髓之中，并把它们紧紧系于其中。而在做最初的分类时，祂首先着手把骨髓划分为与各种灵魂所拥有的形状的数目与种类相匹配的数目与种类。然后祂塑造接受神圣种子的"土
73d 地"，把它做成圆球，并称这部分骨髓为"**脑**"[342]。每个生物在其完成时都有一个头颅用作这种骨髓的容器。而要容纳剩下的有死的灵魂的那部分骨髓，祂划分成圆柱状并统称为"**骨髓**"。从这些骨髓，如从锚（而出的链条），抛出整个灵魂的纽带，从而围绕这种骨髓来完成我们的身体，首先生成坚固的骨头作为骨髓整体的覆盖物。

73e 祂是这样来构造**骨头**的：祂筛选出干净的和平滑的土，揉捏它并用骨髓浸泡它。接下来，祂把这混合体放入到火里，然后浸入水中，再放回火里，再浸入水中。以这种方式来来回回重复多次，使得它不能被水火所分解；祂利用这种东西塑造一个骨质球
74a 体来包裹大脑，并给它留出一条狭窄的通道。然后祂又用这种东西塑造脊椎，来包裹脖子和背脊的骨髓，一上一下垂直放置，仿佛铰链；[343]从头开始，贯穿整个躯干，如是，为了保护所有种

子，祂用石头般的覆盖物来围住它，又将关节造入其中，利用压于其间的“差异”的力量，以使它们运动和弯曲。

神考虑到骨头本身太脆且不易弯曲，制冷加热反复交替会使 74b
它生成坏疽，并快速毁坏其中的种子，因此，祂制造了**肌腱**和**肌肉**。祂用能屈能伸的肌腱把全部肢体绑在一起，从而使身体能围绕枢轴活动，伸缩自如。肌肉则成为防夏暑和御冬寒的屏障。而
且，为防跌倒，肌肉能如毛毡一般让身体柔软和缓地受压。它内 74c
在包含一种会在夏天作为汗液流出的暖湿成分，那时，通过润湿外部身体，它会把其本身的冷传导给全身。相反，在冬天，这种暖湿会借助于其火，适度地抵御那围绕它并自外攻击它的严寒。想到这些，神如用蜡般塑造我们的肌肉，祂把水、火与土混合调
和在一起，并造出酸与盐的合成物，即一种祂用先前混合物合成 74d
的发酵混合物，这样，祂就制成了肌肉，多汁且柔软。肌腱则从骨头与未发酵的肌肉的混合物造出，是一种能介于两者（骨头与肌肉）之间的、使用了黄色的单质体。由此，肌腱获得了一种比肌肉坚韧有弹性、比骨头柔软湿润的特性。神就用这两种东西（肌肉与肌腱）包裹着骨头与骨髓。首先，祂用肌腱将骨头彼此
相连，然后用肌肉把它们全部覆盖。 74e

肌肉与肌腱的分布 74e1-75d5

所有那些具有最多灵魂的骨头，祂用最少的肌肉去包裹，但包含最少灵魂的骨头，祂都用很厚层的密实肌肉去包裹。诚然，

在骨头关节处，除非有理由表明是必要的，祂只引入薄层的肌
肉，首先是使关节的屈伸能力不受妨碍，否则会让身体难以运
动；其次则是，如果厚层肌肉过度密实地堆积在一起，由于其硬
度会导致无感觉，这会造成思维[344]更健忘和更迟钝。

75a 因此，大腿、小腿、臀部周围、上臂和下臂以及我们别的无
关节的身体部位，以及内部的骨头，全部富有肌肉；因为它们只
具有少量的灵魂在其骨髓之中，从而缺乏智能。相反，所有那些
拥有智能的身体部位则少有肌肉，尽管也有例外，例如，舌头，
其肌肉本身是为了感觉之故而被造的。但大多数情况是如我所说
75b 的那样。任何出于必然性而生成与混合的东西，绝不可能让厚密
的骨头和丰富的肌肉的合成体与敏锐的感觉并存。如果这两种特
征并不拒绝其相互共存，那么我们的头颅就会被造得拥有这种合
成体，而人类，如果冠以一个用肌肉与肌腱来加固的头颅，就会
具有一种比我们现在所具有的年寿的两倍或更长时间且更健康、
更少痛苦的生命。但现在，我们的制造者们权衡：是否赋予我们
75c 人类较长的寿命却使之恶劣，或使之善良却短寿，祂们断定善良
而短寿对任何人在任何方面都比长寿而低劣更可取。因此，祂们
就用稀薄的颅骨而非肌肉与肌腱包头，因为头没有任何关节。因
为所有这些理由，头更敏感和更理智，但也比身体更为脆弱，人
75d 人都是如此。也由于这一点，神就把肌腱均匀地置于头的边缘，
围绕脖颈；祂把这些肌腱与面部边缘的腭骨末端系牢，而把其他
肌腱分给所有肢体，将关节与关节系牢。

嘴巴、皮肤、头发和指甲的形成 75d5-76e6

我们的制造者们出于必然性和至善的目的，按现有的次序排列牙齿、舌头和嘴唇，将口装备齐全：祂们把嘴巴设计成为必然 75e
的东西的入口和至善的东西的出口：因为所有进入并为身体提供营养的东西都是必然的，而经由嘴巴流出的话语之流，作为理智[345]的工具，乃是一切流中最美和最善的。

此外，不能允许头只由赤裸的骨头组成，因为有季节性的冷热极端变化，但也不能允许它因为裹上大量的肉块而变得迟钝且不敏感。于是，一个大大的外壳，从尚未干透的肌肉分离出来， 76a
形成我们现在称为“**皮**”的东西。由于脑部中的湿，这个外壳生长并聚集自身，以便包裹整个头颅。在（头骨）骨缝下升起，这湿就润泽皮，并将它一起封闭在头顶，聚集到一起成结。骨缝各种各样，归因于（头中灵魂）旋转能力与营养：彼此冲突越大，骨缝的数目就越多；冲突越小，骨缝的数目就越少。 76b

现在，【大脑】的神圣部分以它的火刺穿这整个头皮四周。一旦头皮被刺破，湿就通过它外泄，所有纯粹的湿液和热量就跑了。但是那种与头皮成分混合的部分，被这种运动所裹挟，伸出头皮外拉成长线，和那刺孔同等细微。然而，由于它运动缓慢，从而周围的气将它回推、向内卷曲到头皮下，并在那里扎根。这就是 76c
造成**头发**在皮肤上逐渐生成的自然过程。头发是某种纤维状的东西，与皮肤性质相近，尽管因为冷却造成的收缩而更硬、更密，当一根头发从头皮分离出来时，它就被冷却从而粘结在一起。

这样，我们的制造者以这些材料把我们的头造得毛发浓密，也利用了刚才描述的各种原因。其想法是，这毛发而非肌肉需要
76d 为包含大脑的头部提供保护性覆盖；它很轻，正适于在夏天遮阳、冬天防寒，而绝不会妨碍或干扰头的敏感性。

肌腱、皮与骨在我们手指与脚趾的末端相互交织。这三者的联结体脱水变干，结果形成一片硬皮，无一例外。这些仅是其形成的辅助因，其产生的首要原因，其目的是未来存在者的产生：
76e 我们的制造者们明白，有一天男人会变成女人和各种别的野兽，祂们尤其知道，很多生物将需要为许多目的而使用指甲与爪或蹄。由此，祂们就在人类最初被造时提供指甲的雏形；正因为这些理由和这些设计，祂们制造长在我们肢体末端的皮肤、头发和指甲。

76e7-77c5

植物的制造

77a 就这样，这有死的生物的各部分、诸肢体合成了一个整体；但出于必然性，他在火与气的包围中过他的生活，这导致他消瘦、衰竭从而毁灭。于是，诸神设计了某种辅助他的东西。祂们混合并生成了与我们人的自然本性相近的某种自然物，但它具有别的形状与感觉，[346] 从而成为了另一种生物：树、植物和种子。
77b 这些我们今天经由农技的培养而为我们所拥有，但最初只有野生的几种，比我们培植的种类更为古老。因为所有分有生命的东西都应该正当且正确地被称为“生物”[347]。事实上，我们现在讨论

的这种东西分有第三类型的灵魂，我们已说过它置于膈膜与肚脐之间。这种灵魂完全缺乏判断、推理或理性智能，而只有一种伴随欲望之快乐和痛苦的感觉。[348] 因为它始终是完全地被动的，不能通过在自身内围绕自身转动而抵制外来的运动并施加其自身内 77c
在的运动于外部，生成时就未被赋予感知和反思其自身经验的自然能力。因此，它是活的，与生物（或动物）并无不同，但它不能移动，固定且扎根在那儿，因为它没有任何自我运动。

血管、消化系统与呼吸系统 77c6-79e9

主宰者们为了哺育我们这些低劣者而种植所有这些物种。完成之后，祂们继续开凿贯通我们身体的管道，仿佛花园中的水管，以使我们的身体能够得到一条涌流的灌溉。首先，祂们开凿出两条血管，隐藏在皮肤下与肌肉相交处的管道，沿背部的任何 77d
一侧下行，因为身体是双重的东西，有左右两边。祂们把血管沿脊柱放置，在它们之间他们还放置能增生的骨髓，为的是给予它们最佳的成长，并允许自上而下的血液从这区域畅通无阻，整齐地灌溉身体的其他部分。[349] 在这之后，祂们在头部分开这两条血管并相互贯通，反向交叉。祂们让右侧血管转向身体的左侧流 77e
动，让左侧的转向右侧流动，这样一来，它们就与皮一道，作为纽带将头与身体系牢，因为没有肌腱环绕而封闭头顶。祂们这样做是要确保来自身体两侧的感觉的刺激[350] 能够传达到整个身体。

从这里，祂们以如下方式设计灌溉系统。如果我们能首先同 78a

意下面这一点，就会更容易地看到它：任何由较小微粒组成的东西能渗透较大的微粒，而任何由较大的微粒组成的东西则无法渗透较小的微粒。[351] 火是由最小的微粒组成的，因此，它能穿过水、土和气及其任何合成体，但它们却不能渗透它。我们必须设
78b 想相同的原理也适用于我们的肚子。每当食物与饮料进入时，它保存它们，但它不能保存气与火，因为它们是由比它小的微粒组成的。于是，神就利用了火与气，安排从肚子到血管的灌溉。祂用气与火编织出一个鱼篓状的网。[352] 在其入口有一对漏斗，[353] 祂把其中之一又再分为二；从漏斗出发，一张仿佛绳子结成的网四
78c 处延展，直到结构的边缘。这网的内部他全部用火制造，漏斗和外罩则用气制造。

祂采用如下方式把这一结构环置于他所构造的生物。漏斗部分祂塞入嘴里，并且因为有两个漏斗，祂就让其一从气管下到肺，另一则挨着气管通到肚。祂把第一个漏斗一分为二，给予每一部分一个经由鼻孔的共同的出口，从而当一部分无法提供经
78d 由嘴的通道时，其所有气流还可以从另一个经由鼻孔的通道来补充。外罩，篓的另一部分，祂让它环附在我们身体的中空部分上；祂又让整个这东西此一时流进漏斗（柔和地，因为它们是由气做成的），彼一时漏斗回流进它；因为身体是个多孔的东西，祂让这网罩向内浸入其中，又向外透凸出来，而罩内附系的
78e 火的射线，就在两个方向上跟随气的运动。只要这个有死的生物未解体，这个过程就持续不止，而这就是我们说的被命名者赋予“呼”与“吸”之名的过程。这整个功能与效应，通过灌溉和冷

却我们的身体，维持其营养与生命。因为，每当呼吸或进或出，
缚系于它的内在的火就跟随它，持续振荡，进入肚子，取得食物 79a
与饮料，它把这些东西分解并碎成微小部分，运送它们通过它正在穿过的外出通道，并将它们抽灌到血管，恰如泉水被抽灌到导水管；由此，它使得血管的液体像流过沟渠般流过身体。

让我们再来考察一下呼吸的过程，以及是什么原因使它变得
像现在这样。那么，是这样子的：因为没有虚空，不能让任何运 79b
动的东西进入，又因为我们呼出的气向外运动，离开我们，那么人人都显而易见，这气并不进入虚空，而是把周围的气推离其原来的位置；那被推离的气总是再驱离其周围的气，由此，气必然地全部被驱离而进入呼出的气所出来的地方，进入并伴随着呼吸
而填补那个地方。这一切同时发生，像轮子的转动，因为没有任 79c
何虚空存在。由此，胸与肺的区域释放气出去就再一次被身体周围的气所填满，这气是通过循环挤压，[354] 经由多孔的肌肉而被驱入内部的。然后，当气反向穿过身体出去时，它又转回来通过口鼻的通道向内推动吸气。

这些过程的最初原因必须被假定为是这样的：就每一个生物 79d
而言，其内部靠近血液和血管的部分是最热的——其火的某种内在源泉。我们已经将这个区域比作鱼篓的网罩结构，说伸展到其中部的完全由火编织而成，而所有其他外在的部分则是由气编织而成的。我们必须同意，自然地，热的东西会向外进入其自身的区域、朝向与它同类者的区域运动。现在，有两个外出通道：一
个是经由身体（孔隙）出去，另一个是经由口鼻出去；因此，每 79e

当热气冲出某条通道，它就把周围的气推向另一条通道；被推离的气在落入火时就被加热，而冲出去的气则被冷却。随着热量的变化，另一条通道的气变得更热，这更热的气反过来势必借由它进入的那条通道返回，因为它向与它自身同类者的区域运动，从而它就循环挤压另一条通道中的气；这气总以相同的方式受影响，每次产生相同的效应；因此，由于这双重过程，它造成了往返的循环摆动，由此带来吸（入）与呼（出）的发生。

79e10-80c8 **循环挤压的其他应用**

80a 此外，我们必须以相同的原理去探究那些与医用吸杯、[355]吞咽以及被抛入空中或沿地面的抛物体的运动等相关现象的原因；声音也一样，因为其或快或慢，显得或高或低；有时，由于它们在我们身上造成的运动不相似，而是不和谐的；有时，由于相似，而是和谐的。因为，当较早、较快的声音渐弱并到达一个与
80b 较晚、较慢的声音所产生的运动的同化点时，较慢的声音就赶上较早、较快的声音的运动。赶上了它们，较慢的声音并没有以插入另一种运动来干扰它们，相反，它们开启了一种更慢的运动，后者与已经消失的较快的运动同化，从而产生一种高音与低音的混合状态，由此，通过在有死的运动[356]中模仿神圣和谐，为愚蠢者带来了快乐，为睿智者提供了愉悦。[357]

80c 此外，还有所有水流，甚至落雷以及琥珀与赫拉克勒斯石[358]的令人惊异的吸引。在所有这些情形中都不存在吸引力，

适当途径的研究将表明，也没有虚空，只有相互循环挤压；[359]从而，所有物体，无论分解还是结合，全都是通过交换位置，运动到其各自的位置上；而这类惊人的现象就归因于这些相互作用的复杂性。

呼吸机制应用于消化过程 80d1-81e5

如我们前面所言，正是以这种方式且借助这些手段，呼吸发 80d
生了——从此这一论述有了起点。火把食物切碎，并随着呼吸在体内升起和流动，火的升起和流动把从肚中输入的食物碎粒填满了血管。通过这个过程，营养之流以这种方式持续流遍所有生物的全身。

这些碎粒，新切的，来自同类物质，有些来自水果，有些来
自蔬菜（神为了给我们提供食物而让它们生长[360]），因为其混合 80e
而具有各种各样的颜色，但红色弥漫其中而最多，这是火在流体中进行切割和染污的自然产物。[361]也正因为如此，我们体内流淌的液体的颜色获得一种如我们所描述的外观；这种我们称为
“血”的液体，营养我们的肌肉和整个身体；身体的各个部分都 81a
从此补给水分，从而重新填满耗空的区域。填补和耗空的发生恰如宇宙中万物的运动的发生：万物都朝其同类者运动。[362]因为围绕我们的外在物体不停地分解我们的身体，并把各种成分分发给
其同类者；血液的成分在我们内部被切碎，并且如被宇宙所包围 81b
那样被每个生物结构所包围，必然模仿宇宙的运动，体内每一碎

裂的部分就向其同类运动，同时重又填补耗空的区域。[363]

每当流出的多于流入的，每个生物都缩减，反之，每当流出的少于流入的，就增长。现在，当整个生物的结构尚年轻，其元素三角形仍然新鲜，仿佛从龙骨开始造船，被牢固地相互锁扣在
81c 一起，尽管其整个集合体是柔软的，毕竟它刚从骨髓中形成，以奶水营养。因此，当构成其食物和饮料的三角形自外进入其身体而被包含在其内部时，身体自身的新的三角形切割并支配其他比它们老弱的三角形。生物如是由许多相似的三角形所营养，从而得以长大。但是，当三角形的根因为长期与大量敌对者的大量冲
81d 突而松弛时，它们不再能够把进来的食物三角形切割成与它们相似，相反，它们本身容易被外来者所切割；在这个过程中，每个生物都被征服并衰落，从而承受我们所谓的“老年”之名。最后，当骨髓中的三角形的相互紧扣的纽带不再能够维系而受压分解时，灵魂的纽带也被松解；而当这是自然地发生的，灵魂就快
81e 乐地飞走了。因为一切与自然相悖的都是痛苦的，而凡是自然发生的都是快乐的。死亡也是这样的：因为疾病与受伤的死亡都是痛苦的和被迫的，但随着年老而自然地寿终，是所有死亡中最不悲伤的，并且带来的快乐多于痛苦。

81e6-86a8 身体的疾病

81e6-82b7 （a）火、气、水、土分布的失衡

82a 疾病如何造成，显然众所周知。身体由土、火、水、气这四

种物质构成；它们中的某些不自然地过多或缺乏，[364]或者，它们离开其自身的处所，移入他者的地方，又或者，由于火和其他元素都有不止一种变体，身体的任何部分接纳了其不恰当的变体，凡此种种，就造成了无序和疾病。因为凡有不自然的生成和位置
变化，此前曾是冷的微粒就变成热的，干的现在变成湿的，轻的 82b
变成重的，各种各样的变化全都发生了。因为，我们主张，仅当相同的部分允许相同的部分，在相同的方面以相同的方式合乎比率地增长或减损时，身体才会始终如一地保持安全与健康；而任何部分在到达或离开时僭越这些限制，就会造成各种各样的变化、无穷不定的疾病和腐败。

（b）个别组织与器官的疾病 82b8-84c7

此外，既然根据自然，尚有第二层次的结构，那么任何有意 82c
了解疾病的人就要注意第二层次的疾病。因为骨髓、骨头、肌肉和腱都是由那四种物质组成的，血液也由它们生成，但方式不同，并且，尽管绝大多数疾病都如之前说过的那样造成的，但最坏的疾病却归因于这些结构生成过程中的逆转所造成的败坏。因为按照自然，肌肉与肌腱都生自血液；肌腱生自血纤维，因为与
它同类，肌肉则生自血与纤维分离时剩下的东西的凝结。接着， 82d
来自肌腱与肌肉的油状黏液既黏合肌肉与骨头，又营养包裹骨髓的骨头本身，从而使它成长；又因为骨头密度大，由最平滑、最油润的三角形组成的最纯粹的部分，渗透骨头，又从骨头溢出，
滴灌骨髓。当这些东西每一种的生成都按此秩序时，多数情况下 82e

健康随之而来；反乎此秩序，则是疾病。因为，每当肌肉衰解，将其残渣回输到血管，那么，血管中的血液，就与气混合，量过大且具有各种各样的颜色和苦味以及酸性和盐性，还包含了各种各样的胆汁、血清和痰。这些腐败解体的产物首先败坏血液本
83a 身，然后它们本身也不再为身体提供任何营养；它们横行血管各处，不再保持其自然的循环秩序；它们因为不再彼此受益而相互敌对，它们还对身体的任何稳固的、保持其位置的成分发起战争，毁灭和蚀解它们。[365]

现在，当肌肉的最老部分腐坏时，它拒绝混合，并在长时间
83b 的炙烤下发黑；因为它彻底被吞食，它是苦的，所以当它攻击身体的任何尚未败坏的部分时就很危险。有时，苦性物质得到巨大稀释，那么它就保持黑色却获得酸性；有时，苦性物质因为被蘸了血而获得更深的红色，与黑色物质混合，它就变成了草绿；最后，每当被炎症之火所分解的肌肉还非常年轻新鲜时，黄色物质就与苦性物质混合。

83c 现在，所有这些东西的通名是“**胆汁**”，或者由医生，或者由某个有能力概览多个不同事物而看出其中配称同一个名称的同一种东西的人，来命名它们。至于其他可被称为胆汁之种的东西，每一种都根据其颜色而具有其自身特定的描述。

就**血清**而言，有些是血液的水性部分，是良性的，而黑色的、酸性的胆汁的部分，当它通过热能与盐质混合时，就是恶性的，这种东西被称为**酸痰**。此外，从鲜嫩、柔软的肌肉的解体而
83d 来的物质与气一起，为气所吹、为湿所围，结果形成泡泡，每个

泡泡小得难以看清，合起来却形成可见的一团。在泡沫初成时，这些泡泡呈白色。所有这些柔软肌肉的腐败物与气结合就是我们所谓的**白痰**。

此外，新形成的痰的水性部分是汗、泪和其他类似的每日都 83e
被排出以净化身体的体液。因此，每当血液，不是合乎自然地通过食物与饮料的营养得以补充，而是以违背自然的方式，[366] 从相反的来源获得增长，那么所有这一切就都成了疾病的工具。

当某一部分的肌肉受到疾病的破坏但其基础仍然坚固时，破
坏的力度就减半，因为它容易恢复。但如果连系肌肉与骨头的纽 84a
带物质生病并且不再营养骨头或连系肌肉与骨头，因为它现在同时与肌肉、骨头和肌腱分离，而是作为坏的生活方式的后果被烤干，从油的、滑的和黏的变成糙的和咸的，那么，所有这类受到
影响的东西都从骨头分崩离析，退入肌肉与肌腱，而肌肉，腐败 84b
而失去其根，任由肌腱赤裸并充满盐分，并且萎缩退回到血流中，在那里它加重了先前提到的疾病。

尽管这些身体症状非常难受，但那些影响更基本组织的无序却更为严重。每当骨头由于厚实的肌肉而不能获取足够的通风
时，骨头就变得太热而发霉，生成坏疽，从而无法吸收其营养。 84c
然后，它磨损并通过相反的过程而进入那营养，那营养反过来进入肌肉，作为肌肉，又落入血液中，使得所有前述疾病进一步恶化。然而其中最坏的情况是，骨髓由于某种不足或者过度而生病；这产生最严重、最致命的疾病，身体的整个自然过程都由必然性所迫而逆向流动。

84c8-86a6 （c）由气、痰和胆汁造成的疾病

84d 此外，还有第三类疾病，我们必须考虑它们的三种产生方
式：（1）由于气，（2）由于痰，（3）由于胆汁。

（1）当为身体分配气的肺被体液堵塞、无法保持其通道干
净时，气到不了身体的某些部位，使其缺气而腐烂；而另一些部
位却供气过量，气就强行穿过血管并扭曲它们，分解身体并进入
84e 其包含膈膜的中心区域，它被拦截在那里；这就造成无数痛苦的
疾病，常常伴有大量的排汗。而且，常常，当肌肉被分解时，气
在体内产生但无法外泄，就造成恰如自外进来的气所造成的那么
多的剧痛。特别是当气环绕在肌腱与相邻血管的周围并使它们膨
胀、向后撑大“后撑条（肩和臂的大肌腱）”和附系于它们的肌
腱时，痛苦是最大的。当然，正是从这种“拉紧”的症状，所谓
的“破伤风”与“角弓反张”[367]的疾病获得了它们的名称。这些
85a 疾病也难以治愈。因为事实上，它们被随后出现的发烧最有效地
缓解了。

（2）白痰，只要它被堵塞在体内，那么，因为其泡泡中的
气，它也是危险的；但假如它找到排出身体的出口，那么，即
使它给身体打上白色麻疹斑并引发相应的疾病，也是较为温和
的。假如它与黑色胆汁混合，并且混合体扩散到头颅中最神圣的
旋转，从而使它们陷入混乱，那么，如果它在睡眠时发作，影响
85b 会较轻微，但如果是在醒时攻击，它就更加难以摆脱。鉴于它是
我们神圣部分的疾病，它被称为“神圣的”疾病[368]是最正当的。
酸性和盐性的痰是所有生成黏膜炎疾病的根源。因为黏液所注入

的身体部位各种各样，这些紊乱就被赋予了各种各样的名称。

（3）身体中的一切炎症——从其灼烧或发炎而得名，都是由胆汁造成的。当胆汁找到通向体外的出口时，它沸腾并长出各种 85c
疹，但当它被封闭在体内时，它就造成许多发炎性疾病。最坏的情况是，胆汁与清洁的血液混合而打乱散落在血液各处的血纤维的排列。这些纤维组织保持稀稠平衡，亦即防止血液变得过稀因而身体的热量从身体的毛孔溢出体外，另一方面，防止血液变得
过稠而流动缓慢，难以在血管中循环。于是，借助其自然的构 85d
成，这纤维在这些性质之间保持适当的状态。即使某人死后，血液冷却，如果这纤维被收集起来，剩下的血液仍会是完全流动的，而如果纤维被留下，它们与周围的冷一起，让血液很快凝固。[369] 因为纤维对血液有这样的作用，所以胆汁，本来是血液，现在从肌肉分解而再次进入血液，在最初少量进入血液时是热的
和湿的，在纤维的作用下凝固，凝固时又被迫耗热，就导致内冷 85e
和颤抖。但随着更多的胆汁流入，它用自身的热压倒这纤维；它沸腾并猛烈地晃动它们，使之进入混乱。如果它有足够强的力量到最后，它就渗透骨髓并燃烧它，从而松开灵魂的缆绳，就像船那样，让灵魂自由。但是，如果它的量较少，身体抵制分解，那么胆汁本身就被压倒，或者经由整个身体表面被驱赶，或者经由血管进入上腹或者下腹，并被逐出身体，仿佛内斗中的城邦流放
者，从而导致腹泻、痢疾和所有诸如此类的疾病。 86a

通常因火过量而备受折磨的身体将产生持续的发热与发烧状态；[370] 气过量则每日反复发烧；水过量则仅仅隔日发烧，因为水

比气和火更迟缓。四元素中最迟缓者，土，过量则在四倍时间周期内排泄，每 4 天发烧，难以缓解。

86b1-87b9 灵魂的疾病

86b1-b5 （a）两种愚蠢：疯狂与无知

86b 关于身体的疾病如何生成，就是这样。源于身体状况的灵魂的疾病则是以下面的方式生成的。当然，必须承认，愚蠢是灵魂的疾病，而愚蠢有两种，一种是疯狂，另一种是无知。[371] 因此，任何导致这两者之一的受感情状[372] 必被称为疾病。

86b5-87b9 （b）过度快乐与痛苦造成的疯狂

我们必须强调，最坏的灵魂疾病乃是过度的快乐和痛苦。因
86c 为，当一个人过度享乐或反过来过度受苦，从而仓促、无度地趋乐与避苦时，他不能正确地看或听任何东西；陷入迷狂之中，他运用推理的能力此时是最低的。每当一个人的骨髓的种子生长得丰盛满溢，像一棵结了太多果实的树，他通过他的欲望及其后果一次又一次获得很多的痛苦或快乐；他大部分的生命处于疯狂状
86d 态就是由于这些巨大的快乐与痛苦，他的灵魂由于身体构造而被剥夺了健康和理智，并且通常他不被视为有病，而被视为故意作恶。[373] 不过，关于性放纵的真相是，它是一种主要由某一种物质的状态造成的灵魂的疾病，亦即，由于骨头多孔易渗，这种物质在体内溢流泛滥。诚然，无节制享乐一般都要受到谴责，仿佛

说作恶是故意的，但这样的责备是不正当的，因为无人有意作 86e
恶，[374] 坏人之所以变坏，毋宁是因为恶劣的身体状态和不受教育的抚养；所有人都会憎恶和不愿意拥有这些恶。

也是因为身体的痛苦，以相同的方式，使灵魂获得了如此多的恶。每当酸性与盐性的痰和胆汁与苦的体液全都在人体里上下
游荡、找不到任何向外的出口而被困在体内，并且把它们产生的 87a
蒸汽与灵魂的运动相混合时，它们所导致的混杂就造成了所有种类的灵魂疾病，较强的和较弱的，较频繁的和较不频繁的。随着它们渗入灵魂的三个区域，[375] 按照它们各自所攻击的区域，产生了各种各样的坏脾气与沮丧，也产生了各种各样的鲁莽和胆怯，
还有健忘与迟钝。此外，当具有这些缺陷的人所依附的政制是坏 87b
的，城邦中的言论——无论公共的还是私人的——也是坏的，而且人们自小就根本不去学习能够救治他们的教导时，我们中的所有坏人都由于两种极非自愿的原因而变坏了。应受责备的，[376] 总是父母而非其子女，教师而非其学生。即便如此，每个人都应该尽可能通过教育、实践和学习来努力避免恶而抓住其对立面。但这是另一类话题了。

身心健康：灵魂与身体比率协调 87c1-88b5

接下来转向补充以上讨论的主题，即，如何治疗身体和心 87c
智，并因此保护它们，是合理的且恰当的。因为讨论善比讨论恶是更为正当的。所有善的东西都是美的，而美的东西绝非无度。

因此，如果一个生物是美善的，那么它将是比率和谐有度的。我
87d 们能辨别和推算较次要的比率，而对最重要、最大的比率，却没有理性的把握。因为对于健康与疾病、美德与恶行，灵魂本身与身体本身之间有比率或没有比率是最为重要的。但我们完全不关心它，也完全意识不到，当一个雄壮、强大的灵魂为一个过于瘦小、孱弱的身躯所载时，或者，当两者以相反的方式结合时，这个生物整体是不美的，因为它在最为重要的比率上并不和谐。而一个拥有相反状态的生物，对于能够看到它的人来说，在所有情
87e 景中都是最美的、最令人欲求的。想象一个因为腿太长或某个其他部位太大而缺乏比率的身体：它不只是丑陋，它本身的任何协作也都造成各种各样的麻烦和疲惫，由于缺乏平衡而经常扭伤和跌倒。在一个我们称为“生物”的灵魂与身体的结合体中，我们
88a 应该预料到同样的事情。每当其中的灵魂比身体更强有力而愤怒地抓住身体时，它就剧烈摇动全身，用疾病从内部填塞它；而每当它专心于这样那样的学习或探究时，它就损耗身体。再者，当灵魂参加公共或私人的教学或论战时，由于发生的争议或辩论，灵魂使身体上火并摇晃它，从而引发使大多数所谓的医生做出误诊的感冒。

但是反过来，当一个对于其灵魂来说过于庞大的身体与弱小
88b 无力的理智结合时，既然人有两类自然欲望——身体对于食物的欲望和我们中最神圣部分对于智慧的欲望——那么较强大部分的运动将实行统治并增强其自身的力量，但它们使灵魂迟钝、难以学习并健忘，从而造成最严重的疾病：无知。

身心修炼的必要性 88b5-89a1

有一种针对这两种失衡的救助方法，即，不离身体而活动灵魂，也不离灵魂而活动身体，从而可以保持对等的平衡和健康状 88c
态。因此，数学家或其他任何热忱投身于理智工作的人，也都应该通过练习体操来活动身体，反之，勤奋健身者则应该相应地通过运用文艺和所有类型的哲学[377]来活动它的灵魂；只有这样，这两者才真正同时配称“美与善”[378]。同样，身体的各个部分也 88d
应该以相同的方式予以照料，即模仿宇宙的形式。因为既然身体由进入它里面的东西加热与冷却，又由它外面的东西干燥与湿润，从而经受随这两种运动而来的各种变化，那么，每当一个人让他的身体处于静止状态以服从这些运动，身体就被征服并彻底毁灭。但假如他模仿我们所谓的宇宙养母与保姆，并且，如果可能，绝不允许身体保持静止，而是保持运动，通过持续地、全幅 88e
地让它摇晃，他本身合乎自然地抵御内在和外在的运动；并且，通过有分寸的摇动，他将按照其同类性调整那些漫游全身的微粒与可感性质彼此的秩序，就像我们在前面关于宇宙的论述中所描述的那样。于是，他不会允许敌对的元素被放置在敌对的元素旁边，从而在体内孕育战争和疾病，相反，他会让友好的元素被放置在友好的元素旁边，从而导致健康的产生。 89a

89a1-89d4 **维护和恢复身体健康的运动**

在各种运动中间，最好的是在自身之中并由自身造成的运动——因为它是与理性和宇宙的运动最近乎同类的运动——其次则是由他者造成的运动；最坏的是，处于静止状态的惰性身体本身，被外在的东西一部分一部分地推动。因此，净化和强化身体的最好运动是通过体操；其次是船只的颠簸或其他任何运输工具
89b 的不致人筋疲力尽的运动；第三类运动在极端必要时有用，否则有理性的人绝不会接受，那就是医学上借助于药物的净化；[379] 因为，任何没有巨大危险的疾病都不应该用药物来刺激。所有疾病都在结构上以某种方式类似于生物的自然本性。而生物的构造使得整个物种都有指定的生命周期；就生物个体来说，也都各有其
89c 自然命定的生命周期，除非发生出于必然性的意外。这是因为每个生物的三角形从一开始就被直接组合得有能力维系一段足够长的时间，超出时限，其生命就不可能再延续下去。[380] 疾病也有相同的构成方式，以至于每当某人用药物破坏疾病而违反其命定的周期时，就常常小病变大病，少生变频发。因此，只要有闲暇，
89d 就应该通过生活方式来控制所有种类的疾病，而非用药物去刺激令人讨厌的坏东西。[381]

关于生物作为一个整体与其身体各部分，以及一个人应该如何教导自己与被自己教导，以便最能根据理性而活，就说这些。

修炼理性灵魂：让灵魂的运动应合宇宙的运动 89d4-90d7

但是我认为，我们必须首先并且以最大可能的关切来准备要教导我们的那个部分，从而它将是可能的至美和至善的教导者。现在，单单精确详述这个主题本身就会是个足够大的任务；[382] 但 89e
是，把它作为副题来对待，如果依据我们前面的论述而以如下观察为结论，就可能不会那么离谱。正如我们多次说过的，[383] 有三种灵魂居住在我们体内的三个区域之中，每一种都有其自身的运动。因此，同样，我们现在可以尽可能简略地说，任何懒惰地活着且将其自身的运动导向静止的灵魂必然变得最为孱弱，而任何保持锻炼的灵魂则最健康。因此，我们必须密切关注以确保它们 90a
的运动彼此之间和谐有度。

关于我们身上最权威的灵魂种类，我们应该把它设想为由神赐予我们每个人的守护精灵，这就是我们所说的居住在我们身体顶部的那种灵魂，它把我们从地面向着天宇中我们的同类提升起来，仿佛我们是生自天宇而非生自大地的植物。我们这么说是最正确的。因为正是从灵魂最初出生的地方，我们神圣的部分悬吊起我们的头颅，或我们的根，从而让我们的整个身体保持直立。 90b

于是，假如一个人沉溺于他的欲望或好胜心并过度投入，那么必然地，他的全部意见就都成了要死的。并且，就某人完全有可能变成彻底要死的而言，他很难完全达不到这一点，因为他所增强的正是他的要死的部分。然而，假如一个人热衷于学问和真正的智慧并且彻底地训练他自己的这些方面，那么他绝对必然地 90c

会有不死的和神圣的思想，真理也将在他的掌握之中。而就人的自然本性能够分有不死性而言，[384] 他必定丝毫不缺；又因为他恒久照料他的最神圣的部分，使居于他体内的守护精灵保持良序，所以他必是最最幸福的。[385] 现在，照顾任何东西都只有一种方式，即为它提供适合于它自身的营养和运动。而与我们中的神圣
90d 部分同类的运动乃是宇宙的思想与旋转。[386] 我们每个人都必须遵从这些运动，并通过透彻学习宇宙的和谐和旋转，校正我们出生时被打乱的头颅中的旋转，从而根据其原初自然本性让我们的理性智能与其对象相似相合；做到这种相似相合，我们就会达到诸神为人类设定的目标，那种无论对于现在时间还是将来时间都是最好的生活。

90e1-92c3 **其他动物的起源**

90e1-91d6 **（a）女人的产生和人类繁殖的生理学**

90e 现在，看起来我们几乎已经完成了一开始定下的任务，即，传达有关宇宙的论述直至人类的生成。至于其他生物的生成，我们只需简要提及，不必太费口舌。因为就这些主题而言，简要提及似乎更为合适。那么，就让我们以如下方式讨论这一主题吧。

按照我们的可能的论述，所有初生为男性却过着懦弱或不义
91a 的生活的人，来世将重生为女人。而这就解释了为什么那时诸神通过在我们男人中构造一种有灵魂的生物又在女人中构造另一种而设计了性欲。[387] 以下就是他们制造每一种人的方式：男人中

有一条饮用的管道，所饮液体被接纳，经肺部，凭借肾，流入膀胱，并在气压之下被喷射。他们把这条管道带入那从头沿颈直穿脊椎的被压缩的骨髓。这骨髓其实就是我们前面所谓的“种 91b
子”[388]；现在，因为它有灵魂在它之中，并且现在也找到了一个出口，所以这骨髓就在出口处注入了一种赋予生命的喷射欲望，从而产生了生殖繁衍之爱欲。因此男人的生殖器本性上是恣意的和难以自制的，就像一头不听从理性的动物，会因为其疯狂的占有欲而为所欲为。

同样的原因也在女人身上起作用；女人的所谓子宫或胎藏， 91c
乃是她身上一个具有怀胎欲望的生物；每当这个生物超常地长时间不生育时，它就感到极度烦恼，漫游于身体各处；它阻塞她的呼吸管道，并且通过不让她呼吸，将她置于极端危急的状态，给她招来各种各样的疾病，直到欲望与爱欲[389]结合男女两性，然后， 91d
像从树上摘下果实那样，他们将太小而不可见且尚未成形的生命种子播进她的子宫的犁过的田地中；再赋予其明确的形式，在子宫内喂养长大；此后，将它们带入日光中，完成这生物的生成。

这就是女人和所有雌性生成的方式。

（b）鸟、陆地走兽和鱼的生成 91d6-92c3

鸟类是通过转化产生的，长羽翼代替毛发，来自不作恶但轻浮的男人，他们研究过天文，却天真地相信通过视觉可以获得最 91e
可靠的天文证明。

陆地走兽来自那些既不运用哲学也根本不考虑天宇自然本性

92a 的男人，因为它们不再利用头颅中的旋转，而跟从居于胸腔的那两部分灵魂的引导。由于这些习惯，它们将其前肢和头颅拽向地面，同类相吸；它们的头顶被拉长并且形状各异，取决于每个人的旋转由于缺乏使用而被扭曲的特殊方式。也是因为这个缘故，这类动物有四足或更多足，神将较多的支撑置于较愚蠢者之下，以便它们能被拉得与地面更近。

92b 至于那些最愚蠢的陆地动物，[390] 其整个身体完全趴在地上，因为它们不再需要任何腿脚，诸神就让它们无足，在地上爬行。

第四种动物，生活在水中，来自那些无疑是最愚蠢最无知的人。它们的再造者认为它们不配再呼吸纯净的气，因为它们拥有的灵魂被各种过错所玷污；因此，不让它们呼吸精细、纯净的
92c 气，祂们将它们扔进水中浑浊深处去呼吸。这就是鱼类、贝类和所有水居动物的起源；对其极端愚蠢的正当惩罚就是获得极端的居所。正是按照所有这些方式，无论过去还是现在，动物们彼此互换，转化取决于理性智能或愚蠢无知的丧失或获得。[391]

92c4-92c9 蒂迈欧论述的结论

那么现在，我们可以宣布：我们关于宇宙的论述已经到达其终点。因为我们这个宇宙已经获得了有死的和不死的生物，并以这种方式得到充实：一个包含诸可见生物的可见生物，一个作为可理知者之仿本 [392] 的可见的神，至大、至善、至美，也最完满，这个宇宙，其种类的唯一一个，生成了。

注释

1. 据 Zeyl (2000), xci-xcv。

2. 蒂迈欧：南意大利的洛克里人。除了本篇对话，关于其历史存在，没有任何证明材料，这个人物可能是柏拉图的虚构，以塔伦图姆的阿基塔司（Archytas of Tarentum）为原型，后者是毕达哥拉斯学派的哲学家和政治家，柏拉图第一次到访意大利时见过他。

3. 苏格拉底继续提供前一天对话的总结。它与在《理想国》II-V 卷呈现的内容具有强烈的相似性，即关于理想城邦的组织结构，但未触及《理想国》的诸多其他方面。必须要考虑到的是，我们在20世纪发现的有趣或重要之处，可能不同于柏拉图相信的有趣或重要之处。即便如此，若无对三分灵魂、灵魂与城邦的类比，以及日喻、洞喻和线喻的分析，那么很难看到对《理想国》的任何总结能够是全面的。如果目前的这些回忆是正确的，那么昨天的对话就不可能是《理想国》的全部内容。这并非问题之所在，因为当苏格拉底谈论这些话题时，很可能是在其他场合，或者柏拉图虚构了一个场合。[G 注]（指 Andrew Gregory 给 Waterfield 英译本做的注释，2008，Oxford；以下同）

4. 前述内容类似于《理想国》中的某些政治理论。正如《理想国》那样，存在一个独立的卫士阶层来保卫城邦，但所有其他人都有某一特定的职业；这些卫士拥有特殊的教育，并将共同生活，而无私有财产；而且，城邦将会分散管理婚姻、生育以及孩子的抚养（《理想国》459a 以下）。[G 注]

5. 见《理想国》472d 以下（参见498d 以下、592a 以下）在那里，苏格拉底将他对理想城邦的描述比作画家创作一幅佳作，但不能证实主体存在。[G 注]

6. 柏拉图的政治学和对理想城邦的构想极富军国主义色彩。在此，他很可能受雅典被斯巴达击败，以及城邦随之而来的政治动乱所影响，也可能受雅典在马拉松战胜波斯侵略者所影响，他将此视为城邦最美好的时刻。[G 注]

7. 克里底亚：雅典人，可能是柏拉图的亲属之一，从年代上看，可能是柏拉图的曾祖父；但也有学者把他等同于柏拉图母亲的堂兄，诗人，所谓的三十僭主之一（404-403BC 雅典恐怖统治的执行者）的克里底亚；或这个克里底亚的祖父。

8. 赫谟克拉底：西西里的叙拉古人。政治家和士兵，打败415-413BC雅典征伐西西里时的军事领袖（修昔底德《伯罗奔尼撒战争史》IV.58, VI.72）。

9. 这是典型的苏格拉底式自嘲。在柏拉图的作品中，苏格拉底经常声称毫无所知，但事实证明他非常善于发现其他自称有智慧的人的谬误。就竞选公职的意义而言，苏格拉底不是政治家，他也不是作家（如果苏格拉底写过什么的话，无一幸存），在某人利用修辞术来发表关于雅典的精彩演讲的意义上，他也不是演说家。[G 注]

10. 这是赫谟克拉底在《蒂迈欧篇》中唯一的一次发言。

11. λόγου μάλα μὲν ἀτόπου, παντάπασί γε μὴν ἀληθοῦς. 克里底亚断言，他的故事尽管离奇，却完全真实；而蒂迈欧则将声称他对宇宙和人类起源的解释仅是一种“可能的论述”（Likely Account）。[G 注]

12. 梭伦是雅典著名政治家，公元前6世纪初负责修订雅典宪法。七贤是希腊的传统贤人，可以追溯到公元前800年—前500年。[G 注] 梭伦是重要的社会和政治改革发起人，其许多措施为在下一世纪的雅典民主制发展铺平了道路。梭伦遇到埃及祭司的故事，以及通过祭司所讲述相关于他的亚特兰蒂斯故事，在柏拉图之前从未在任何地方被证实，这可能是柏拉图自己的虚构。[Z 注]（指 Zeyl 英译本注释，2000，Hackett; 以下同）

13. 但不包括任何幸存的残篇，这些残篇几乎只描述和论证其政治改革的合理性。[G 注]

14. 柏拉图似乎相信破坏人类生活的周期性大灾难。参见《政治家篇》270c 以下、《克里底亚篇》111a 以下、《法律篇》677a 以下。[G 注]

15. 泛雅典娜节，雅典最重要的节日，用以纪念城邦的守护神。此节日在每年7月底举办，并且每隔4年会特别隆重。[G 注]

16. Apaturia，每年10月举行的敬祭狄奥尼索斯的节日。Coureotis（儿童日），节日的第三天登记此年出生的男孩的名字入族，因此 Cureotis：kouroi=youths。

17. 埃及国王（569-525BC），是个爱希腊者（phil-Hellene）；希罗多德也告诉我们，梭伦于阿马西斯王朝在埃及旅行（见希罗多德《历史》2.172以下，论阿马西斯）。尽管梭伦在其政治改革之前访问埃及的可能性

较小，但阿马西斯于公元前570年登上王位，梭伦死于公元前560年是可能的。[G 注]

18. 在希腊神话中，佛罗内欧是一个早期祖先，甚至是首位祖先；他的女儿尼娥贝在希腊人那里是宙斯之始母。德乌卡里翁及其妻子琵拉的诺亚式传说曾警告过，宙斯将会摧毁堕落的人类；他们造了一条船，补足供给，在补偿土地给人类之前，他们乘船渡过了洪水。听起来这就好像梭伦以公元前5世纪几个希腊史前史家所做的那样，尝试将希腊传说中的混沌进行系统化和合理化。[G 注]

19. 这意味着神话能够伪装成真事。这对于我们如何把亚特兰蒂斯故事设想为真事可以作为一个典范，不是在它描述确凿历史事实的意义上，而是在它传达一个一般真理的意义上，亦即，如果柏拉图《理想国》中理想的好公民要成为现实的好公民，他们该如何行动。[G 注]

20. 克里底亚的传说与蒂迈欧的宇宙论冲突。对人类的周期性破坏的原因是绕地球周转的天体之偏离，这不仅在蒂迈欧的解释中没有提及，而且与宇宙稳定性的一般观念背道而驰，尤其是与可预测的“大年”的观念（“柏拉图年”，*Great Year/Platonic Year*）相反。希腊语中的偏离（παραλλάττειν）一词，可以在《理想国》和《政治家篇》中找到，但在蒂迈欧的论述中没有出现。[G 注]

21. 埃及少雨是出名的，它也拥有大量的洪泛农业。尼罗河将会泛滥，淹没广泛的洪水流域，而当尼罗河洪水退去之后，将会沉积用于耕种的肥沃淤泥。尼罗河泛滥的原因只是推测，与雨无关。实际上，这归因于更靠近尼罗河的源头的融雪。[G 注]

22. 雅典娜女神手持长矛和盾牌，在传统上是武装的形象。[G 注]

23. 直布罗陀海峡。

24. 希腊地理承认三大洲（用我们的话说，即欧洲、亚洲和非洲）围绕地中海聚集在一起，而在它们周围又有一片海域。柏拉图在这里假设还有一片环绕着外海的大陆。[G 注]

25. ἦ γέγονεν ἢ καὶ ἀγενές ἐστιν: whether it has an origin or even if it does not.

26. τὸ ὂν ἀεί, γένεσιν δὲ οὐκ ἔχον: that which always is and has no becoming.

27. τὸ γιγνόμενον μὲν [ἀεί], ὂν δὲ οὐδέποτε: that which becomes

but never is. 遵循 Whittaker、Dillon 和 Zeyl 等学者的意见，删掉 ἀεί。

28. νοήσει μετὰ λόγου περιληπτόν: is grasped by intelligence which involves a reasoned account.

29. τὸ δ' αὖ δόξῃ μετ'αἰσθήσεως ἀλόγου δοξαστόν: is grasped by opinion which involves irrational sense perception.

30. τὸ γιγνόμενον: thing that comes to be.

31. ἐξ ἀνάγκης: out of necessity.

32. ὁ δημιουργὸς: maker, craftsman, demiurge. 原义是“工匠”“匠人”“制作者”“构造者”，本篇对话特指“神圣的工匠”，所以后面通译为“匠神”。

33. παραδείγματι: model, pattern.

34. τὴν ἰδέαν καὶ δύναμιν: form and character (function, quality, property).

35. καλὸν: good, satisfactory; beautiful, desirable.

36. πᾶς οὐρανὸς ἢ κόσμος: the whole haven or world order (the world). 柏拉图主要用三个术语指称宇宙：“οὐρανὸς”特指恒星的领域(37d6, e2, 38b6)，但也被用于指称作为一个整体的宇宙(31a2, b3)；“κόσμος”强调宇宙是有秩序的系统，有序的宇宙；“τὸ πᾶν”表明宇宙的总体性、整体性，作为大全的宇宙。[Z 注]

37. γέγονεν: it has come into being (it has come to be).

38. τὰ αἰσθητά: perceptible things, sensible things.

39. τὸ κατὰ ταὐτὰ καὶ ὡσαύτως ἔχον: that which remains the same and unchanging.

40. ἀγαθός: good.

41. λόγῳ καὶ φρονήσει: by reason (rational account) and understanding (wisdom).

42. εἰκόνα : image, likeness, copy.

43. ἄρξασθαι κατὰ φύσιν ἀρχήν: to begin according to the natural beginning.

44. συγγενεῖς: of the same kind, akin.

45. μετὰ νοῦ καταφανοῦς: transparent to intelligence (understanding, reason).

46. εἰκότας: likely.

47. ἀνὰ λόγον: in proportion to, analogous.

48. πρὸς γένεσιν οὐσία: being to becoming.

49. πρὸς πίστιν ἀλήθεια: truth to belief (conviction, convincingness).

50. εἰκότα μῦθον: likely myth (tale, story).

51. γένεσιν καὶ τὸ πᾶν : becoming and this universe (this whole universe of becoming).

52. 这确立了整个《蒂迈欧篇》的主题。宇宙的制造者是善的，并且没有任何嫉妒：他希望万事万物都应该尽可能地善；他创造了最大限度的秩序，因为秩序总比无序要好。这一段标志着偏离希腊神话诸神的高潮。与那些神相反，宇宙的制造者是全善的，并且完全无嫉妒。第一次，一个独立的造世者仅仅在善上得到关注。[G 注]

53. ἀρχὴν: principle (reason for the origin).

54. κινούμενον πλημμελῶς καὶ ἀτάκτως: in discordant and disorderly motion. 见下文52e-53b。

55. τάξιν: order.

56. ἀνόητον: unintelligent (without intelligence, irrational).

57. νοῦν ἔχοντος: possess intelligence (with intelligence, rational).

58. νοῦν ἐν ψυχῇ: intelligence in soul.

59. ψυχὴν ἐν σώματι: soul in body.

60. ἔργον: work.

61. κατὰ φύσιν: by nature.

62. λόγον τὸν εἰκότα: likely account.

63. τὴν τοῦ θεοῦ πρόνοιαν: divine providence (god's forethought)

64. ζῷον ἔμψυχον ἔννουν τε τῇ ἀληθείᾳ: a truly living thing (living being, living creature) endowed with soul and intelligence. "生物"在此是翻译 ζῷον，在类似的语境下，也可能被视为"动物"。那么我们就必须认为植物也是动物，因为它们被称为 ζῷα（77b）。这样一种概念的可能根据是：蒂迈欧认为植物具有快乐和痛苦的感觉，而拥有感觉是动物的特征（参见 D. Sedley, 2007，ch. 4, n. 2）。然而，蒂迈欧认为将植物称为 ζῷα，不是因为它们拥有感觉，而是因为"任何有生命 [μετάσχῃ τοῦ ζῆν] 的东西都有资格被称为生物 [ζῷον]"（77b）。[J 注]（指 Thomas

Johansen 为 Desmond Lee 企鹅经典版英译本所做的注释，2008，Penguin Books；以下同）

65. μέρους: part, 柏拉图常用它指称“种（species）”。

66. ἀτελεῖ: incomplete.

67. καθ' ἓν καὶ κατὰ γένη: individually and by kinds (as individuals and as kinds, severally and in their families).

68. τὰ νοητὰ ζῷα: intelligible living thing(被动意义上的可理知者).

69. τῷ γὰρ τῶν νοουμένων καλλίστῳ: the best (the most beautiful) of the intelligible things.

70. κατὰ πάντα τελέῳ μάλιστα: complete in every way.

71. πολλοὺς καὶ ἀπείρους: plurality or infinity. 早期原子论者留基波和德谟克利特认为，存在无限多个宇宙，所有宇宙都是由于偶然性和必然性而出现，而非通过任何设计。但对柏拉图来说，有且仅有一个宇宙，并且它是被设计的。[G 注]

72. περιέχον: 整体包含（includes）其所有部分，例如《智者篇》253D。

73. νοητὰ ζῷα: intelligible living things.

74. 柏拉图强调，在任何一个时间里，都仅仅存在一个宇宙，并且他在此也强调仅存在一个历时性的宇宙。此前，恩培多克勒认为，尽管在任何时间都只有一个宇宙，但它最终将被破坏，并且在一种无终止的循环中被另一个宇宙所替代。[G 注]

75. δεσμὸν ἐν μέσῳ: bond between them.

76. ἀναλογία: proportion.

77. whether solids or squares (bulks or powers).

78. στερεοειδῆ: solid.

79. 满足柏拉图在32a 成比例的数字序列的一个简单例子可能是2、4、8。如是2:4::4:8（首数之于中数，就像中数之于尾数，尾数之于中数，就像中数之于首数）；4:2::8:4或者4:8::2:4（中数成了首数和尾数，首数和尾数成了中数）。然而，由于宇宙身体是三维的，其成分必须通过需要两个中数的几何序列来表示。[Z 注]

80. φιλίαν: friendship.

81. 除了土和火之外，宇宙还需要两种成分，即水和气。尽管柏拉图关于比例的评论多少有些模糊，但结论却足够清晰。当宇宙以此方式被放在一起，它就成为一个整体，只能由将它绑缚在一起的造世者来分解。在下文中，宇宙将会被假定为穷尽了成分，因此它不能遭到外部的袭击；我们在此发现，由于其按照比例的内在凝聚力，它也不会自我败坏。[G 注]

82. δύναμιν: power.

83. σχῆμα: shape.

84. 一种形状比另一种形状更好，这对于现代思维方式而言，是一个奇怪的看法，但对古人却十分容易理解，特别是对于那些拥有强烈目的论的人。[G 注]"圆一直是宇宙论的主导图形，原因有很多。科学原因是它被证明为可能为天体运动建立一个模型，与现有的观测结果相一致，完全基于圆形轨道。还有一个美学原因，即巴门尼德指出的，圆在其'全面的完满'方面是一个特别美丽的图形。最后，还有宗教原因，因为圆的完满性，以及圆周上的运动可以持续不断而不发生变化的事实，使得它成为天宇结构的最合适的图形，只要天宇本身被认为是神圣的或神的首要创造。公元前5世纪的毕达哥拉斯主义者被视为希腊传统中最早在其天文学中将宗教情感与数学融合在一起的人。关键不仅仅在于，他们都将数学应用于他们的宇宙，并认为宇宙秩序是神维持的。更确切地说，他们从本质上是宗教和美学的动机出发，基于圆圈与和谐的音乐间隔，假设了一种特定的宇宙秩序。" Furley (1987), p.59. 显然，柏拉图是这个传统的继承者和发扬光大者。

85.《蒂迈欧篇》中另一个基本推断。前面已有一个基本推断，即秩序在各个方面都比无序要好；后面会有另一个这样的基本推断，即自足性比依赖性要好。[G 注]

86. αὔταρκες: self-sufficient.

87. 柏拉图将宇宙描述为一个有生命的实体，但这不是简单的拟人论(anthropomorphism)或万物有灵论(animism)，正如我们在此从对宇宙的描述中所能够看到的那样。这里可能隐含了对一些前苏格拉底哲学家的批判，特别是毕达哥拉斯学派。斯托巴厄斯(Stobaeus)援引亚里士多德已遗失的《论毕达哥拉斯学派》说："[根据毕达哥拉斯学派]，宇宙是唯一的，从无限者中，它拽入时间、呼吸与虚空，这区分了分离事物的处所。"同样，唯一、自足及穷尽一切之宇宙的观点也反对原子论的看法。人们也可以比较巴门尼德的出自其"真理之路"的"圆球"，尽管与巴门尼德的差异比任何此类相似性更加重要。柏拉图的宇宙有生命且处于运动之中，有

开端，不是同质的，且被设计为支持生命。[G 注]

88. κίνησιν: motion, movement.

89. περὶ νοῦν καὶ φρόνησιν: with intelligence (reason) and understanding (wisdom).

90. ἀπλανὲς: free of wanderings.

91. 宇宙无脚这样明显微不足道的事实由于两个原因而是重要的。它是以泰勒斯为开端的思想线索之巅峰——为什么地球不掉落呢？这如今以完全普遍的方式得到处理——为什么宇宙，即万物的全体不掉落呢？其次，在以往的著作中（尤其是《理想国》和《政治家篇》），柏拉图让宇宙在一个支点上转动。如今它不再需要任何这样的支撑，运动也不被任何从支点而来的摩擦力所施加作用。宇宙将不会如在《理想国》和《政治家篇》中那样逐渐停止，也不需要诸神的介入。[G 注]

92. εὐδαίμονα θεὸν: a blessed god.

93. 这可能是我们对于宇宙仅有一种"可能的论述（likely account）"的原因之一。

94. τῆς ἀμερίστου καὶ ἀεὶ κατὰ ταὐτὰ ἐχούσης οὐσίας: being that is indivisible and always changeless (the indivisible, eternally unchanging Existence).

95. τῆς αὖ περὶ τὰ σώματα γιγνομένης μεριστῆς: being that is divisible and comes to be in the corporeal realm (the divisible Existence that comes to be in bodies).

96. 这种混合的原因将变得更加清晰。本质上说，认识通过同类相知（like to like）的原则得以发生，因此灵魂必须分有恒在以获得某种对理念等的认知，分有变在以感觉物体。因此第三种实体是不可分和不变化实体与可分和变化实体的混合，它将能够理解并判断可理知者，也能够感觉和判断可感知者。[G 注]

97. 因此这个过程不能偶然地发生，而需要匠神的作为。正如宇宙身体不能偶然地聚合在一起，而是需要一个精准的设计师，宇宙灵魂也是如此。[G 注]

98. 那么就包含某种对间隔的进一步填充，将此序列中的数目之一乘以$\frac{9}{8}$，不会超过序列中的下一个数字。因此，序列的第一部分将以此运行：$1-\frac{9}{8}-\frac{81}{64}-\frac{4}{3}-\frac{3}{2}-\frac{27}{16}-\frac{243}{128}-2$。这些划分含有音乐上的意义，因为$\frac{3}{2}$代表第五音阶，$\frac{4}{3}$代表第四音阶，$\frac{9}{8}$代表音调。$\frac{9}{8}$相乘与下一个数之间的余数是$\frac{256}{243}$，这接近半音。为了简单起见，五线谱从 C 开始，我们可以如下图表示此序列：

这表示音符 C、D、E、F、G、A、B、C。以上这些进一步的音符将会通过从2到27的序列划分被产生，包含三个半八分音符。柏拉图停止在第七数，即27，因为除了太阳和月球之外仅存在5个行星。有必要行进到第七数来造成天体的和谐，但是不需要任何进一步的行进。在《蒂迈欧篇》和接下来的著作中，未提及天体的任何声音上的和谐。存在一种宇宙灵魂结构的和谐，但并不是声音。这不同于毕达哥拉斯学派，而且也不同于《理想国》617b-c 中的厄尔（Er）神话。[G 注]

99. 匠神将灵魂原料纵向分开，并且将由之而得的两个长条带接合到一起，起初像希腊字母 X，并且将 X 的肢体（分支）连接在一起。如图所示：

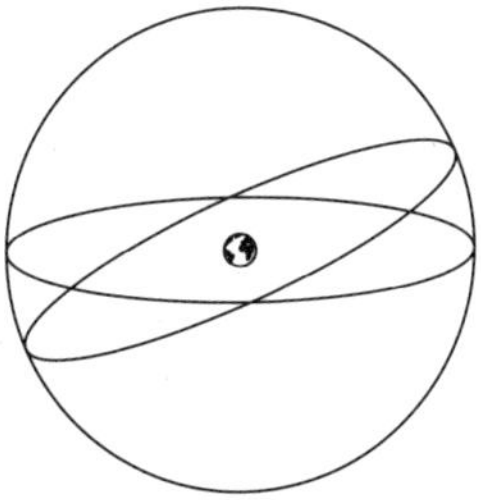

X 的水平臂将会以每日一次的旋转来运转整个宇宙，X 的另一臂将会运转太阳、月球和5个行星。[G 注]

100. κράτος: sovereignty, master, dominance, supremacy.

101. ταὐτοῦ καὶ ὁμοίου περιφορᾷ: the same and similar revolution.

102. κατὰ νοῦν τῷ συνιστάντι: to the mind of its composer.

103. θείαν ἀρχὴν ἤρξατο ἀπαύστου καὶ ἔμφρονος βίου πρὸς τὸν σύμπαντα χρόνον: provided a divine principle of unending and rational life for all time (it initiated a divine beginning of unceasing, intelligent

life for all time).

104. λογισμοῦ δὲ μετέχουσα καὶ ἁρμονίας: shares in reason and harmony (participating in reasoning and harmony).

105. τῶν νοητῶν ἀεί τε ὄντων ὑπὸ τοῦ ἀρίστου: by the best of the intelligible and eternal beings.

106. λέγει κινουμένη διὰ πάσης ἑαυτῆς ὅτῳ τ' ἄν τι ταὐτὸν ᾖ καὶ ὅτου ἂν [37β] ἕτερον, πρὸς ὅτι τε μάλιστα καὶ ὅπῃ καὶ ὅπως καὶ ὁπότε συμβαίνει κατὰ τὰ γιγνόμενά τε πρὸς ἕκαστον ἕκαστα εἶναι καὶ πάσχειν καὶ πρὸς τὰ κατὰ ταὐτὰ ἔχοντα ἀεί. 柏拉图依赖于一种对于某些公元前5世纪自然哲学家（如恩培多克勒）共同的原则，即"同类相知"：为了一个认知主体能够认识一个既定对象，主体必须拥有某些与对象同一和相似的特征。因此，由于灵魂自身由同一和差异构成，它就能认识到 A 与 B 是同一的或有差异的，以及同一或差异的方面、方式和时间。[Z 注]

107. τὸ αἰσθητὸν: the sensible.

108. ὁ τοῦ θατέρου κύκλος: the circle of the Different.

109. δόξαι καὶ πίστεις...βέβαιοι καὶ ἀληθεῖς: firm and true opinions and convictions (beliefs). 柏拉图认为，知识由灵魂产生，而非由大脑、血液（一些前苏格拉底哲学家认为我们通过血液思考）以及感觉产生。[G 注]

110. τὸ λογιστικὸν: the rational (object of reasoning, object of thought).

111. ὁ τοῦ ταὐτοῦ κύκλος: the circle of the Same.

112. νοῦς ἐπιστήμη: intelligence (understanding, reason) and knowledge.

113. τῶν ἀιδίων θεῶν...ἄγαλμα, 康福德译为"永恒诸神的神龛（a shrine··· for the everlasting gods）"。约翰森译为"永恒诸神的仿本（an image of the eternal gods）"，理由是，蒂迈欧清楚地考虑到造物与模型的相似性，因此他接着说，父亲（匠神）想要使宇宙"更像其模型"。康福德的译读还遭遇这样的问题，即，我们尚未被告知宇宙以及特别是诸天体都是神，因此对"永恒诸神"的述及在此刻对于读者仍然是模糊的。对于约翰森解读的主要的反对意见是，它蕴含理念是神，这是蒂迈欧未说到的东西。然而，有理由认为他会称呼为宇宙提供模型的诸个别理念为诸神，因为它是一个包含所有其他生物于其中的永恒生物。[J 注]

114. ζῷον ἀίδιον ὄν: an eternal living being (Living Being that is for ever existent).

115. αἰώνιος: eternal.

116. εἰκὼ... κινητόν τινα αἰῶνος: a moving image of eternity.

117. μένοντος αἰῶνος ἐν ἑνὶ: an eternity that rest in unity (eternity remaining in unity). 这个对比对于《蒂迈欧篇》是重要的。物质的宇宙相较于模型不够完美。这意味着它以一种不规则的方式旋转吗？不，因为这个对比的实质是"依数运行"与"稳定性"之间的对比。[G 注] 另外，为了理解这个对比，读者需要考虑到对希腊人来说，"数"蕴含"多"；因此"一"不是一个数。[J 注]

118. κατ' ἀριθμὸν ἰοῦσαν αἰώνιον εἰκόνα: an everlasting likeness (eternal image) moving according to number.

119. χρόνον: time.

120. μέρη χρόνου: parts of time.

121. τότ' ἦν τό τ' ἔσται χρόνου γεγονότα εἴδη: "was" and "will be" are forms of time that have come to be.

122. ἦν ἔστιν τε καὶ ἔσται: "was" and "is" and "will be".

123. τό τε γεγονὸς **εἶναι** γεγονὸς καὶ τὸ γιγνόμενον **εἶναι** γιγνόμενον, ἔτι τε τὸ γενησόμενον **εἶναι** γενησόμενον καὶ τὸ μὴ ὂν μὴ ὂν **εἶναι**: what has become *is* what has become, what is becoming *is* becoming, what will become *is* what will become, what is not *is* not.

124. 柏拉图避开了对时间和时态之充分的形而上学讨论。《巴门尼德篇》的第二部分包含几种关于时间的论证。[G 注]

125. κατὰ τὸ παράδειγμα τῆς διαιωνίας φύσεως: in accordance with the model of the everlasting nature. "διαιωνίας"（everlasting, ever-enduring, sempiternal），39e2也出现了，是个怪词，可能是柏拉图自己生造的。[Z 注]

126. πλανητά: 直译是"wanderers"，行星（planets）的原义。

127. 这是匠神在造太阳、月球和行星时拥有的目的。如果它们将要区分和维护时间，那么就必须以一种规则的方式运行。[G 注]

128. 对于这个"与之相反的力"意指什么，有很多讨论。如果我们看看天文学事实，正如它们在柏拉图时代就肯定为人所知的，从而有理由推测他也是知道的，那么我们可以认为行星具有（a）从东到西的每日运转；（b）一种与恒星的背景相反的从西到东的长周期运转；（c）为每个行星所特有的某些运动（包括逆行），其被观测到的运动不仅仅是（a）和（b）结合的结果。正如我们所看到的，（a）由同一圆圈来解释，（b）一般地由差异圆圈的运动来解释，但在个别行星的速度上存在变化（36d）。较早的段落断言，太阳、水星（赫尔墨斯）和金星（晨星）作为一组被推动。现在我们被告知并非如此；它们"互相超越和被超越"。"尽管金星和水星从不远离太阳，但有时作为晨星在太阳之前，有时作为暮星在太阳之后"（Cornford，p.106）。它们在一个太阳年内完成贯通黄道标志的行程，并且在那种意义上能够与太阳一组；但它们并不总是处于相同的相对位置上，"像一组一起抵达目的地的赛跑者，但在路途中，一会儿某人在前，一会儿另一个人在前"（Cornford, p.106）。引入"相反的力"正是为了解释这种位置的变化。并且，似乎有理由（同康福德）将其视为还解释了已经提到的速度的诸变化以及外侧行星的诸逆行，后者的运动在下一个句子中作为要被打发掉的而被提到。柏拉图没有提及逆行，但他在几处不得不强调说，行星的运动比他在这上下文中能处理的更加复杂。欧多克斯大约这个时期在学园工作，肯定知道它，并且似乎有理由假设柏拉图也知道。我们因此获得了整齐有序的三重结构。同一圆圈解释了每日自转；差异圆圈解释了长周期的、自西向东的运转；而"相反的力"则解释了所有的速度差异和其他独特性。[L 注]

129. 重要的是意识到在此指涉的是什么现象。用现代术语说，水星和金星是内行星，即它们围绕太阳轨道的半径小于地球。然而火星、木星和土星是外行星，具有比地球更大的轨道。这是重要的，因为内行星在哪里能够相对于太阳而被看见，有各种限制：水星和金星总是相对地靠近太阳而被看见。在下图中，内行星处于其与太阳相对于地球的最大角距离。在此图中，无论将地球运动到何处，这个角都将变小：

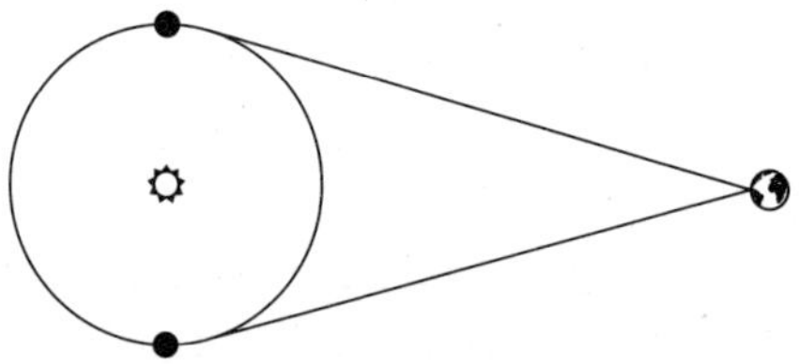

水星和金星有时出现在太阳之前，有时在太阳之后。事实上，水星和金星处于水平线上相当低的位置，这既是在太阳升起之前（当它们在太阳之前），也是在太阳落下之后（当它们在太阳之后）。因此，在其太阳轨道的一个极端处，当太阳在水星和金星之前时，它们被视为处于与太阳距离的最大化延长。由于它们沿着自身的轨道运行，它们先于太阳的速度会变慢，并最终被它所“超越”。然而，它们逐渐进入到在太阳之后的另一个极端，并且开始再一次追赶太阳，而最终再次超越它。正如水星和金星具有不同的轨道速度，它们将会互相超越与被超越；即有时水星将先于金星，有时金星将先于水星。[G 注]

130. 即火星、木星和土星。

131. 这里可能存在一种对德谟克利特的批判。根据德谟克利特，越靠近地球的天体，它们被漩涡所裹挟就越少。因此月球作为最靠近地球的天体，运动得最慢且落在最后。这在相对于恒星的运动之中创造了最大差异，因此当现实中（根据他的理论）月球的完全运动是最慢的，它（根据这个理论）似乎相对于恒星快速地运动，在一个月内完成了一个循环。柏拉图改变了这种看法。恒星仍然最快地运动，但太阳、月球和行星如今拥有自己的运转（因此它们不再于漩涡之中“落后”），并且它们之中最快速者在最短的时间里完成其相对于恒星的运动，因此现在月球具有最快速的运动。这是柏拉图将诸规则的圆周运动相结合所造成的另一有趣的结果。若存在单一漩涡，人们能够看到恒星将如何被它裹挟而走。人们也能看到，在太阳、月球、行星和恒星之间如何会有某种相对运动，如果前者在某种程度上由于漩涡而“落后”的话。但如果太阳、月球和行星被认为拥有两种圆周运动之结合，这些运动具有不同的轴，那么这如何可能被解释为在一个漩涡之内，沿一个轴线自转呢？[G 注]

132. 这个句子提出两个要点：（1）真正的运转与表面的运转不同；例如月球，似乎旋转得“最慢”，其实运转得最快；（2）同一圆圈和差异圆圈的运动的结合——是在不同的行星中的——产生了一种路径，如果在相同半径的球体上进行追踪，那么这种路径是螺旋形的。[L 注]

133. 如果行星的运动构成了时间，并且这些运动是不规则的，那么时间将会是不规则的。因此，无论天体旋转多么复杂，它们都必须是规则的。[G 注]

134. 这个所谓的“大年”，当所有天体回归到同一相对位置时，就完成了。如果在大的结合之间有特定的时间量，那么天体运动必是规则的，或者我们只剩下一个高度不可信的选项，即不规则运动以某种方式互相抵消。在那种情况中，大年（Great Year）将会失去其作为宇宙的理性秩序之标志的重要意义。如果大年循环——《蒂迈欧篇》没有暗示大年不存在——那么天体运动必须是规则的，且太阳系必须是稳定的、免于任何退化。大年可预测的循环是宇宙稳定性的标志。[G 注]

135. τροπάς: turns back.

136. τῷ τελέῳ καὶ νοητῷ ζῴῳ: that perfect and intelligible Living Thing，亦即，“宇宙之理念”。

137. οὐράνιον θεῶν γένος: the heavenly race of gods, 亦即恒星，不同于已经被造的行星；恒星球随球状宇宙的每日周转（严格意义上的“理性的”运动）运动”。

138. 星体是圆的，大多都是由火构成，并且每个都有理智置于其中。柏拉图未论及星体能被嵌入的球壳，如一些后来的宇宙论所设想的那样。每个星体保持结构，归因于每个都有理智。[G 注]

139. εἰς τὴν τοῦ κρατίστου φρόνησιν:in the wisdom of the dominant circle (the movement of the highest intelligence), 亦即宇宙最外的“同一圆圈”，最理智，从而主导宇宙的运动。

140. κόσμον ἀληθινὸν: true adornment，这里“κόσμον”是双关语，既指“装饰”又指“宇宙”。

141. τὴν μὲν ἐν ταὐτῷ κατὰ ταὐτά: an unvarying movement in the same place，亦即自转。

142. ὑπὸ τῆς ταὐτοῦ καὶ ὁμοίου περιφορᾶς κρατουμένῳ: under the dominance of the circular carrying movement of the Same and uniform，亦即公转。

143. ἰλλομένην δὲ τὴν περὶ τὸν διὰ παντὸς πόλον τεταμένον : winding as she does about the axis of the universe; 约翰森保留了牛津古典文本中的 ἰλλομένην，Lee 在此翻译为“缠绕”，并对康福德（Cornford，1937, p. 120以下）所提供的理由辩护。然而，读者应该意识到把任何运动归于地球都是很有争议的。对于另一种解读“遍布”（εἰλλομένην）——这不需要地球运动——的有力辩护，参见 Zeyl (2000) pp. xlix-l。格里高利认为，在柏拉图那里，地球一般被视为处于中心且静止，这正如在先于柏拉图的希腊思想中那样，但毕达哥拉斯学派是个例外。地球可能具有何种缠绕或转动的运转呢？两个古老的观点，即地球围绕宇宙中心旋转，或者在宇宙中心轴上进行上下运动，如今已经普遍地遭到反对，至少可以说，对它们的反对意见非常多。正如我们之前所看到的，存在一种对同一（Sameness）的谨慎划分，以便产生太阳、月球以及5个行星的轨道。如果地球围绕宇宙的中心运转，为什么没有一种为了它的对差异的划分呢？如果地球不在宇宙的中心，那么什么在宇宙的中心呢？在此，没有任何理由认为柏拉图虑及任何拥有中心之火的毕达哥拉斯主义系统，因为没有提到任何中心的火和对一地（Counter-Earth）。地球被认为用来界定和保卫时间，若它具备这些运转中之任一种的话，那么就会有麻烦。很难看出何者会促使柏拉图让地球围绕宇宙中的运转。它将无助于《蒂迈欧篇》的天文学，地球以这样的方式运转并没有任何物理必然性，并且它也不会有助于解释任何物理现象。

康福德（1937, p.130以下）认为在一种意义上地球可以说具有运动，但事实上它是静止的。如果整个宇宙是旋转的，那么，在缺失任何其他考虑的情况下，地球将随之旋转，特别是宇宙灵魂从中心到外端弥漫着宇宙，包括地球（36e）。但这不会存在白天和黑夜之分，因为地球将以与宇宙相同的速度来旋转。地球，在任何其他考虑缺乏的情况下，可以进行自转，正如星体和行星那样。如果地球自转与宇宙自转相等且相反，那么地球将会静止。这里还有其他的可能性。宇宙的绝对旋转可能不到一天一次，而地球则在相反的意义上旋转，它们之间的相对旋转为一天一次。相似地，宇宙的绝对旋转可能不止一天一次，而地球的自转是在相反的意义上，同样，它们之间的相对旋转也可能是一天一次。康福德的建议由于简单而富有吸引力，并且承认地球静止，以及宇宙每天有一次绝对旋转。有人认为这个建议忽视了“差异的运动”，这种反对意见没有多大分量。当所有事物都受“同一的运动”影响时——或者换句话说，宇宙理智整体中的所有成分都随宇宙旋转——只有整体的某些组成部分（月球、太阳、五颗行星）受“差异的运动”影响。恒星并不受制于它，即使它的运动以地球为中心，地球也不必受制于它。

在此，一个不同的解决办法是，我们应该将其视为“包裹”（εἰλλομένην），而非“缠绕”（ἰλλομένην）。如果地球仅仅“包裹”中心轴，那么就不必质疑其运转。[G 注]

144. περὶ τὰς τῶν κύκλων πρὸς ἑαυτοὺς ἐπανακυκλήσεις καὶ προχωρήσεις: the relative counter-revolutions and advances of their orbits. 柏拉图似乎意识到行星的逆行。这无疑是对"ἐπανακυκλήσεις"最自然的解读，其在此语境中的字面意思是"向后旋转"。行星相对于恒星移动，但偶尔会相对于恒星停止，向后移动，再次停止，并再次向前移动。[G 注]

145. 柏拉图可能也很清楚当行星经过彼此时发生了什么，这取决于他在此是否使用不同的语词来指涉一种或几种现象。当行星相互经过时，有三种事情可能发生：如果它们之间的距离足够远，就会使其保持为两个截然不同的对象；它们可能相互"接触"，以至于它们显现为一个更明亮的物体；或者一个在另一个前面经过，并对它进行遮挡。[G 注]

146. 柏拉图意识到水星、金星与太阳"彼此超越和被超越"(见38d)。他很可能也意识到了另外一种现象，即水星和金星靠近太阳时不可见。它们在接近太阳时从视野中消失，并在远处重新出现。这是巴比伦天文学家研究过的一个现象。

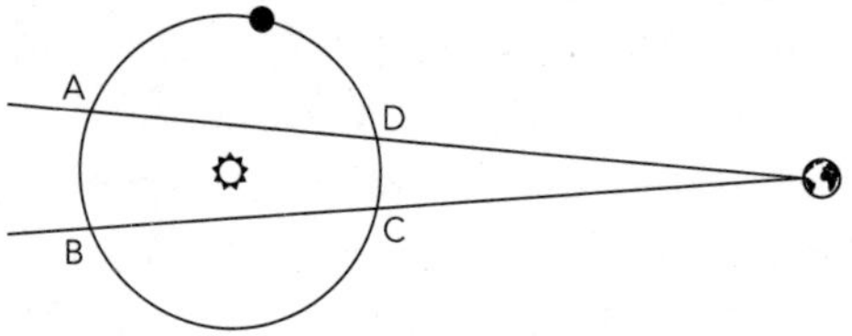

A-B 和 C-D 是行星轨道的部分，由于它与太阳的接近度，将会是不可见的。[G 注]

147. 柏拉图可能已经具有某种形式的初级浑天仪，来帮助他设想天体运动。[G 注]

148. τὰ περὶ θεῶν ὁρατῶν καὶ γεννητῶν εἰρημένα φύσεως: our account of the nature of the visible and generated gods.

149. εἰκότων καὶ ἀναγκαίων ἀποδείξεων: likely or necessary proofs (plausible or compelling proofs).

150. θεοὶ θεῶν: Gods of gods，一种强调性的表达形式，像《圣经》的"众王之王和众主之主(King of kings and Lord of lords)"。

151. 蒂迈欧在此表达了宇宙可分的观点，但由于匠神的善，而在事实

上不可分。作为宇宙长期稳定性的陈述，这具有重要意义。《蒂迈欧篇》在这个方面不同于《政治家篇》。[G 注]

152. 这一段似乎引起亚里士多德的不满，他试图证明，任何生成之物也可以被毁灭，任何不被生成之物都不能被毁灭，没有任何生成之物是永恒的（《论天》I. 12）。[G 注]

153. ἀθάνατοι μὲν οὐκ ἐστὲ οὐδ’ ἄλυτοι τὸ πάμπαν: you are not entirely immortal and indissoluble.

154. οὐδὲ τεύξεσθε θανάτου μοίρας: no will death be your portion (no taste death).

155. βουλήσεως: will.

156. 这三个物种是气、水和土的造物（39e-40a），但因为它们都通过从人类那里转世而来（42b-c, 91d-92c），所以蒂迈欧接下来聚焦于造人。[G 注]

157. 即灵魂的理性部分或理性灵魂。

158. 包括有死的灵魂（灵魂的非理性部分，激情与欲望）和有死的身体。

159. 即存在、同一与差异的不可分的部分和可分的部分。见上文，35a1以下。

160. ὄργανα χρόνων: instrument of time. 一个人类灵魂被匹配一颗星体。人类灵魂来到地球上将会被具身，并且，如果它过着一种善的生活，将会返回到其星体之上。尽管每个人类灵魂都被赋予一颗星体，但星体自身似乎被天体诸神所赋予灵魂。作为整体的宇宙有一个灵魂，并且在一个点上自转。星体（包括太阳、月球、5颗行星，或许还有地球）都自转，并且具有其他适当的运转。如果它们没有这些神圣的灵魂，它们将不会以规则的方式运转，也不会以规则的方式拥有其他运转。[G 注]

161. 希腊语“ἀνήρ”，即雄性人类，在古希腊，男性通常被视为优越的。对比下文90e-91a。

162. 对比宇宙身体，33c6-7。

163. αἴσθησιν: sense perception, sensation, perception.

164. παθημάτων: affections, disturbances, impressions.

165. 见下文，61c-68d，特别是64b，对于可感性质和感觉生理学的讨论。对于快乐和痛苦的讨论，见64c-65b 和86b-87b。

166. ἔρωτα: love, desire.

167. ἡδονῇ καὶ λύπῃ: pleasure and pain.

168. φόβον καὶ θυμὸν: fear and spiritedness (anger).

169. καὶ ὁ μὲν εὖ τὸν προσήκοντα χρόνον βιούς: lived well for his appointed time (lived a good life throughout the due course of his time).

170. βίον εὐδαίμονα: a life of happiness (happy life).

171. 将此轮回转世与《斐德罗篇》248c-e 以及《理想国》末尾厄尔神话作比较。再次值得注意的是，任何灵魂堕落的罪恶都是其自身的错，并且从男人到女人，再从女人从动物的向下轮回能够通过灵魂被逆转。蒂迈欧在90e 关于退化说得更多。毫不令人惊讶的是，42d 告诉我们，第一种状况是对人最好的状况，并且补充了一个重要的原则，即匠神不对人类任何错误行为负责。匠神是全善的，并从不嫉妒，因此只想让人类至善。祂提升每种事物，由此它们能够在生活中获得善，但如果人做不到，这不是祂的错。[G 注]

172. 在我们的心灵被身体所束缚，并受感觉和情感所影响之前，它们处于其最佳状态。正是这种状态，我们可以通过控制感觉和情感来达到。[G 注]

173. ἵνα τῆς ἔπειτα εἴη κακίας ἑκάστων ἀναίτιος: to avoid being responsible for their subsequent wickednesses.

174. μὴ κακῶν αὐτὸ ἑαυτῷ γίγνοιτο αἴτιον: without being responsible for any evils these creatures might bring upon themselves (except, that is, in so far as it became a cause of evil to itself).

175. 在此，将17世纪牛顿与莱布尼茨之间的争论的术语加于柏拉图将是错误的。莱布尼茨认为，一个全能的神将会产生一个无须其随后任何干预的宇宙；那种认为上帝“需要给祂的手表上发条”的信念背离了上帝的概念并导致了无神论。牛顿通过他的中间人克拉克（Samuel Clarke）回答说，上帝不可能是一个“缺席的主人”，祂必须关心祂的创造物，因此必须干预它；任何其他观点都会导致无神论。但是柏拉图缺乏全能的概念。即使匠神返回到其恰当所在之处，祂仍然关心宇宙（除非通过其意志，否则宇宙不会被分解）。祂把宇宙运行的大部分都委托给了诸小神，尤其是天体的运行方式。在古代晚期的思想家那里，他们所关心的问题诸如：如果宇宙已生成，为什么神会选择这个特定的时刻来生成宇宙而不是任何其他时刻呢？在宇宙生成之前，神在做什么？更微妙的是，宇宙的生成是否意味着神的心灵发生了变化？宇宙的生成会改变神吗？基督教神学家讨论了许多这类问题，奥古斯丁的工作可能是这一传统的巅峰。[G 注]

176. ἀθάνατον ἀρχὴν θνητοῦ ζῴου: the immortal principle of the mortal living thing. “ἀρχὴν” 有本原、原理和主宰的意思，指的是理性灵魂。

177. ἀτάκτως μὴν ὅπῃ τύχοι προϊέναι καὶ ἀλόγως: proceed in a disorderly, random and irrational way.

178. 蒂迈欧在此描述新生婴儿的不由自主的运动。接着他描述其最初的感觉在其灵魂中产生的混乱。[Z 注]

179. πλανώμενα: wandering.

180. παθήματα: affections, disturbances.

181. καὶ ὑπὸ πάντων τούτων διὰ τοῦ σώματος αἱ κινήσεις ἐπὶ τὴν ψυχὴν φερόμεναι προσπίπτοιεν: the motions caused by all these were transmitted through the body and attacked the soul.

182. 不清楚柏拉图在此想要指出语词 αἰσθήσεις（感觉）中包含何种词源学意义，他可能（不正确地）认为 αἰσθήσεις（感觉）在词源学上与 ἀίσσειν（to shake/to move rapidly）相关。[Z 注]

183. 参见36b。

184.“偏斜”(κλάσις)是一个特定用于几何学的术语，因为一个线段的偏斜碰到另一条线，或者在光学中，光的偏斜碰到一个面（参见亚里士多德《物理学》228b24,《天象论》343a14, 373a5)。其使用在此强调蒂迈欧关于身体的直线运动和灵魂的圆圈运动之间相互作用的几何学概念。[J 注]

185. ψευδεῖς καὶ ἀνόητοι: wrong and foolish.

186. ἄνους: irrational, without intelligence.

187. ἔμφρονα: intelligent, sensible, rational.

188. 蒂迈欧使用神秘主义的语言，入会来提升快乐的来世生活；因此语词“不完全的”(ἀτελής)也能被译为“uninitiated（外行的）”。[J 注]

189. εἰκότος: likely.

190. θείας περιόδους: divine orbits (revolutions).

191. 这也可能是针对恩培多克勒（残篇61)。根据柏拉图的说法，神组织人的身体时，脸和身体都朝向前方。如果像恩培多克勒所说的那样，人类的各个部分偶然相遇，那么所有的部分以正确的方式吻合又如何是合理的呢？恩培多克勒的回答可能是，尽管有所不匹配，但只有当能够繁殖

的生物形成时，物种才会产生。[G 注]

192. τὸ κατὰ φύσιν πρόσθεν: the natural front.

193. τοῦ πυρὸς ὅσον τὸ μὲν κάειν οὐκ ἔσχε, τὸ δὲ παρέχειν φῶς ἥμερον, οἰκεῖον ἑκάστης ἡμέρας, σῶμα ἐμηχανήσαντο γίγνεσθαι. 这里的语词“ἥμερον (mild)”和“ἡμέρας (day)”有一种语言游戏；参见《克拉底鲁篇》418c。[B 注]

194. ὅμοιον πρὸς ὅμοιον: like to like.

195. διαδιδὸν εἰς ἅπαν τὸ σῶμα μέχρι τῆς ψυχῆς: transmits (motions) to and through the whole body until they reach the soul (the whole transmits right through the body to the soul).

196. φαντάσματα: mere image, unreality, apparition, phantom.

197. 根据45b-c，当眼里流出的火与对象流出的火（日光）接合，形成一个统一、线性的火柱时，对日光下的对象的直接看视就发生。在观看镜中反射的对象的情形中，如果对象被直接看到，那么对象的左边会显得像右边，反之亦然，正如下图所示 [Z 注]：

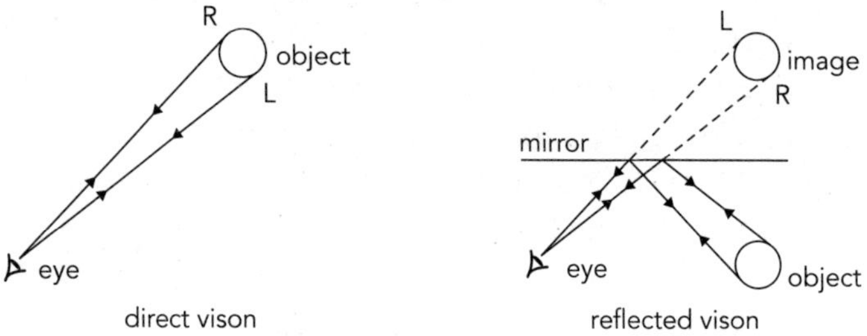

198. συναιτίων: auxiliary causes (contributory causes).

199. τὴν τοῦ ἀρίστου... ἰδέαν: 泽尔（Zyle）认为柏拉图在这里可能意指“善的理念”，他把这句译为：god do his utmost to completion the character of what is most excellent. [Z 注]

200. αἴτια... τῶν πάντων: the actual causes of all things (the sole causes of everything).

201. λόγον δὲ οὐδένα οὐδὲ νοῦν εἰς οὐδὲν δυνατὰ ἔχειν ἐστίν: they are completely incapable of having reason or intelligence (reason or understanding, reason and thought).

202. τὰς τῆς ἔμφρονος φύσεως αἰτίας πρώτας: primary causes of a rational nature (primary causes those that belonging to intelligent nature).

203. ὅσαι δὲ ὑπ' ἄλλων μὲν κινουμένων, ἕτερα δὲ κατὰ ἀνάγκης κινούντων γίγνονται, δευτέρας: as secondary all those belonging to things that are moved by others and that set still others in motion by necessity.

204. ἔργον: function.

205. 近似引自欧里庇得斯《腓尼基妇女》, 1. 1762。[Z 注]

206. λόγος: speech.

207. φωνῇ: sound.

208. ἁρμονία: harmony.

209. ῥυθμὸς: rhythm.

210. τὰ διὰ νοῦ δεδημιουργημένα: what has been crafted by Intellect (what was crafted through intelligence).

211. τὰ δι' ἀνάγκης γιγνόμενα: the things that have come about by Necessity.

212. νοῦ δὲ ἀνάγκης ἄρχοντος τῷ πείθειν αὐτὴν: Intellect (Intelligence) ruled over Necessity by persuading it.

213. τὸ τῆς πλανωμένης εἶδος αἰτίας: the kind of the wandering cause (the character of the Straying Cause).

214. πυρὸς ὕδατός τε καὶ ἀέρος καὶ γῆς φύσιν: the nature of fire, water, earth and air.

215. πάθη: properties, attributes, condition.

216. ἀρχὰς: principles, beginning, starting-point.

217. στοιχεῖα: letters, elements. 既是"字母", 又是"元素", 这里一语双关。

218. συλλαβῆς: syllables. 蒂迈欧给出一种版本的字母 - 音节类比，这在柏拉图后期著作中是普遍的(《泰阿泰德篇》201d 以下,《政治家篇》277d 以下,《智者篇》253a 以下,《斐利布斯篇》18b 以下)。柏拉图采用这个类比不仅阐明语言的本质，而且，在某些或所有这些情况下，也阐明世界的本质。柏拉图经常对哪些字母能否组成音节感兴趣，并关注字母之间的联系（见《智者篇》253a，《斐利布斯篇》18c）。为什么土、水、气和火甚至不构成音节？如果我们回顾几何原子论，“字母”即被认为是两种元素三角形。这两种形式要么构成正方形，要么构成其他三角形，这些三角形依次形成土的立方体、火的四面体、气的八面体，或水的二十面体。任何可感觉的土、水、气或火的数量都将包含大量的三维图形。那么，在任何意义上，人们都不会把土、水、气和火叫作音节，更不用说把它们当作字母了。[G 注]

219. 现在的叙述方法仅以“可能性”或“或然性”为目标，而要获得“本原”，我们必须使用辩证法。[B 注]

220. τὴν τῶν εἰκότων λόγων δύναμιν: the value (worth, virtue) of likely accounts.

221. περὶ ἑκάστων καὶ συμπάντων: both individually and collectively.

222. τὸ τῶν εἰκότων δόγμα: a likely conclusion (a view of what is likely).

223. εἴδη: kinds.

224. γένος: kind.

225. νοητὸν καὶ ἀεὶ κατὰ ταὐτὰ ὄν: intelligible and always changeless.

226. μίμημα δὲ παραδείγματος: imitation (copy) of the model.

227. γένεσιν ἔχον καὶ ὁρατόν: possesses becoming and is visible.

228. δύναμιν καὶ φύσιν: power and nature (what to do and to be).

229. πάσης... γενέσεως ὑποδοχὴν: a receptacle of all becoming.

230. 人们能够在许多前苏格拉底思想家那里发现这种类型的解释。它们源于埃及和巴比伦的宇宙生成论，这由每年度的洪水退潮并显露新陆地所深刻影响。[G 注]

231. 49c7-50a4是《蒂迈欧篇》最富争议的段落，有所谓“传统译法”和“更新译法”，本中文翻译遵循“传统译法”。两种译法的差异集中在对句子“μὴ **τοῦτο** ἀλλὰ τὸ **τοιοῦτον** ἑκάστοτε προσαγορεύειν πῦρ（... not *this* but *what is such to call fire*...49d5-7）”的不同解读上。“传统译法”把这个句式理解为：“不把火叫作‘这个（*this*）’，而毋宁叫作‘这样的（*what is such*）’”，也就是说，不是把我们看到的火或水（“现象性的”火或水）称为“这个（*this*）”（如这个火，那个水），而是称为“这样的

(*what is such*)"(如火那样的，水那样的)。"更新译法"把它理解为："不把'这个(*this*)'，而把'这样的(*what is such*)'叫作'火'"，也就是说，不把"火"这个词用于 *this*（例如，我们可能指出的某个特殊的现象性的火或水），而用于是 *such*（如此这般的，这样的）的东西。希腊原文可以用任何一种方式来解读。两种译法的实质区别在于：传统译法认为，柏拉图在告诉我们把现象性的火、水等等作为"这样"的东西(things that are 'such')而非作为"这个"(things that are 'this')来言说，他并不是告诉我们不要用它们通常的名字("火"、"水"等)称呼它们，而是要以不同的方式理解它们的地位。火气水土处于流变或相互转化之中，缺乏"自性"，不能在严格的意义上是它自己，至多具有某种短暂的特征，从而我们日常称为火的东西，仅仅是"such"("火一样的")。相反，"更新译法"认为，柏拉图告诉我们，鉴于这些明显的恒定的相互转化，用它们通常的名称来指现象火等实例是不正确的。因为任何一点现象性的火都不是火，所以我们根本不应该称之为"火"，即使当它短暂地以火的形式出现时也是如此。使用诸如"火"之类的术语来指称某物，意味着所指具有稳定的性质，这是这个火或那个火（我们可能指点的任何火实例）都不能声称具有的性质。只有那些"总是这样(are always such)"的东西，亦即那些总是具有这种性质的东西，而不仅仅是短暂的一瞬间，才是"火"这样的术语的适当所指。兹列两种英文译法如下：

【传统译法】Now then, since none of these appears ever to remain the same, which one of them can one categorically assert, without embarrassment, *to be some particular thing, this one*, and not something else? One can't. Rather, the safest course by far is to propose that we speak about these things in the following way: what we invariably observe becoming different at different times—fire, for example—to characterize *that, i.e., fire, not as "this," but each time as "what is such,"* and *speak of water not as "this," but always as "what is such." And never to speak of anything else as "this,"* as though it has some stability, *of all the things at which we point* and use the expressions "that" and "this" *and so think we are designating something*. For it gets away without abiding the charge of "that" and "this," or any other expression that indicts them of being stable. It is in fact safest *not to refer to it by any of these expressions.* Rather, "*what is such*"—*coming around like what it was, again and again—that's the thing to call it in each and every case.* So *fire—and generally everything that has becoming—it is safest to call "what is altogether such.*" But that in which they each appear to keep coming to be and from which they subsequently perish, that's the only thing to refer to by means of the expressions "that" and "this." *A thing that is some "such" or other*, however—hot or white, say, or anyone of the opposites, and all things constituted by *these—should be called none of these things [i.e., "this" or "that"].*

【更新译法】Now then, since none of these the appears ever to remain the same, concerning which one of them can one categorically assert, without embarrassment, *that this is some particular thing*, and not something else? One can't. Rather, the safest course by far is to propose that we speak about these things in the following way: what we invariably observe becoming different at different times—fire, for example—to characterize *not this, but what on each occasion is such, as "fire," and to call not this, but what is ever such, "water." And never to call it by any other term—as* though it has some *stability—of all the terms we use which we think have a specific meaning when we point* and use the expressions "that" and "this." For it gets away, without abiding the charge of "that" and "this," or any expression that indicts them of being stable. It is in fact safest *not to call them (i.e., the fire and water we see) these several things (i.e., "fire," "water," etc.).* Rather, *what—coming around like what it was again and again, in each and every case—is such, is the thing to call that way (sc. "fire" or "water").* So *what is altogether such it is safest to call "fire,"* and so with everything that has becoming. But that in which they each appear to keep coming to be and from which they subsequently cease to be, that's the only thing to refer to by means of the expressions "that" and "this." *But what is some such or other*, however—hot or white, say, or any of the opposites, and all things constituted by *these— [it is safest] not to call it (sc. the Receptacle) any of these.*

以上两种译法，详见 Zeyl (2000: lvi-lviii)。我遵循“传统译法”。

232. τῆς τὰ πάντα δεχομένης σώματα φύσεως: the natural receptacle of all bodies (that nature which receives all the bodies).

233. μορφὴν: shape, character.

234. ἐκμαγεῖον: that on or *in which an impression is made: also the impression made, an impress, mould.*

235. τῶν ὄντων ἀεὶ μιμήματα: imitations of those things that always are (copies of the eternal things, images of eternal beings).

236. τὸ γιγνόμενον: that which comes to be.

237. τὸ δ' ἐν ᾧ γίγνεται: that in which it comes to be.

238. τὸ δ' ὅθεν ἀφομοιούμενον φύεται τὸ γιγνόμενον: that after which the thing coming to be is modeled and which is the source of its coming to be.

239. γένη: idea, morphe, eidos (character) 的同义词。

240. τῷ τὰ τῶν πάντων ἀεί τε ὄντων：据约翰森读为 τῷ τὰ πάντα τῶν νοητῶν ἀεί τε ὄντων. [J 注]

241. ἀνόρατον εἶδός τι καὶ ἄμορφον: an invisible and formless kind (an invisible and characterless sort of thing).

242. πῦρ αὐτὸ ἐφ' ἑαυτοῦ: fire itself by itself (fire just in itself).

243. αὐτὰ καθ' αὑτὰ ὄντα ἕκαστα: being severally "themselves in themselves".

244. διὰ τοῦ σώματος αἰσθανόμεθα: things that we perceive through the body.

245. τοιαύτην... ἀλήθειαν: such reality, that kind of reality，即我们归于理念的那种独立的、绝对的实在性。

246. εἶδος ἑκάστου νοητόν: intelligible Form for each thing.

247. νοῦς καὶ δόξα ἀληθής: intelligence and true opinion (understanding and true belief).

248. νοούμενα: apprehended by intelligence. 这可能是康德的“本体 (noumenon) ”与“现象 (phenomenon) ”的区分的遥远起源。

249. ἀληθοῦς λόγου: a true account.

250. ἄλογον: lacks any account.

251. νόησις: intelligence, understanding, thinking.

252. ὁμώνυμον: bears the same name.

253. χώρα: space. 这是“接受器”第一次明确地被称为“空间”。

254. ἕδραν: a seat, a fixed site, a situation.

255. αὐτὸ δὲ μετ' ἀναισθησίας ἁπτὸν λογισμῷ τινι νόθῳ: it is itself apprehended by a kind of bastard reasoning that does not involve sense perception. 讨论像接受器那样无特征之物是很困难的。如果接受器既非可理知的，又非可感觉的，那就难以把握。这赋予它一种相当古怪的认识论处境。[G 注]

256. ἀναγκαῖον εἶναί **που** τὸ ὂν ἅπαν ἔν τινι **τόπῳ** καὶ κατέχον χώραν τινά: everything that exists must of necessity be somewhere, in some place and occupying some space.

257. οὐσίας ἁμωσγέπως ἀντεχομένην: somehow in clinging to being (existence).

258. τῷ ὄντως ὄντι: that which really is (what has really being).

259. 柏拉图在这个简要段落的论证如下：如果 A“指示”B（在作为 B 的仿本的意义上），那么它本身不能是 B 之所是，否则它是 B 而非 B 的仿本了。如果它不能是 B，那么它必然是另外某物，无论它是什么，都必须保持 A 作为 B 的仿本之作用和地位。例如，某人的大理石雕塑自身不能是人，它本质上必然是另外某物（例如大理石）来维持其作为仿本的作用和地位。因此，仿本必然在大理石之中。不在任何东西“之中”或“之上”的仿本就“什么都不是”。最后一句重申模型（理念）和基体（接受器）之间“在……之中存在”关系的缺乏：尽管仿本是在后者（接受器）之中（并且是属于理念的仿本），但接受器和理念却既不互相“属于”，也不在对方之中。[Z 注]

260. ὄν τε καὶ χώραν καὶ γένεσιν: Being, Space and Becoming.

261. παντοδαπὴν μὲν ἰδεῖν φαίνεσθαι: it takes on a variety of visible aspect (its visual appearance varied).

262. μήθ' ὁμοίων δυνάμεων μήτε ἰσορρόπων: with powers that are neither similar nor evenly balanced (no homogeneity or balance in the forces).

263. ἴχνη: traces, vestiges.

264. διεσχηματίσατο εἴδεσί τε καὶ ἀριθμοῖς: shape them according

to forms and numbers.

265. τὴν διάταξιν αὐτῶν...ἑκάστων καὶ γένεσιν: the particular structure and origin of each.

266. 康福德认为这里指的是“surface”而非“plane”，因为某些立体有曲面。参见 Cornford (1937), p.212, n.1。

267. 蒂迈欧所说两个元素三角形就类似于这个：

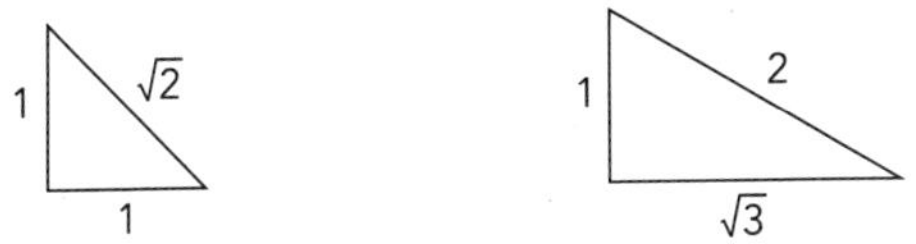

268. κατὰ τὸν μετ' ἀνάγκης εἰκότα λόγον: in accordance with the account that combines likelihood and necessity (likely account in terms of Necessity).

269. πέρι γῆς τε καὶ πυρὸς τῶν τε ἀνὰλόγον ἐν μέσῳ: about earth and fire and their proportionate intermediates.

270. φύσιν: nature, type, variety.

271. 即三个60度角的结合等于180度。所有的钝角都小于180度。

272. 八面体，由四个等边三角形结合形成一个立体角而产生，这将需要8个此类三角形在6个立体角上结合来完成。

273. 二十面体，由接合5个等边三角形，继而形成一个立体角而产生。它需要120个元素性的、“完美”的不等边直角三角形，安排在20个等边三角形之中，在12个立体角上接合而完成。

274. 立方体，由正方形构成，是通过在 O 点并置 AOB、BOC、COD 和 AOD 所产生。

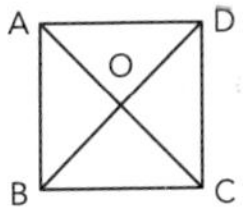

不清楚的是，为何柏拉图不从两个等腰直角三角形来论述正方形，例如，AOD 和 DOC，在 AD/DC 并置。

275. 十二面体，最后一类规则立体。它有12个面，每个面都是规则的五角形。它在体积上最靠近球体，亦即宇宙的形状。

四类立体：

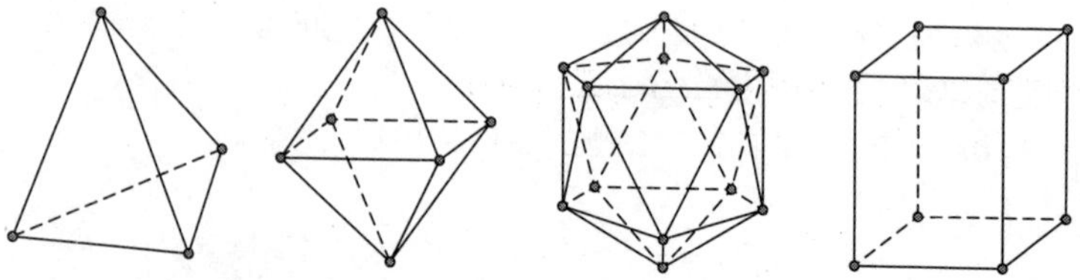

第五个立体：

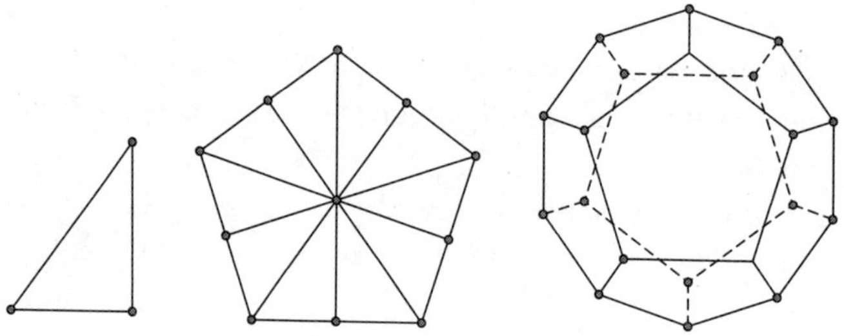

276. ἀπείρους…ἢ πέρας: infinitely many (indefinite) or finite. 有一些古代思想家认为世界无限多，最著名的是柏拉图之前的原子论者留基波和德谟克利特。

277. τὸ μὲν ἀπείρους ἡγήσαιτ' ἂν ὄντως ἀπείρου τινὸς εἶναι δόγμα ὧν ἔμπειρον χρεὼν εἶναι. 柏拉图在"ἀπείρος"的两种意义"无限 / 不定 (infinite, indefinite, unlimited)"与"外行 (unskilled, unexperienced)"之间玩了个语言游戏。[Z 注]

278. 五个宇宙相应于这五类立体。[G 注]

279. τὸν εἰκότα λόγον: likely account.

280. βάσις: face, base. 这里的"面 (face)"用作为立体站立的"底面 (base)"，因此其稳定性得到了强调。

281. τὸν εἰκότα λόγον: likely account.

282. κατὰ τὸν ὀρθὸν λόγον καὶ κατὰ τὸν εἰκότα: follow our account which is not only likely but also correct.

283. στοιχεῖον καὶ σπέρμα: element (unit) or seed. “元素”是恩培多克勒和原子论的终极实在的术语，“种子”是阿那克萨戈拉的术语，柏拉图将它们相提并论，并用几何原子取而代之。

284. 水的粒子(σῶμα)是二十面体，由20个等边三角形或120个基本三角形构成，足够组成一个四面体(4个等边三角形或24个元素三角形)，以及两个八面体(每个有8个等边三角形或48个元素三角形)。气的粒子是一个八面体，因此足够组成两个四面体。相反，两个火粒子具有组成一个气粒子所需要的成分三角形，两个半的气粒子能够组成一个水粒子(或者可能更好：五个气粒子能够组成两个水粒子)。柏拉图似乎在这一段互换地使用“σῶμα（粒子)”和“εἶδος（形式)”。[Z 注]

285. ὅμοιον καὶ ταὐτὸν: alike and uniform (homogeneous and identical, similar to and identical).

286. κατὰ ταῦτα τὰ παθήματα: undergo these processes (suffering this treatment).

287. χώρας: places, territories, regions.

288. τόπον: place.

289. 元素三角形聚合在一起，既形成了正方形，又形成了等边三角形。正方形和等边三角形能够具有不同的尺寸，这取决于它们如何被构成。因此我们能够将4个正方形聚合到一起，形成更大的正方形，或者4个等边三角形聚合到一起，形成更大的三角形。这种类型的其他结合，导致其他尺寸的正方形和等边三角形，这是可能的。更大的尺寸结合到一起形成更大尺寸的立体图形。[G 注]

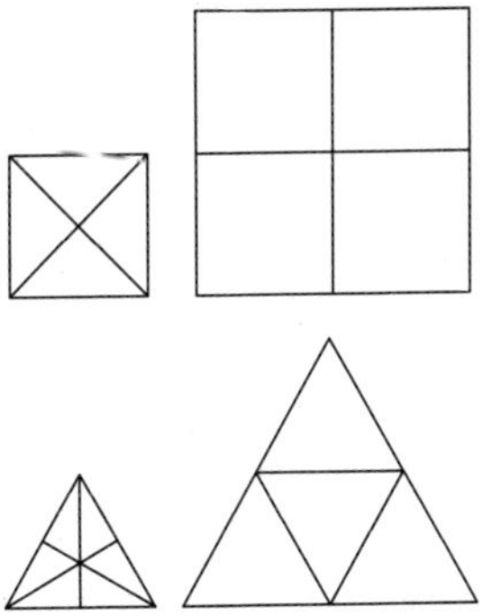

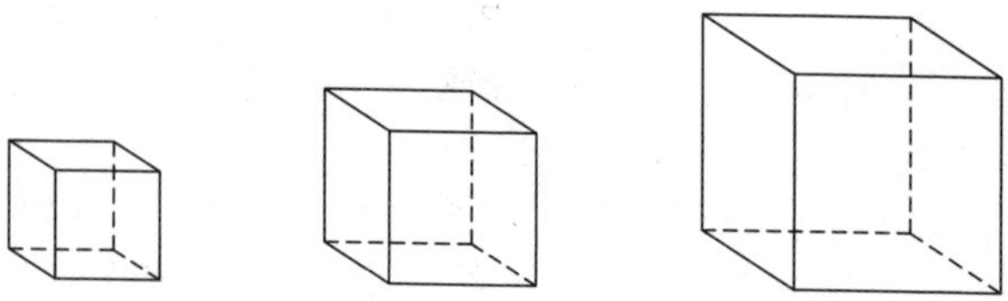

土粒子

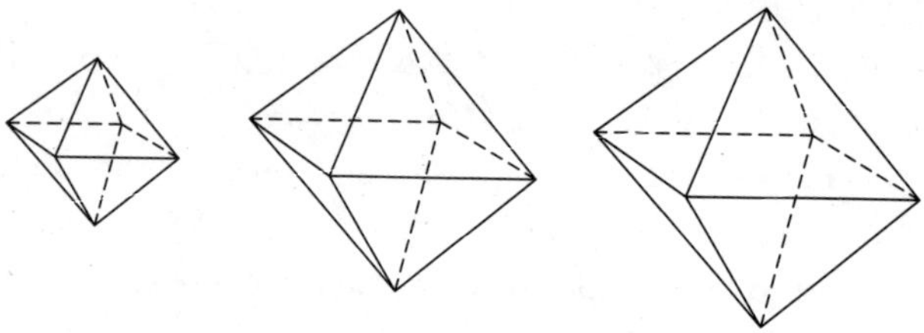

气粒子

290. στάσιν μὲν ἐν ὁμαλότητι, κίνησιν δὲ εἰς ἀνωμαλότητα: rest in a state of homogeneity (uniformity, equilibrium) and attribute motion to a condition of heterogenous (nonuniformity, disequilibrium).

291. ἀνισότης: inequality.

292. ἀνισότητος δὲ γένεσιν: the origin of inequality. "不相等性的起源"指的是什么并不清楚。或许柏拉图想到的是前宇宙混沌中对"既不相似也不均衡的力 - 能"的讨论(52e)。或者，可能更明确的是，他想的是四元素结构之间差异的起源。这些差异归因于两种基本三角形的不相似性、它们不同的大小，以及不等边直角三角形的不同可能的结合和再结合。[Z 注]

293. περίοδος: circuit, circumference, revolution.

294. κενὴν χώραν: empty space (no space to remain empty, no room to be left empty). 圆周运动不能产生这种压缩效应，但古代科学家从对漩涡如何将对象移动到中心的发现中推断它确实能够这样。(亚里士多德《论天》295a 以下) [G 注]

295. 柏拉图所认为的元素立体不能相互契合，从而完全填充空间。尽管是整体旋转的压缩效应会使它们聚合到一起，从而更小的粒子尽可能最好地填充空间。很难相信柏拉图没有意识到，他的原子理论，以及它们如何运动且变化，会意味着，当它们变化时，必然存在原子和空间之间的间隙。显然，亚里士多德意识到了这个问题。(《论天》306b3以下）[G 注]

296. ὁμίχλη τε καὶ σκότος: murk (mist) and gloom (darkness). 康福德 (1937), p.247, n.1认为这两者是气的变体，而不是气和水的混合体，因此最好不用“mist”，可以用“fog”。中文很难找到对应的词，至少结构中包含“雨”和“水”的字（如雾、霾、霭等）都不合适。

297. ὑγρόν...χυτὸν: the liquid and the fusible.

298. κενὸν: void, vacuum, vacancy.

299. ἕδρας: places.

300. 火是实体，且其在场导致热，其离开造成冷，这样的观点具有悠久的历史。即使当18世纪和19世纪的科学家打破火作为元素这一古老的观点，他们首先以燃素（一种带热的有重量实体）替代，然后以热量（一种带热的无重量实体）替代。热是粒子的快速运动的现代观念则是从19世纪中叶开始的。[G 注]

301. 土、水和气能够被理解为固态、液态和气态的本原。这对于理解所谓某些质料的构成是重要的。加热时不熔化的质料（如石头）被理解为几乎完全由土构成。诸如金属这样不熔化的质料，被理解为由土和水构成，水解释加热金属的液态性。[G 注]

302. εἰκότων μύθων: likely stories, likely myths, probable account.

303. μέλι: 英译为 honey，但不是蜂蜜，而是花和树分泌的甜汁。

304. 水晶。[G 注]

305. 磨石经常由熔岩制作而成。[G 注]

306. κατὰ λόγον νόμου: according to human convention, traditionally.

307. παθήματα: affections, qualities, properties. 这个词很重要，又很难译解。“παθός”和“παθήμα”这两个名词都源自动词“πάσχειν”，英文意思是 to undergo, experience 或 be affected。尽管柏拉图倾向于用“παθήμα”指称外在对象的被主体感知它具有的一种属性（property）（如甜，硬等），用“παθός”指称作为对象作用于感知主体的结果而被主体所经历的感受（affection），但这种区分并不严格，他的具体使用也非始终一致。如在64d6, 65b4, 66b6, c6-7等应该用“παθός”的地方，他却用了“παθήμα”，63d4则恰好相反。见 Zeyl (2000) p. lxxv, n.146.

308. 柏拉图暗示这里的 κερματίζουσα（切碎）和 θερμόν（热）有词源联系。

309. 这一段由于其对一种类型宇宙论的反对，因而是重要的。很多早期希腊宇宙论属于“平行”的类型 [对此，见 D. Furley (1987)]，在其中，重物从宇宙的“顶部”下降到“底部”。因此泰勒斯就有为何地球不会掉落，以及什么支撑着地球的质疑。一种新类型的宇宙论逐渐取而代之，即“中心聚焦类型”，最明显的代表是亚里士多德，在那里，宇宙有一个中心点，重物向其运动。柏拉图在此转换过程中起到重要作用。[G 注]

310. 这里的基本原则是同类相吸（like to like）。如果我们强使土从土块挪开，那么它会试图返回，从而感觉到重。柏拉图在此的解释，尽管是中心聚焦的（centrifocal），但这不同于亚里士多德的解释。对于亚里士多德来说，土自然地向宇宙的中心而非其自身的种类运动。如果对于柏拉图来说，宇宙中的土被聚集到他处，地球将会运动到此位置。亚里士多德在重和轻之间的区分也是更绝对的，基于元素是否自然地朝向或远离宇宙中心运动。对于柏拉图来说，这是相对的，它取决于一种元素聚集的质量之条件。尽管这似乎都有点奇怪和古旧，但万有引力并不是最容易提出的观念。当然，在古代世界没有人能接近万有引力理论，它需要17世纪许多人的工作，才将其发展成为一种融贯的理论。涉及超距引力的牛顿式解释仅胜过18世纪中叶关于漩涡的笛卡儿式解释。[G 注]

311. τὸ φρόνιμον: the center of consciousness, the consciousness, the intelligent part, the organ of intelligence.

312. παρὰ φύσιν ：unnaturally.

313. 参见45c。

314. ἀπαλλοτριοῦται: alienations, the departure from the normal state.

315. ἡμιγενές: half-breed, half-formed.

316. 对嗅觉的解释并不令人满意。我们凭其来进行嗅觉活动的通道对于土和水过窄，而对于气和火过宽，因此这些元素不能以其纯粹的形式被嗅到。这对于气和火似乎是古怪的，它们很容易与通道壁相碰撞而非直接穿过。同样古怪的是，可能存在更大尺寸的元素（例如，每个面拥有16个而非4个三角形立方体），那么对于通道应该要么是可嗅的，要么是过宽的。[G 注]

317. 一种撞击从气经由耳朵被传递至血液和大脑，并且继而传递至灵魂。所引起的从头到肝脏的运动是听觉。耳膜似乎在这种解释中不起作用。音高相关于速度，“柔和”(与“尖锐”相对)相关于均匀性，音量相关于大小。[G注]

318. 参见80a。

319. 参见45b-d。

320. φανταζόμενα: appearance.

321. μήτε τινὰ ἀνάγκην μήτε τὸν εἰκότα λόγον: either a necessity or the likely account.

322. τὰ πολλὰ εἰς ἓν συγκεραννύναι καὶ πάλιν ἐξ ἑνὸς εἰς πολλὰ διαλύειν: to mix many things into one and to dissolve one into many.

323. 柏拉图在此使用的语词“木料”(ὕλη)是我们在亚里士多德那里经常译为“质料”(与“形式”相对)的术语。有迹象表明这个术语在柏拉图那里已经有这样的含义(参见《斐利布斯篇》54c2)；然而，在目前的语境下，对“木匠”的指涉使“木料”成为更可取的译法。[J注]

324. ἀνάλογα καὶ σύμμετρα: ratios and proportions (be commensurable and proportionate).

325. τύχῃ: by chance.

326. ζῷον ἓν ζῷα ἔχον τὰ πάντα ἐν ἑαυτῷ θνητὰ ἀθάνατά: a single living thing that contains within itself all living things, mortal and immortal.

327. θάρρος καὶ φόβον: boldness (daring) and fear.

328. θυμὸν: anger, spirit of anger, passion.

329. ἐλπίδα: hope, expectation.

330. αἰσθήσει δὲ ἀλόγῳ καὶ ἐπιχειρητῇ παντὸς ἔρωτι: unreasoning sense perception (irrational sense) and all-venturing lust (desire which shrinks from nothing).

331. ἀκροπόλεως: the citadel. 将头颅与“Acropolis(雅典卫城)”相类比。

332. 柏拉图并不认为血液以我们所相信的那种方式循环，即从心脏流出，通过动脉、毛细血管、静脉，再回到心脏。然而，他的确相信血液流遍全身，心脏在某种意义上是血液的“源泉”。[G注]

333. 柏拉图在此对肺的理解当然是完全错误的。然而，古代解剖学家在了解器官配置的同时，也努力理解它们的功能，并经常认为主要的器官（肺，甚至大脑）作为一种在身体内部调节热冷的方式存在。在柏拉图的时代，肺被认为是单一器官，拥有左室和右室。[G 注]

334. εἰδώλων καὶ φαντασμάτων: images and phantoms. 对于柏拉图来说，理性智能的水平越低，我们就越容易被视觉影像所引诱。在此对比《理想国》514a 以下的洞喻，洞穴中的囚徒也是他们所看到的影像的囚徒。[G 注]

335. ἵνα ἐν αὐτῷ τῶν διανοημάτων ἡ ἐκ τοῦ νοῦ φερομένη δύναμις, οἷον ἐν κατόπτρῳ δεχομένῳ τύπους καὶ κατιδεῖν εἴδωλα παρέχοντι: so that the power of the thoughts being carried from the intelligence, by being reflected in it as in a mirror which receives in itself the impressions and produces visible images. 肝脏被描述成一种“接受器”。在某种程度上，我们的思想被反射在肝脏上，或在肝脏上形成影像，并因此将它们自身传递到我们最低的部分之中。因为对人类的解剖尚未得到实践，所以，正是“祭牲剖肝占卜术（hepatoscopy）”——出于占卜的目的对动物肝脏的解剖和研究——使希腊人了解关于肝脏的某些事情，例如，当肝被解剖时，它呈现多种多样的外观，并且其外观由于多种疾病而变化。柏拉图会在后面说到。[G 注]

336. λόγου καὶ φρονήσεως: reason and understanding.

337. τὸ μαντεῖον: divination. 传统上看，兆示被“占师”从内脏，且特别的是献祭动物的肝脏，所宣读而出。然而，蒂迈欧通过其在梦中的功能将肝脏视为兆示的“位置”。[Z 注]

338. 脾脏的功能仅仅是保持肝脏的清洁，帮助甚至最低级类型的灵魂看清图像。实际上，脾脏的功能是产生淋巴细胞，这些淋巴细胞有助于红细胞的循环，并与白细胞一起在防治感染中发挥重要作用。[G 注]

339. ἀφιλόσοφον καὶ ἄμουσον πᾶν ἀποτελοῖτὸ γένος: our whole race incapable of philosophy and the arts (culture).

340. ἀρχὴ: starting-point. 柏拉图的意思是先造骨髓，而不是把骨髓视为肌肉、骨头等的基质。

341. πανσπερμίαν παντὶ θνητῷ γένει μηχανώμενος: a ‘universal seed’ contrived for every mortal kind (a mixture of seeds of every sort for every mortal kind).

342. ἐγκέφαλον：词源分析是 ἐν κεφαλῇ (in the head)。希腊语中的“大脑”字面意思是“在头中的器官”。柏拉图似乎意识到，大脑被脑脊液所覆盖，并且大脑是骨髓这种观点与灵魂被绑缚在骨髓上，以及灵魂从骨髓脱离即死亡这类观点是一致的。骨髓还被认为是个体的种子库，正如(73b-c)原初的种子库包含地球上所有生命的种子。[G 注]

343. 这里可能是对恩培多克勒的专门驳斥，因为柏拉图认为脊柱被设计为具有灵活性。根据恩培多克勒，脊柱随机地被打成碎片(参见亚里士多德《论动物的部分》640a)。当然，整个部分都与恩培多克勒的想法相反：柏拉图是通过设计来解释，恩培多克勒是通过多重意外来解释。[G 注]

344. διάνοια: thinking.

345. φρονήσει: intelligence.

346. ἰδέαις καὶ αἰσθήσεσιν: forms and senses (features and sensations, shapes and senses).

347. πᾶν γὰρ οὖν ὅτι περ ἂν μετάσχῃ τοῦ ζῆν, ζῷον μὲν ἂν ἐνδίκῃ λέγοιτο ὀρθότατα: everything that has life has every right to be called a living thing.

348. ᾧ δόξης μὲν λογισμοῦ τε καὶ νοῦ μέτεστιν τὸ μηδέν, αἰσθήσεως δὲ ἡδείας καὶ ἀλγεινῆς μετὰ ἐπιθυμιῶν: which is without belief (opinion) or reason (reasoning) or understanding but only with sensation, pleasant and painful, and desires (appetites).

349. 柏拉图不知道动脉和静脉之间的差异，对连接它们的毛细血管也毫无知识。他也不认为心脏在血液流动中有任何作用。[G 注]

350. τὸ τῶν αἰσθήσεων πάθος: the effect of sense-perception (stimulations received by senses).

351. 这里的原则对于即将讨论的下文是重要的。由小粒子构成的形体不受大粒子所影响，但那些由大粒子构成的形体不能不受小粒子影响。人们可能以为这意味着存在小规模的虚空。如果在小粒子能够穿过的大粒子结构之中存在间隙，那么这些间隙中是什么呢？一种答案可能是小粒子的持续流，但由于那些粒子既不是与大粒子嵌合，又不是与其自身嵌合，那么仍不得不留下某个虚空。[G 注]

352. πλέγμα ἐξ ἀέρος καὶ πυρὸς οἷον οἱ κύρτοι: a network of air and fire, like a fish trap.

353. ἐγκύρτια: funnels.

354. περιελαυνομένου: circular thrust. 柏拉图需要在不依赖于虚空的情况下解释吸进和呼出的感觉。我们不能单纯地排出气，且留下虚空；气同时通过身体的毛孔被吸进，这使胸腔再次膨胀并触发吸入。柏拉图认为膈膜，即区分胸腔和腹部的肌肉壁，其首要功能是分开灵魂的不同部分，而非作为肺的收缩和膨胀的主要原因。[G 注]

355. 另一个可以通过无虚空理论解释的现象是医用杯子的作用（用来吸起皮肤，现在只用于替代疗法）。接下来我们会看到，对象在推动者使其离开后保持运动，也可以用同样的原理来解释。古人缺乏诸如动量之类的现代观念，他们很难解释为什么对象在推动者释放它们时仍保持运动。在此的观点是，由于对象运动而排出的气冲进来填充运动对象背后的任何潜在虚空，从而传递某种力并使对象处于运动之中。[G 注]

356. 参见47c-d。

357. “εὐφροσύνην”，源于“phero”和“phora”（运动）；参见《克拉底鲁篇》419d。较快的和较慢的两种运动被认为是在它们抵达耳朵时被混合。[B 注]

358. 亦即磁铁或磁石；参见《伊翁篇》533d。[B 注]

359. 蒂迈欧也想要反对我们所谓的超距作用，或吸引和排斥。这里有两种困难的情况，一种是琥珀被摩擦时产生明显的静电吸引，另一种是来自永久磁铁的磁力吸引。蒂迈欧力图通过粒子的接触作用来解释这些现象。因此，不是跨虚空空间的吸引，而是粒子的紧密挤压，其运动导致恰当的物体相互运动。笛卡儿在17世纪提出了一个非常相似的理论。这里通常的类比是漩涡。当表面的物体（比如一块木头）运动到漩涡中心时，这不是由于漩涡中心的任何吸引作用，而是由于水粒子的运动。[G 注]

360. 参见77a。

361. 参见68b, c。

362. ἣν τὸ συγγενὲς πᾶν φέρεται πρὸς ἑαυτό: everything moves toward that is of its own kind (like always moves to like).

363. 同类相吸（like to like）原则再次被强调。现代科学家倾向于尽力根据在身体周围的液体和营养物来思考（例如，通过心脏的运动，心脏作为泵起作用），但古人经常持有的观点是，身体的各部分吸引它们所需要的东西。这种想法直到17世纪威廉·哈维发现血液循环之前，始终占据

主流地位。[G 注]

364. ἡ παρὰ φύσιν πλεονεξία καὶ ἔνδεια: unnatural excess or deficiency.

365. 此处和别处对政治术语的使用，是要让读者在身体和城邦之中秩序和无序的原因之间进行类比。

366. παρὰ τοὺς τῆς φύσεως...νόμους: 康福德认为“contrary to the laws of nature”的译法是错误的，应该译为“contrary to the established use of nature”(或，contrary to nature’s way, contrary to the ordinary course of nature)。

367. 破伤风实际上是由伤口感染引起的，并且是肌肉的非自主的和长时间的收缩。一般来说，收缩开始于口腔周围，破伤风的另一个名字叫“牙关紧闭症”。角弓反张，字面意思是“向后拱起”，包括患者不由自主地向后拱起头部、颈部和脊柱。这是破伤风和脑膜炎的症状。在现代疫苗和抗生素出现之前，破伤风较为广泛和危险。[G 注]

368. 亦即癫痫；参见《法律篇》916a。

369. 在血液中有一种叫作血红蛋白的凝结动因。它是一种拥有类纤维分子的蛋白质，这在适合的条件下结合到一起，有助于产生血块。柏拉图对此并不了解，但是他所说的包含血液纤维的天才理论赋予他一种解释血液和血块凝结的方式。[G 注]

370. 持续的发烧具有日常危机。发烧被希波克拉底所谨慎地发现，这是他在一次医疗危机发生时所注意到的。即使他们不能治愈发烧，至少能够提供一种好的预后，这在他们必须反对其他的从业者(草药医生、信仰治疗师等)的处境中是重要的。隔日的发烧每3天有一次危机，四日热每4天有一次危机。[G 注]

371. δύο δ’ ἀνοίας γένη, τὸ μὲν μανίαν, τὸ δὲ ἀμαθίαν: of folly (mindlessness) there are two kinds, madness and ignorance (stupidity).

372. πάθος: affection.

373. ἑκὼν κακὸς: willfully bad (willingly bad, deliberately wicked, voluntarily wicked).

374. κακὸς [86e] μὲν γὰρ ἑκὼν οὐδείς: no one is willfully bad. 参见《普罗泰戈拉篇》345d 以下,《法律篇》731c 以下。

375. 参见73d 以下。

376. αἰτιατέον: the blame for, responsibility.

377. μουσικῇ καὶ πάσῃ φιλοσοφίᾳ: the arts and all manner of philosophy (the arts and every pursuit of wisdom, the cultivation of the mind and all higher education).

378. καλός... ἀγαθὸς: fine and good (beautiful and good, fair and good)，隐指希腊短语 καλὸς κἀγαθός（贵族，绅士），康福德译为“a man of noble breeding”。

379. 柏拉图站在反对从根本上净化身体的医学理论家一边。古代医学强调饮食和运动作为预防措施，对疾病的有效治疗作用很小。他们用的是催吐药、泻药和利尿剂来净化身体。这些程序治愈抑或加重了病情，是有争议的。柏拉图在此认为它们只是最后的措施。[G 注]

380. 参见81d 关于自然死亡的论述。

381. 从某种程度上说，这一段在现代眼光看来相当怪异，但人们很可能将会问：是健身活动还是抽脂？是慢跑还是抗抑郁药物？是水果、蔬菜和鱼有助于免疫系统，还是抗生素？可利用药物的效用（或感知效用）问题仍然是一种困扰。[G 注]

382. 教育是《理想国》vii 和《法律篇》vii、xii 等的主题。

383. 参见69d, 79d, 87a。

384. 参见《会饮篇》212a。

385. 这里被译为“幸福”的希腊词“εὐδαίμων”的字面意思是“有一个好的精灵（with a good daemon）”，柏拉图在“δαίμων（精灵）”和“εὐδαίμων（幸福）”之间做了个语言游戏。

386. 参见37a ff.。

387. ἔρωτα: 这证实最初的人是男性，因为性的欲望（或至少是异性恋的欲望）仅仅随着女性的到来才得以产生。[G 注]

388. 参见73c1, 74a4.

389. ἡ ἐπιθυμία（阴性），女性有怀胎欲望的生物（ζῷον ἐπιθυμητικὸν ἐνὸν τῆς παιδοποιίας），ὁ ἔρως（阳性），男性有生殖繁衍之爱欲（ἔρως τοῦ γεννᾶν）；两者结合，“ὁ ἔρως”播种，“ἡ ἐπιθυμία”孕育生产。Cornford (1937), p.357, n.2.

390. 野兽之间存在一种层次结构，而最愚蠢的人被投胎为蛇。恰当的是，那些已到达理性智能的最低层次者应该被分派到地球的最低位置上。

[G 注]

391. 尽管这个序列已作为一种下降趋势被赋予，但也存在上升的可能性。如果某人应该以一种有道德的方式过低等生物的生活，尽可能努力获得知识和理性智能，他将被进一步投胎到更高的层次。[G 注]

392. “ 可理知者之仿本 (εἰκὼν τοῦ νοητοῦ) ” 指的是作为模型的 “ 宇宙之理念 ” 的 “ 仿制品 ”。

[全书完]

译者后记

本书定位于科普，并以“企鹅经典”和“牛津经典”等为典范。首先用长篇引言，以近乎文献综述的方式，详细介绍当代西方柏拉图学界围绕《蒂迈欧篇》的主要争论和争论中的重要观点，这些观点是我高度重视甚至认同的，而且侧重于科学史意义的阐释，以求最大程度地符合“高山科学经典”丛书的宗旨。正是通过这些二手文献，我基本读懂了这篇艰深的著作，所以相信这篇引言也可以帮助读者读懂这篇对话，但更希望读者能够借助引言最后提供的参考书目做延伸阅读，从而深化对文本的理解。说实话，在我完成引言的那一刻，我为《蒂迈欧篇》内容的丰富性和影响力所震撼，尽管我的阅读和引介并不完备。

译文部分参照经典普及版的通行模式划分了段落并冠以标题，译文以可读性为目标，力求意思准确、语句通顺，最大限度地减少古代文本对现代人的阅读障碍；基本术语的翻译力求统一并尽量向约定俗成的译法妥协，但也多有例外，因为我本人对于所谓“定译”有深深的怀疑，更相信翻译基于理解，而理解是相对的、多元的、逐步深化和拓展的，因此眼下的翻译都是暂时的权宜之计；为此，对于重要的术语和短语，我在注释中列出希腊原文和多种英文译法，以期打开而非封闭读者的视域。因为时间限制，译文注释不多，并且主要采纳了 Zeyl, Johansen 和 Gregory 等当代学者的现有成果，希望未来再补充 Taylor 和 Cornford 等现代大家的研究。当然，因我不懂德文和法文，德法两国学者的相关重要成果就成了我本人永久的缺憾。至于国内学者的研究，因为刚刚起步，说“乏善可陈”也不为过；有份量的成果，还得寄希望于各方面都受过良好训练的新一代“海归”们。

《蒂迈欧篇》是我博士论文研究的课题，当初为什么选它已经不记得了，也许是导师叶秀山先生看我写过怀特海而提的建议？不管怎样，现在想来，颇感幸运，因为这是一个可以做一辈子的题目。二十年来，我涉及过很多领域，但柏拉图和《蒂迈欧篇》始终是我的核心关切，断断续续收集和阅读了很多材料，也在研究生课上讲过几轮。眼下这本书只能说是“中期成果”，期待早日退休，然后可以从从容容地做个像模像样的研究。但还想在退休后去欧美名校驻访、去户外徒步、去开个小酒馆……此生幸有“蒂迈欧”，但不只有“蒂迈欧”。

这本书以这样一种形式这么快面世，是我自己也未曾料到的。首先要感谢丛书主编、亦兄亦师的吴国盛教授，他也是我博士论文答辩委员之一，长期关注我的这项研究，他的鼓励、接纳与敦促是本书完成的关键，他还亲自审阅全稿，提出了许多重要的修改意见；他对自由和科学精神的热爱与不倦追求，是我永久的楷模。其次要感谢果麦文化的曹曼总监，她的包容和高效让我这个急性子倍感满足。最后要感谢我的学生盛传捷、周炼、张凯、赵奇、汪之凡等，他们以不同的方式对本书作出了贡献。

宋继杰

2022 年 8 月 12 日

于清华园人文楼 108 办公室

作者 | 柏拉图 Plato　公元前 427 — 公元前 347

生于雅典，苏格拉底的弟子，亚里士多德的老师，柏拉图学园 (Academy) 的创办者，与苏格拉底和亚里士多德并称为“希腊三哲”，公认为西方哲学的奠基者。柏拉图提出了著名的理念论，留下了三十多部对话，内容涉及哲学、数学、自然科学、政治学、伦理学、美学等多个领域。

译者丨宋继杰

现任清华大学哲学系长聘教授，主攻古希腊哲学，兼任教育部哲学教学指导委员会委员（2018—2022）、中华全国外国哲学史学会常务理事、古希腊哲学专业委员会理事；曾任清华大学哲学系系主任（2018—2020）、外国哲学学科负责人、《清华西方哲学研究》执行主编、哈佛大学访问学者（2003—2004）、牛津大学访问学者（2009—2010）；专著有《逻各斯的技术——古希腊思想的语言哲学透视》（清华大学出版社，2013）、《海德格尔与存在论历史的解构——〈现象学的基本问题〉引论》（江苏人民出版社，2008）；编著有《Being与西方哲学传统》（2卷，河北大学出版社，2002，第1版；广东人民出版社，2011，第2版）；译著有《追寻美德》（译林出版社，2003）、《获得相的知识：〈斐多篇〉〈会饮篇〉和〈理想国〉核心卷中柏拉图的方法研究》（中国人民大学出版社，即出）、《牛津古典哲学读本》（合译，商务印书馆，即出）、《古典思想》（合译，中信出版社，即出）等。

校者丨盛传捷

英国利兹大学古典学系博士，吉林大学哲学社会学院讲师。

蒂迈欧篇

作者 _ [古希腊] 柏拉图　　译者 _ 宋继杰

产品经理 _ 曹曼 扈梦秋　　装帧设计 _ 朱镜霖 陆震　　产品总监 _ 曹曼

责任印制 _ 梁拥军　　出品人 _ 路金波

营销团队 _ 阮班欢 李佳 杨喆　　物料设计 _ 朱镜霖

果麦

www.guomai.cc

以 微 小 的 力 量 推 动 文 明

图书在版编目（CIP）数据

蒂迈欧篇 / (古希腊) 柏拉图著 ; 宋继杰译. -- 昆明 : 云南人民出版社, 2023.3

书名原文: Timaeus

ISBN 978-7-222-21717-1

Ⅰ. ①蒂… Ⅱ. ①柏… ②宋… Ⅲ. ①柏拉图(Platon 前427–前347) – 哲学思想 Ⅳ. ①B502.232

中国国家版本馆CIP数据核字(2023)第021156号

责任编辑：刘　娟
责任校对：和晓玲
责任印制：马文杰
特约编辑：曹　曼　扈梦秋
装帧设计：朱镜霖　陆　震

蒂迈欧篇
DIMAI’OU PIAN
〔古希腊〕柏拉图　著　　宋继杰　译

出版	云南出版集团　云南人民出版社
发行	云南人民出版社
社址	昆明市环城西路609号
邮编	650034
网址	www.ynpph.com.cn
E-mail	ynrms@sina.com
开本	880mm × 1230mm　1/32
印张	11.75
印数	1—5,000
字数	242千字
版次	2023年3月第1版第1次印刷
印刷	河北鹏润印刷有限公司
书号	ISBN 978-7-222-21717-1
定价	99.00元